U0607547

政协株洲市委员会文教卫体和文史委员会　编

鲁新民　辑注

中国文史出版社

本书编委会

文化是一座城市的身份证，是一座城市最具竞争力的软实力。一座城市最美的风景，往往就是文化光芒的绽放。

从文化传承的角度研究古碑，拓展了人民政协文史资料研究的新领域，发掘了有益于当下的活性基因，丰富了地方文化的内涵。

《古碑遗韵·株洲古碑略考》得以付梓出版，聊表庆贺，权且为序。

蔡　溪

二〇一九年十月廿八日

（蔡溪，政协株洲市第九届委员会主席）

序

株洲地处湘东，历史版图中典型的楚尾吴头。

这里人文底蕴丰厚，历史传统悠久。历代先贤以碑刻形式留下了大量极具湘东风格、株洲印记的独特地域文化。作为湖湘文化的重要组成元素，古碑，记录着风雨如磐的人文掌故，承载着故土可亲的乡愁。

参天之树，必有其根。环山之水，必有其源。湖湘文化源远流长，透过株洲历代古碑刻，我们能感受到湘东大地先贤特有的文化自觉，感叹一方古碑所承载的历史和人文价值。

湖湘文化志愿者鲁新民先生是一名退休警官，他退而不休，勤于笔耕，本是含饴弄孙的年岁，却钟情于碑刻拓片和研究。数年来，他奔走于株洲乡村田野，城市巷陌，致力于株洲古碑刻的寻访、拓片和研究，颇有收获和心得，在株洲文化志愿者中传为佳话。

不忘本来才能开辟未来，善于继承才能更好创新。

目录

芦淞区

荷塘区

石峰区

渌口区

醴陵市

攸　县

茶陵县

炎陵县

跋

鲁新民

古碑遗韵

天元区

瓷刻墓志

该墓志利用直径21.5厘米日用瓷盘楷体錾刻，共计136字，墓主彭增耀。墓原位于株洲市天元区马家河镇金龙村杨柳组，2010年3月因拆迁移坟而被发现。事后，其后人将瓷盘墓志捐交株洲市博物馆。瓷盘錾刻墓志较罕见，为地邑习俗提供了资料。

墓志文

故显考，皇清例赠登仕郎，彭公映台，讳增耀[1]。老大人生于乾隆三十一年丙戌[2]二月二十四日卯时，殁于道光八年[3]十二月初四日辰时，享寿六十有三。葬十三都四甲，地名乌石塘屋后山。乾山巽向兼，亥巳立穴为茔。

男：祖升、祖豫、祖坤、祖泰、祖复，孙：德泽、德蔚、德一、德秉、德长、德怀，曾孙：光甲。志。

注 释

[1] 据1927年地邑彭氏五修族谱载：墓主为自北京迁湘的彭氏第十一世，名增耀，字映台，号嵩亭。

[2] 丙戌，公元1766年。

[3] 道光八年，公元1828年。

拜题郭母太夫人联

该碑大理石质，长 150 厘米，宽 46 厘米，厚 20 厘米，碑联系李鸿章题写，计 84 字，楷体阴刻，端庄精美。碑原置天元区雷打石镇脉湾村义庄公屋下首凤形山郭母墓前，墓毁后其碑被村民作牛栏石，并凿有两孔，后由马家河高塘村罗某收藏。2015 年拓片。

碑　文

教子以报国忠忱，百战威声光竹帛；

赡族有义田遗意，九重赐翰在蘐庭[1]。

诰封一品太夫人郭母罗太夫人，莹右。太子太保、武英殿大学士、直隶总督、部堂、一等肃毅伯、通家[2]侍生李鸿章[3]拜题。

注 释

[1] 諼即萱、谖，是萱的异体字，萱庭，即母亲的居室。

[2] 通家：指两家交情深厚，像一家人一样。

[3] 李鸿章（1823年2月15日—1901年11月7日），晚清名臣，洋务运动的主要领导人之一，安徽合肥人，世人多尊称李中堂，亦称李合肥，本名章铜，字渐甫或子黻，号少荃（泉），晚年自号仪叟，别号省心，谥文忠。作为淮军、北洋水师的创始人和统帅、洋务运动的领袖、晚清重臣，官至直隶总督兼北洋通商大臣，授文华殿大学士，曾经代表清政府签订了《越南条约》《马关条约》《中法简明条约》等。日本首相伊藤博文视其为“大清帝国中唯一有能耐可和世界列强一争长短之人”，慈禧太后视其为“再造玄黄之人”，著有《李文忠公全集》。与曾国藩、张之洞、左宗棠并称为“中兴四大名臣”，与俾斯麦、格兰特并称为“十九世纪世界三大伟人”。

道光年罗家庙碑

该碑大理石质，高 190 厘米，宽 65 厘米，碑文楷体阴刻，共计 458 字。碑原置立地点株洲马家河万丰村罗家庙现为 1800 亩的万丰湖人工景点，该碑现由当地住户陈某收藏。2014 年拓片。

碑 文

神像安宝座，朝夕瞻其威仪，春秋享其祀典。是举也，以报神功，以相世泽，亦足慰我始祖[1]之心于地下矣。虽然犹有虑，夫兴者易废盛者易衰，此欲为神长保富饶之蓄，必于方兴极盛之际，思患而预防之。盖事以时起，则经画宜周；时以人易，则规模预立。从兹新订公簿，登其数目，严立条规，志诸簿端。公举殷实老成经理，又择轮流值年帮办，务兢兢焉恪守成规，奉香灯，严祀典，一众志，惜物力，勤课收，权出入，契约封，收簿书，质筭[2]察其侵没。废弛者，公同督责之，俾后人观感。既不得作一时之聪明，以乱旧章；更不得肆异时之侵蚀，以为身谋。嗟乎！不为于前，莫善乎后，意在斯乎！意在斯乎！至于踵[3]事增华，广置田庄，以待后之继起者之自为功于神也。若夫出案归坛，迎神庆祝，导拥供奉之仪，前碑志之详矣，兹不复赘[4]。是为记。

佩文氏绍藻谨撰并书

事神司事：作莘、绍凤、绍珧、绍立、绍益、修运、修迎、修广、修华、世秀、世裕、世安、世忠、世钧、世泰、世类、世学、世兰、世甘、世锡、世观、世潭、世烔、世儒、德凝、德顺、德友、德易、正采。[5]

经理：季丹、银汉

大清道光十三年[6]，岁次癸巳，季冬月谷旦公立

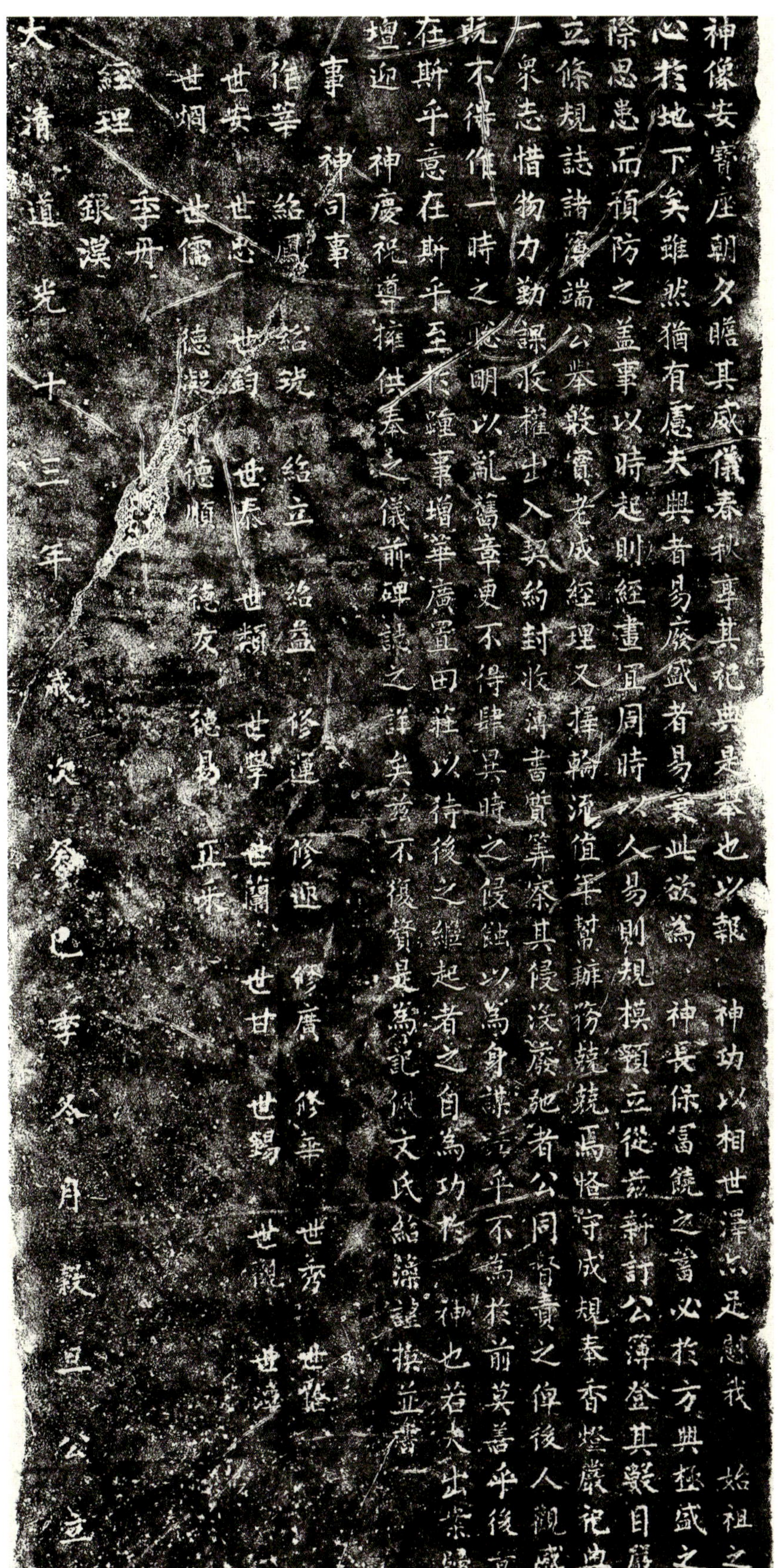

注 释

[1] 始祖指明初洪武年间由江西移民至易俗河马家河一带的罗氏家族开创者政斋公。

[2] 筭为筹码计算工具，通算。

[3] 踵为继续、追随的意思。

[4] 赘即多余的话。

[5] 名号含当地罗氏辈分，作 12 世、绍 14 世、修 15 世、世 16 世、德 17 世、正 18 世。

[6] 道光十三年为公元 1833 年。

封禁令碑石刻

该碑麻石质，磨损严重，碑身上粗下细，全长 80 厘米，其中字面长 50 厘米，平均宽 21 厘米，厚 11 厘米，碑面阴刻楷体“封禁令碑”。2015 年 1 月发现于天元区群丰镇响塘村辖地，现存株洲市天元区文化馆农耕民俗文化展室。

古桑洲墓联碑

墓联位于株洲古桑洲，大理石质，长 87 厘米，宽 17 厘米，篆书阴刻“湖湘名墓[1]，琳琅[2]旧家”。与墓记碑比较，其侵蚀程度相似，材料一致。应为清乾隆十九年即公元 1754 年所立。

注 释

[1] 名墓即罗瑶之墓，由张治题写墓碑。

[2] 琳琅指美好的事物。

鼓磉洲五世祖宗玉公墓记

古桑洲位于株洲与湘潭交界之湘江，有罗瑶墓，墓前右侧有碑，大理石质，因洪水侵刷，字迹模糊，碑文史书有载，2013年拓片。宗玉公即罗瑶，明代嘉靖年间的仁人义士。学识渊博，不愿为官，好隐居乡中僻壤。一生乐善好施，曾出谷千余石充实义仓，以备饥荒。扶助莘莘学子三十余人。为贫困的茶陵张治出资请师，使其完成学业。张治后成为明代大臣，传为美谈。

碑　文

鼓磉洲发脉衡山，蜿蜒二百里，至金霞山伏脉入江。逆上行十里，隆起一洲，形如大小三鱼奋鬣而游，故号鼓磉。今日鼓磉当由颡磉音画相近而讹耳！其洲之南岸升族世居之。自前明故五世祖，讳瑶，字宗玉者实相宅焉！宗玉公平居好义，惠逮寒畯[1]。茶陵张龙湖[2]治位至台补，不忘其惠。为公卜吉壤于鼓磉洲焉，因系官地，出货购之，今年湮久远，究不知其契失于何时也！洲后熟土属五房子孙管理，分纳国课，实为保墓计耳。夫山川以人重入重，而山川之名，乃传我祖宗玉公义声振于一时。而罗氏一宗遂独与鼓磉洲名相，声属公之为人，固足以取重于山川矣！今藏形斯土马鬣，归然为之。后者追维先泽，敢不敬于前。此严立公约二条：一、墓田以岁祀先人，洲有土租若干石，本房独收，毋敢私仓。合永供祭扫，并不得转售他房。无论异姓矣。二、墓地以奠先人之体魄，洲旧存大樟去冢，近可为表，当勤加爱护。其冢之四周，拟以灰浆米汁捣沙石固之。隐备他族之侵。即以明饬世世子孙，不得附葬。今值族谱增修，升恭撰墓记，敬附墓图，之后传之来世。仍子云孙俾，无忘旧约云。

乾隆十九年甲戌[3]孟冬月八代孙升谨撰

注释

[1] 寒畯，即贫穷的读书人。

[2] 张龙湖即张治（1488—1550），字文邦，号龙湖，湖广茶陵人，正德十五年（1520 年）进士，选庶吉士，授编修。嘉靖间历官南京吏部侍郎，翰林学士掌院事，南京吏部尚书。嘉靖二十八年（1549 年）二月，晋礼部尚书兼文渊阁大学士，召入内阁，加官至太子太保。嘉靖二十九年病卒，有《龙湖文集》。

[3] 乾隆十九年为公元 1754 年。

光射斗牛石刻

该碑麻石质，长 31 厘米，宽 20 厘米，厚 20 厘米。2014 年 12 月在天元区花园岭蜘蛛塘出土，现存湖湘志愿者协会展室。蜘蛛塘又名止步塘，原址已建污水处理站。竖刻楷体“光射斗牛”。源自滕王阁序的句子。“物华天宝，龙光射牛斗之墟；人杰地灵，徐孺下陈蕃之榻”。就是说剑是宝剑，光芒直射到牛宿和斗宿二星。斗宿：为第八星宿。属木，为獬。为北方之首宿，因其星群组合状如斗而得名，古人又称“天庙”，是属于天子的星。天子之星常人是不可轻易冒犯的，故多凶。牛宿：为第九星宿。属金，为牛。为北方第二宿，因其星群组合如牛角而得名，其中最著名的是织女与牵牛星，虽然牛郎与织女的忠贞爱情能让数代人倾心感动，然最终还是无法逃脱悲剧性的结局，故牛宿多凶。故此，该石刻应为宅地辟邪之物。

郭公牌坊碑

该碑原为马家河泉源村古竹塘郭玉阶墓的牌匾石刻。大理石质，已残缺，余长82厘米，宽66厘米，厚8厘米。碑文楷体阴刻，字迹深峻，2014年拓片。现存马家河泉源村黎某屋坪。该碑显示了郭玉阶因儿子的军功所获得的荣誉。

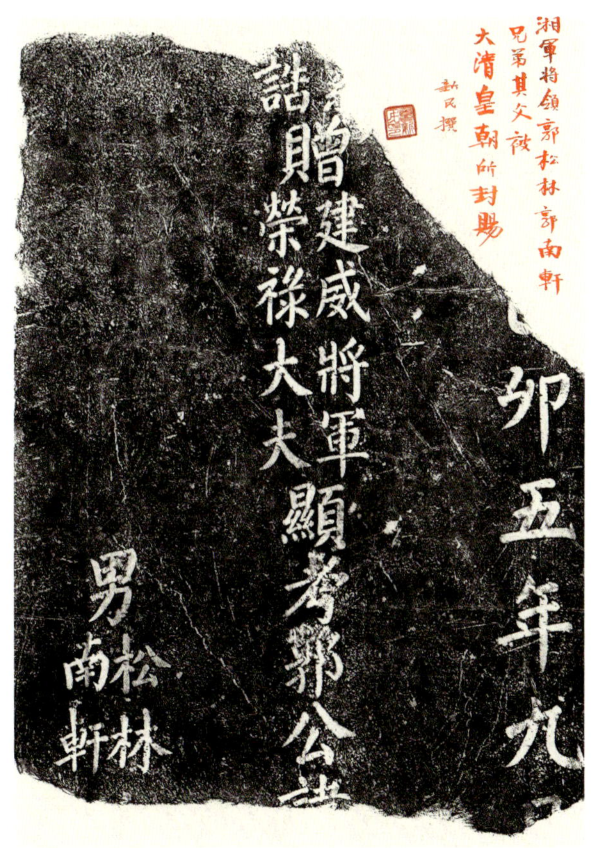

碑 文

光绪己卯五年[1]九月……

累赠建威将军[2]，诰赠荣禄大夫[3]；

显考郭公[4]讳……

男：松林、南轩[5]……

注 释

[1] 己卯五年为光绪年即公元1879年。

[2] 建威将军为清代正一品武官类散官，荣誉称号。以子郭松林名义得皇上累赠。

[3] 荣禄大夫为清代从一品文官类散官，荣誉称号。以孙郭承举名义得皇上诰赠。

[4] 郭公为湘军将领郭松林之父。字联登，号玉阶，清授登仕佐郎。嘉庆十八年（1813）生同治二年（1863）殁。享寿50岁。

[5] 松林即郭父长子郭松林，湘军将领，官至湖北提督。南轩为郭父三子郭南轩。湘军将领，赏戴花翎提督衔，记名简放总兵。

光绪十一年罗氏捐碑

该碑大理石质，通长140厘米，宽51厘米，有残缺，碑文楷体阴刻，存484字。据辈名考证，该碑为株洲天元区马家河一带罗氏家族祭祀所立，现存株洲古玩者周某处，2014年拓片。

碑　文

……[1]记我

……传开。我八世祖元华、竹村两支孺人，自前明来乡三都九甲[2]，……形成元华祖祠焉。兹因派象其……元华支派十之七，竹村支派十之三。不足又鼎力输捐。凡罗下子姓，莫不踊跃从继，足以刻难兴作，而告岁成功。□有……之者，前有鼠牙[3]，至今而择后，此马鬣由今两对，应可以备保。不至有招外之□乎。兹将出□元华下□□□诸贞珉以捻，……毋忘斯举云。

王公捐钱□文；修祖捐□；于群公捐钱十千文；新举捐钱四千文；修永捐钱一千文；世莹捐钱一千文；世寅捐钱一千文；辉衷公捐钱十千文；公孙捐钱廿四串；□□公捐钱十千文；世□捐钱三十串[4]。

世选捐钱二千文；绍寅捐钱三千文；修衍捐钱一千文；世宋捐钱二千文；世胤捐钱二千文；世茂捐□诚边捐钱四十串；绍开捐钱四十串。

世策捐泉□□□；修谕思捐泉四千文；世裕捐泉六千文；世钰捐泉一千文；世峸捐泉二千文；绍岳捐泉四千文；绍□捐泉一千文。

修龄捐钱十二串；绍崐捐银十一两；世进捐泉三千文；世远捐泉一千文；修廉捐泉三千文。

绍玉捐钱一千文；修照捐泉三千文；世昱捐钱三千文。

劝捐：绍钱、修□、世祝、世梗捐钱八串。

董修：修祖、修龄、修衔、修柄。

十三世孙新揩命下敬撰

光绪十一年乙酉[5]岁孟冬月谷旦刊

注释

[1]……即应有文字的碑残缺部分。

[2] 三都九甲为清代湘潭县区域，现为株洲市石峰区霞湾。

[3] 鼠牙，喻为强暴势力。

[4] 串与千文都是清代千个制钱的计量单位。

[5] 光绪十一年乙酉为公元 1885 年。

郭承举的诏赐优恤碑

该碑大理石质，碑文载阴阳两面，长 89 厘米，宽 43 厘米。原置湘军将领郭松林之父郭玉阶墓庐御碑亭。现存株洲马家河泉源村郭墓附近农家。碑文楷体阴刻，共计 177 字，2014 年拓片。该碑文基本完整，是研究株洲湘军将领郭松林的材料之一。

碑　文

奉天承运，皇帝制曰：表臣报绩，爰归□于贻谋；司仕诏功，必溯源于绳武。殊荣洊被，积代增华。尔郭缙修□，三品衔加四级候选道郭承举[1]之祖父[2]，衍绪开先，垂庥裕后，孙枝挺秀，聿昭树德之符；世业丕昌，大启承家之学。兹以覃恩，赠尔为荣禄大夫，锡之诰命，于戏。锡五章而敷泽，珂里流光；推三叶以承恩，德门袭庆。祇膺懋典，长荷宠绥。

光绪四年[3]正月二十日

三品衔加四级候选道郭承举之祖父

注　释

[1] 郭承举，字朴安，号兰生，株洲雷打石脉湾村人，湘军将领郭松林次子。1869 年生，1912 年殁。太学生。三品衔，敕授二品顶戴，即补道。授湖北武昌盐法道，调襄郧兵备道

[2] 字联登，号玉阶，行二，生前授登仕佐郎。1813 年生，1863 年殁。以孙承举官诰赠荣禄大夫。葬株洲天元区泉源村古竹塘。子四，女二。

[3] 光绪四年为公元 1878 年。

奉
天承運
皇帝制曰表
績爰歸美於
謀司仕諧功
溯源於繩武
榮游被積代
華爾郭緒修
三品銜加四
候選道郭
之祖父祿
光緒

德之符世業丕
昌大啟承家之
學茲以覃恩贈
爾為榮祿大夫
錫之誥命於戲
錫五章而敷澤
珂里流光推三
葉以承恩德門
襲慶祗膺懋典
長荷寵綏
三品銜加四級候選
光緒肆年正月二十日
道郭承舉之祖父

郭母太夫人墓志铭

郭母太夫人即湘军高级将领郭松林的母亲罗氏。嘉庆十七年生。诰封太夫人，累封一品太夫人。同治十一年殁，寿六十一。葬株洲天元区脉湾村义庄公屋下首凤形山。该碑青石质，长 105 厘米，宽 34 厘米，厚 5 厘米。碑文字迹精美，楷体阴刻，残余 271 字。应为墓志铭的第二块。2012 年郭氏后人在脉湾村刘某处获取，2015 年拓片，现收藏于湘潭易俗河郭某处。

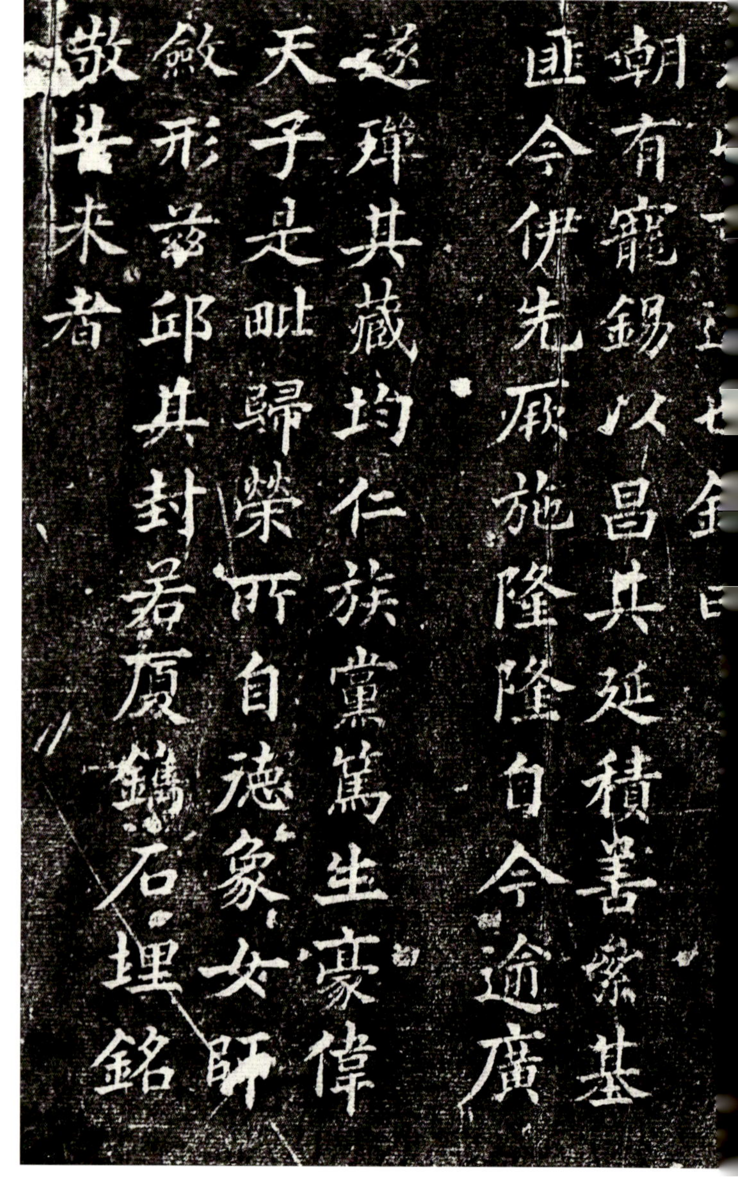

碑　文

……黄振楚战殇□□□□□战殇钟祥[1]，太夫人哀甚。南轩[2]嬴也，又战屡伤，意□怜之。然闻有诏，属以军事□□速之行。松林官湖北提督[3]，归□。太夫人戒曰：我老妇人犹知□□在公忘私。今后勿以我为念。□□留侍太夫人，以孝闻。提督君□军，得士心，在官仁贤，又得民心。凡行惠及人，必启告太夫人。洎太夫人病襄阳，士民奔走祈禳。若忧其亲，其卒闻皆哭。太夫人之德受于人，与其子之孝，所以能继其志，皆可述也！

铭曰：朝有宠锡[4]，以昌其延。积善参基，匪今伊先。厥施隆隆，自今逾广。遂殚其藏，均仁族党。笃生豪伟，天子是毗。归荣所自，德象女师。敛形兹邱，其封若厦。镌石埋铭，敬告来者。

注 释

[1] 钟祥，湖北地名。郭母四子芳鈖，道光二十二年生。赏戴花翎。两湖尽先补用副将，诰授武功将军。同治五年十二月在湖北钟祥，与敌对垒，力尽被执捐躯，追赠总兵，世袭云骑尉。

[2] 南轩，郭母三子。道光二十年生。赏戴花翎提督衔，记名简放总兵，以侄承举官貤封荣禄大夫。光绪八年殁。

[3] 提督，清代武官名，从一品。

[4] 宠锡，指清皇朝诏锡优恤的圣旨。授郭母诰封太夫人，累封一品太夫人。

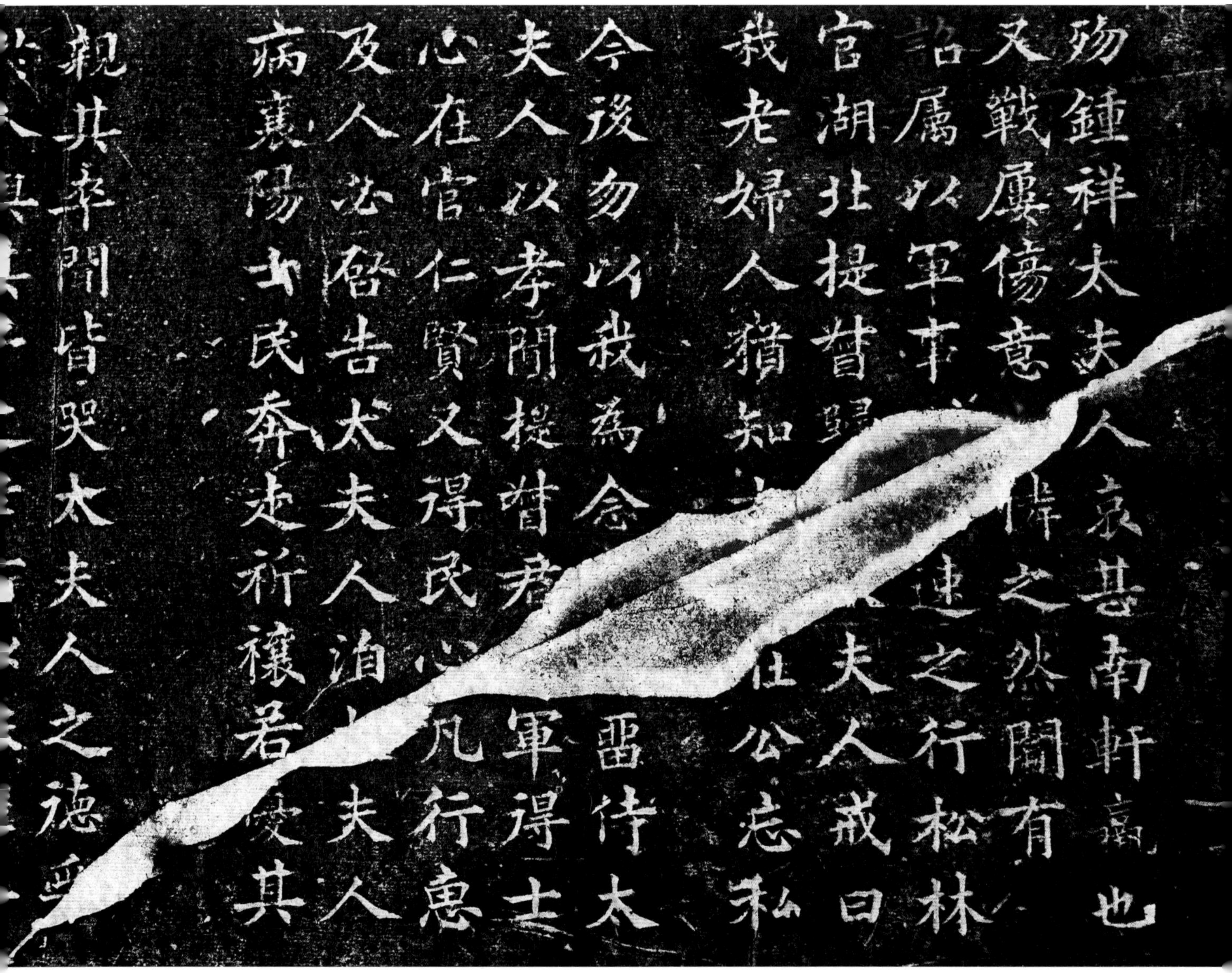

郭南轩的诏赐优恤碑

该碑大理石碑质，长 82 厘米，宽 43 厘米，厚 6 厘米。碑文楷体阴刻，载阴阳两面，内容基本完整，计 215 字。原置郭玉阶墓庐御碑亭，2014 年拓片。现存株洲马家河泉源村郭墓附近农家。

碑文

奉天承运，皇帝制曰：国爵优崇，树鹰扬之伟烈；家声光大，表燕翼之良谋。特沛新纶，用彰旧德。尔郭缙修乃提督衔、记名总兵郭南轩[1]之父[2]，清门代启，素履恭修，教子义方，早授豹韬之略，传家忠孝，果符鹊印之祥。庆典式逢崇阶□□□□逢崇阶宜陟。兹以尔子：因攻克鄂、皖、豫、东、苏五省捻逆，肃清案内，赏赠尔为振威将军，锡之诰命，於戏。显扬克遂，休兹天室徽章；作述交辉，展也人伦盛事。令名无数，事泽长垂。

同治七年[3]八月初九日

提督衔记名总兵郭南轩之父

注释

[1] 郭南轩，字涵万，号兰卿，行五。1840 年生。赏戴花翎提督衔，记名简放总兵，以侄承举官赠封荣禄大夫。1882 年殁。原葬湘潭十二都五甲龚家冲改葬善化九都七甲罗子区贾家冲，子三，女三。

[2] 郭父：字联登，号玉阶，行二，清授登仕佐郎。1813 年生。1863 年殁。以子南轩官赏赠振威将军。葬株洲天元区泉源村古竹塘。子四，女二。

[3] 同治七年即公元 1868 年。

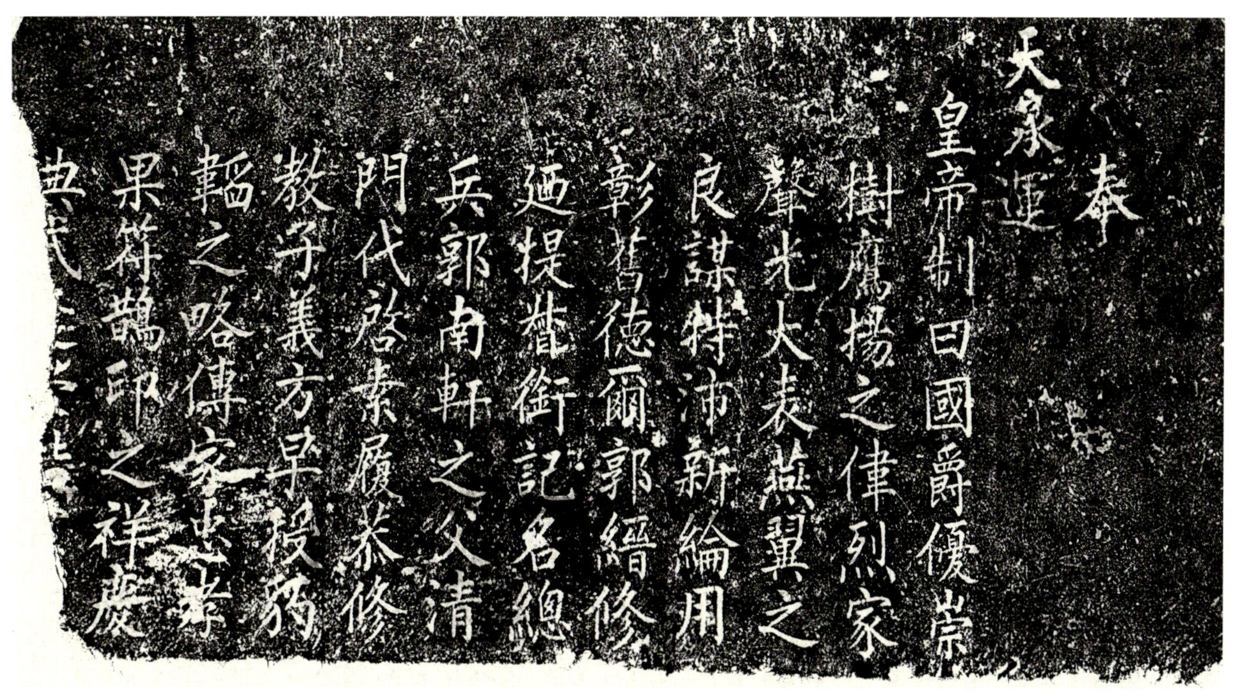
奉
天承運
皇帝制曰國爵優崇
樹鷹揚之律烈家
聲光大表燕翼之
良謀特沛新綸用
彰舊德爾郭縉修
廼提督銜記名總
兵郭南軒之父清
門代啓素履恭修
教子義方早授弢
韜之略傳家忠孝
果符鵲印之祥慶

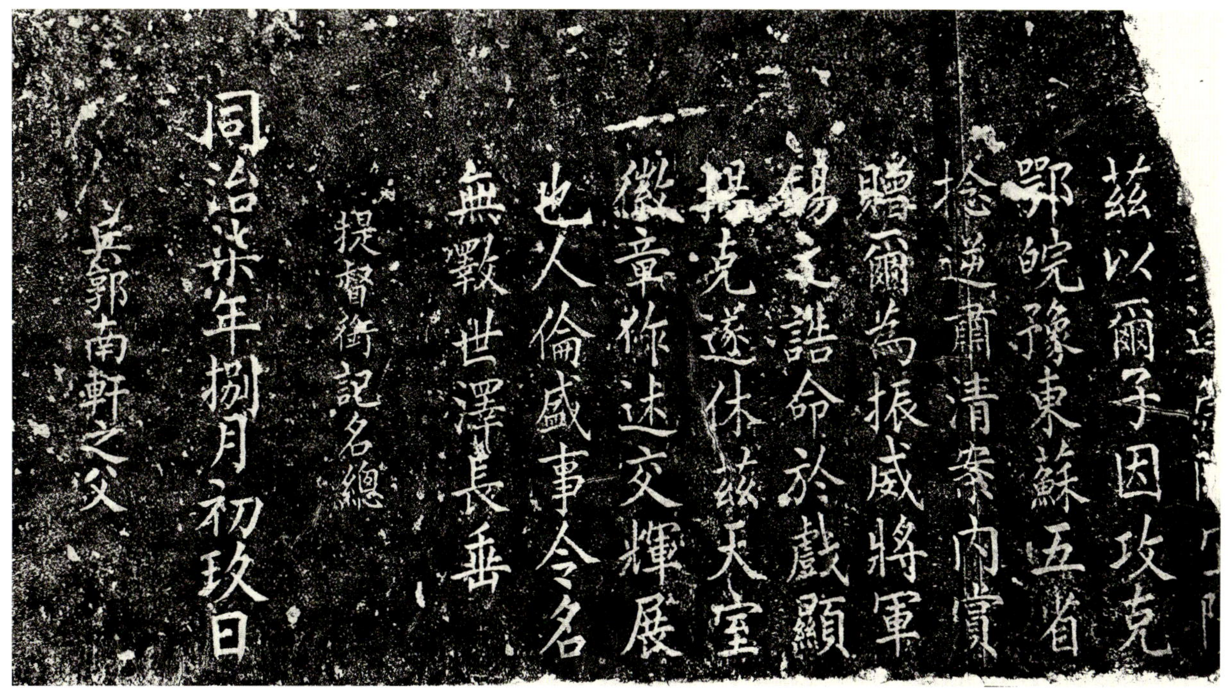
茲以爾子因攻克
鄂皖豫東蘇五省
捻逆肅清案內賞
贈爾爲振威將軍
錫之誥命於戲顯
揚克遂休茲天室
徽章祢述交輝展
也人倫盛事令名
無斁世澤長垂
提督銜記名總
兵郭南軒之父
同治柒年捌月初玖日

郭氏墓志铭

该碑大理石质，长宽约30厘米，边缘凸起，楷体阴刻，字迹精工。株洲荷塘区贺某从雷打石镇购取收藏，2013年拓片。墓志铭应是一套两块，该碑为墓志铭后半部分。前半部分为盖，下落不明。根据墓主儿子为芳字辈，孙为人字辈推断，为湘潭易俗河金霞山郭族第十七代，为地邑湘军名将郭松林的叔伯辈。查郭氏家谱获悉：君即墓主，为郭远声长子传经，行一，字约六，号桂生，不论单双月，候选县丞。名丙昭，封直奉大夫。清道光二十年庚子八月十五日子时生，宣统三年辛亥六月二十一日午时殁，寿七十有二。

碑文

……龙氏[1]，子三：长，芳华，蓝翎五品军功。次，芳荃，早卒。三，芳芷，蓝翎五品军功。孙：人楷、人镜、人杰、人钟、人绶。以闰六月七日葬于本邑十三都八甲黄荆冲[2]，君曾叔祖母皮氏坟下，首艮趾坤[3]。余与君交最深，其子以墓志请余，不能却。为之铭曰：君之生平兮，廉直端方。溯厥家世兮，远绍汾阳[4]。功德不朽兮，百代流芳。瘗诸幽冥兮，孙子发祥。

赐进士出身、翰林院编修、侍御，愚弟赵启霖[5]谨撰

脉侄瑾谟[6]盥手敬书

宣统三年辛亥[7]季夏月谷旦　敬刊

赵启霖

龍氏子三長芳華藍翎五品軍功
次芳荃早卒三芳芷藍翎五品軍
功孫人楷人鏡人杰人鐘人綬以
閏六月七日葬於本邑十三都八
甲黄荆冲君曾叔祖母皮氏墳下
首艮趾坤余與君交最深其子以
墓誌請余不能卻為之銘曰君之
生平兮廉直端方溯厥家世兮遠
紹汾陽功德不朽兮百代流芳瘞
諸幽冥兮孫子發祥
賜進士出身翰林院編修侍御
愚弟趙啟霖謹譔
脉姪瑾譔盥手敬書
宣統三年辛亥季夏月穀旦 敬刊

注 释

[1] 龙氏，即墓主之妻，殁于民国八年。

[2] 现为株洲天元区群丰乡长塘附近。

[3] 首艮趾坤即墓主埋葬的八卦方位，头为西北方，脚为正北方。

[4] 即郭氏先祖为唐代汾阳郭子仪的后代。因郭子仪被封为汾阳郡王，但不是今山西汾阳县。

[5] 赵启霖（1859—1935），字芷荪，号瀞园，湘潭县石鼓镇森梅村人，光绪十八年第二甲第五名进士出身。授翰林院编修，充国史馆协修。曾任江苏道台监察御史、四川提学使，湖南高等学堂监督等职。1907 年疏劾权贵遭革职。却为时论所赞誉，声名大噪。为晚清政治家、教育家。工诗文，擅书法。著有《瀞园集》六卷，《瀞园自述》一卷。

[6] 瑾譔，邑庠生，光绪晚期留学日本，理科毕业，归国后办学，为教育家。

[7] 宣统三年辛亥为公元 1911 年。

郭氏义庄匾石刻

该匾大理石质，长180厘米，宽66厘米，厚8厘米，已断裂为两截。匾文“郭氏义庄”四字从右至左篆体榜书阴刻，2016年拓片。其源自天元区雷打石镇脉湾村原郭氏义庄旧址（原湘潭县九都三甲），现由天元区古玩爱好者罗某收藏。郭氏义庄由湘军将领郭松林之母罗氏号召家庭成员集资，创建于晚清同治年间，设有公屋，用于收留族内赤贫和孤寡者。罗氏殁后，其义举得到李鸿章、郭嵩焘等众多名人赞誉。地邑史志、族谱均有载。

胡记界址石刻

该碑麻石质，磨损严重，全长 76 厘米，其中字面长 56 厘米，宽 21 厘米，厚 11 厘米，碑面阴刻楷体“胡记界址”。2015 年 1 月发现于天元区马家河乡农科站辖地，现存株洲市天元区文化馆农耕民俗文化展室。

郭氏义庄款名碑

该碑大理石质，整体长131厘米，宽85厘米，厚20厘米，碑左约6成空白，应为组碑最后一块，碑文尚存88字，楷体阴刻，字迹精美。原置天元区雷打石镇脉湾村郭氏义庄。义庄被毁后，马家河高塘村罗某从当地村民处征集收藏，2005年拓片。

碑　文

……美诸士，夫所共期许者夫。

赐进士出身、翰林院编修、诰授光禄大夫、前兵部左侍郎、署礼部左侍郎、提督山东福建浙江全省学政、太常寺少卿，长沙徐树铭[1]撰并书。

同治十有三年[2]十一月初五日立石

注　释

[1] 徐树铭（1824—1900），字伯澄，号寿蘅，又号澄园，长沙人，国播孙，夔长子。道光二十七年丁未进士（二十四岁）选庶吉士，授编修。尝从唐鉴、曾国藩学。历官兵部、吏部、工部左右侍郎，福建督学，浙江督学，都察院左都御史，工部尚书。皇清诰授光禄大夫，充经筵讲官，国史馆纂修，朝考阅卷大臣，乡试正考官等职。平生不事积蓄，唯嗜钟鼎书画金石之属，鉴赏考据甚为精赅。书学二王，继杂以苏东坡，后则参之北朝名碑，方笔较多，行楷篆隶各出自家风范。藏书数十万卷，至老勤学不倦，又善诗文，有《澄园诗集》十卷，《约园志》四卷，《浙江纪事诗》《浙江校士录》《澄园尚书遗墨诗册》《诰封太恭人善化张母胡太恭人墓志铭》等。书札，题跋，摩崖石刻，对联，字轴传世尚多。

[2] 即公元1874年，作者时年50岁。

美諸士夫所共期許者夫

賜進士出身翰林院編修

誥授光祿大夫前兵部左侍郎署禮部左侍郎提督山東

福建浙江全省學政太常寺少卿長沙徐樹銘撰並書

同治十有三年十一月初五日立石

郭松林诏赐优恤碑

该碑大理石质，长71厘米，宽43厘米，厚6厘米。碑文载阴阳两面，楷体阴刻，共计164字。原置郭玉阶墓庐御碑亭，20世纪60年代因修建水库，该墓被毁，其后碑充作当地某户阶基使用，故一面磨损严重。2014年拓片，现被湖湘文化志愿者协会征集。

碑　文

奉天承运，皇帝制曰：国爵优崇，树鹰扬之伟烈；家声昌运，表燕翼之良模。特布新纶，式彰旧德。尔轻车都尉赏穿黄马褂、花翎头品顶戴、提督福建、全领陆路军、加一等云骑尉、奋勇巴图鲁郭松林[1]之父[2]。陟兹以覃恩赠尔为光禄大夫、建威将军，锡之诰命，於戏。显扬克遂，休兹天室徽章；作述交辉展也，人伦盛事。令名无斁，世泽长垂。

同治十一年[3]十月初九日

注　释

[1] 郭松林，字西堂，号子美，行一。1833年生。历任江南福山总兵，福建、湖北直隶提督，赏戴花翎，赏穿黄马褂头品顶戴，世袭一等轻车都尉兼一等云骑尉，奋勇巴图鲁，法福楞阿巴图鲁，御赐奖武银牌珍件各物，诰授建威将军，晋授光禄大夫，以子承举三品衔，选用道加四级，诰封荣禄大夫。1880年卒于直隶提督任所。葬株洲雷打石脉湾村茅坡。

[2] 父，即郭父，字联登，号玉阶，行二，清授登仕佐郎。1813年生。1863年殁。以子松林官敕赠武显将军，累赠建威将军，诰赠光禄大夫。葬株洲天元区泉源村古竹塘。子四，女二。

[3] 同治十一年即公元1872年。

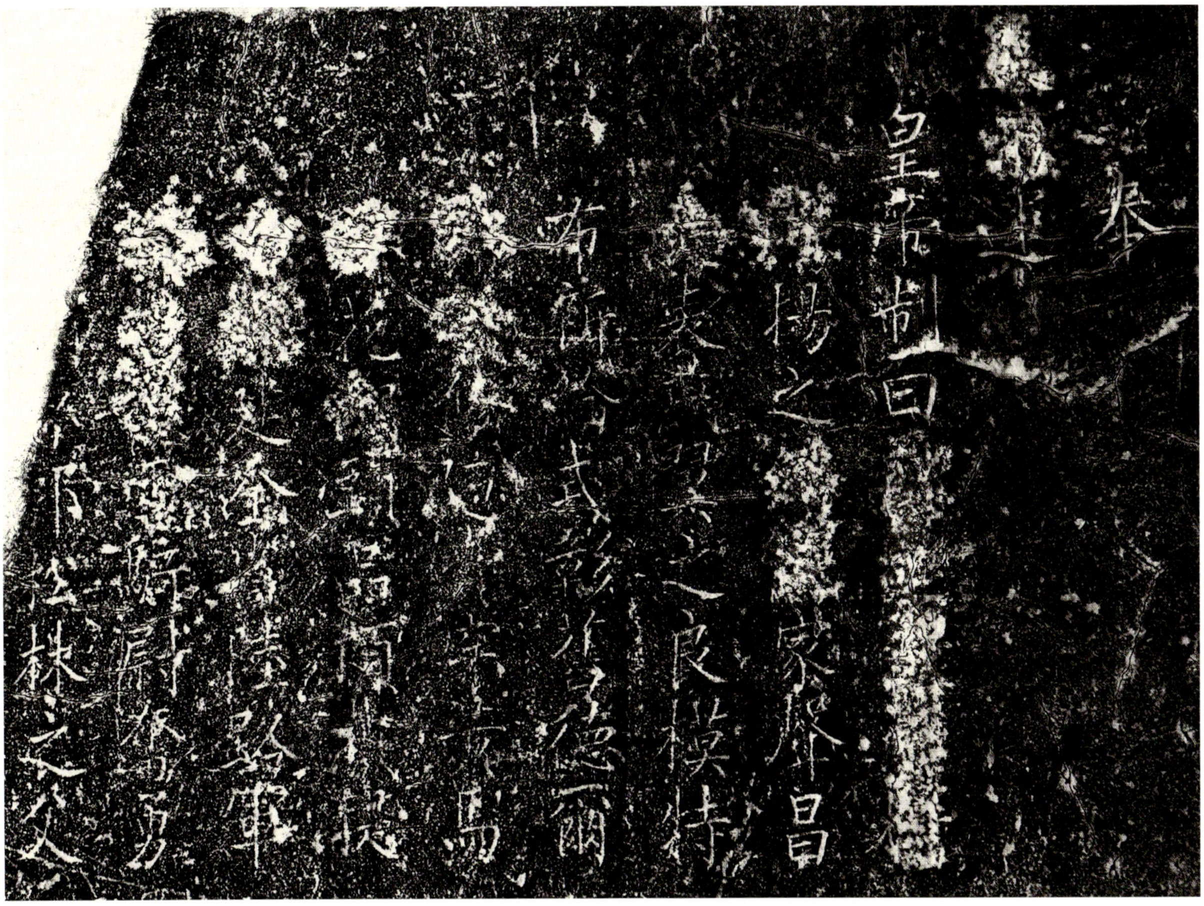

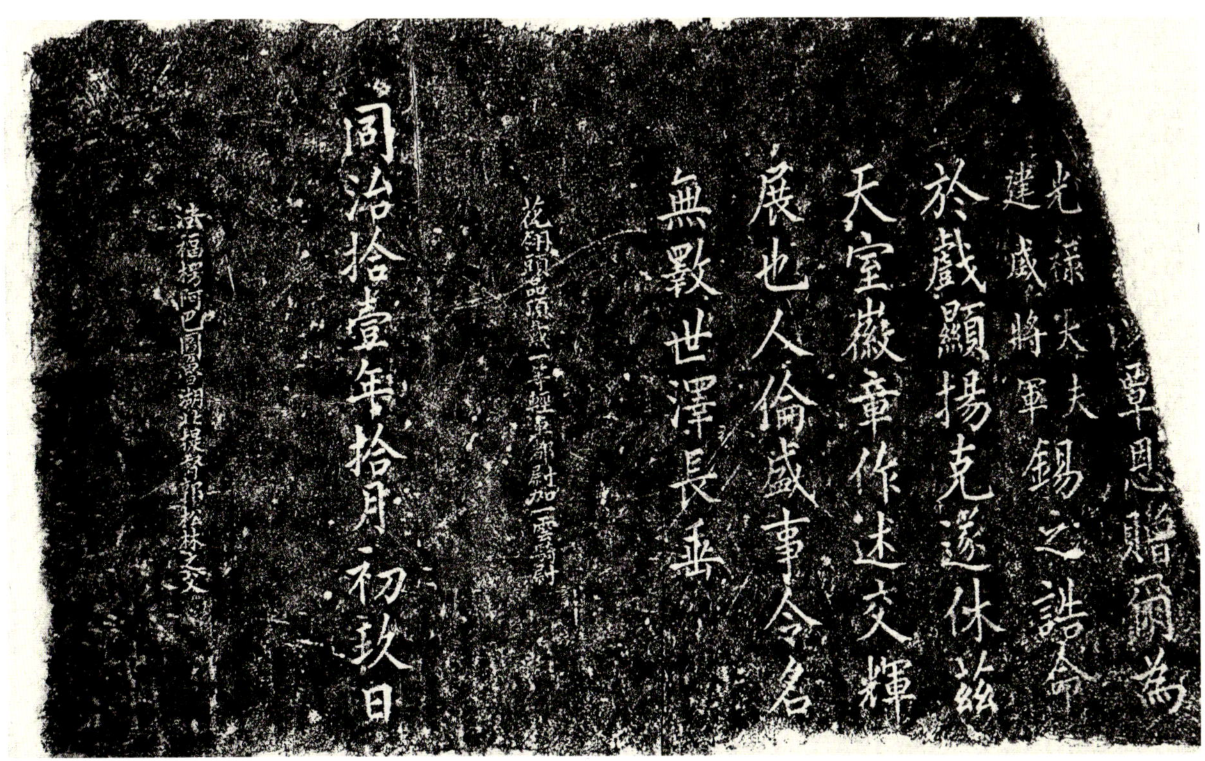
覃恩贈爾為
光祿大夫
建威將軍錫之誥命
於戲顯揚克遂休茲
天室巌章作述交輝
展也人倫盛事令名
無斁世澤長垂
花翎頭品頂戴一等輕車都尉加一雲騎尉
同治拾壹年拾月初玖日
湛福揚阿巴圖魯湖北提督郭松林之父

花开富贵图

花开富贵图于2014年拓自株洲天元区马家河镇万丰村长塘湾的一栋百年老屋。其花卉图案在堂屋大理石门槛的赏礅处，左右对称，图案一致，雕工细腻，保存完好。该房于光绪丙午年（1906）由当地罗氏家族罗修焘建造，有108间砖木瓦房。曾悬挂过清朝进士黎培敬题写的“燮焕湘中”木匾。如今，其槽门还保留着“木湾嘉荫 金领情霞”的古老对联。堂屋门口“琳琅济美 阑曲然芬”联也依然尚存。

郭武壮墓碑

该碑大理石质，长80厘米，宽35厘米，厚10厘米。碑阳榜书楷体阴刻“皇清郭武壮公墓”7字，武壮即湘军将领郭松林殁后得到的清廷谥号。其原置天元区雷打石镇脉湾村郭松林墓前。郭墓被毁后，马家河高塘村罗某从当地村民处征集收藏。2015年拓片。

郭武壮墓残联碑

该碑大理石质，长83厘米，宽45厘米，厚16厘米。原置天元区雷打石镇脉湾村郭松林墓前。郭墓被毁后，马家河高塘村罗某从当地村民处征集收藏。2015年拓片。碑文楷体阴刻，应为墓联之上联。

碑　文

艰难百战著奇勋杀十万贼，略阅通抗疏直陈军国计

郭武壮[1]公千古[2]

注　释

[1] 武壮为湘军将领郭松林殁后得到的谥号。

[2] 据走访考证作者为王文韶。王文韶（1830—1908），字夔石，号耕娱、庚虞，又号退圃，祖籍上虞梁湖，出生于浙江仁和（今杭州）。1852年（咸丰二年）进士，铨户部主事。迁补陕西司郎中。1864年（同治三年）任湖北安襄荆郧道盐运司，后由左宗棠、李鸿章举荐于1867年（同治六年）10月，擢湖北按察使。11月，调署湖南布政使。1871年（同治十年），署湖南巡抚。翌年（1872年），补授湖南巡抚。1878年（光绪四年）3月，署兵部左侍郎，并在军机处上学习行走。后调任户部左侍郎。1882年（光绪八年）末，兼署户部尚书。1887年任兵部侍郎。1889年（光绪十五年）6月，升云贵总督。

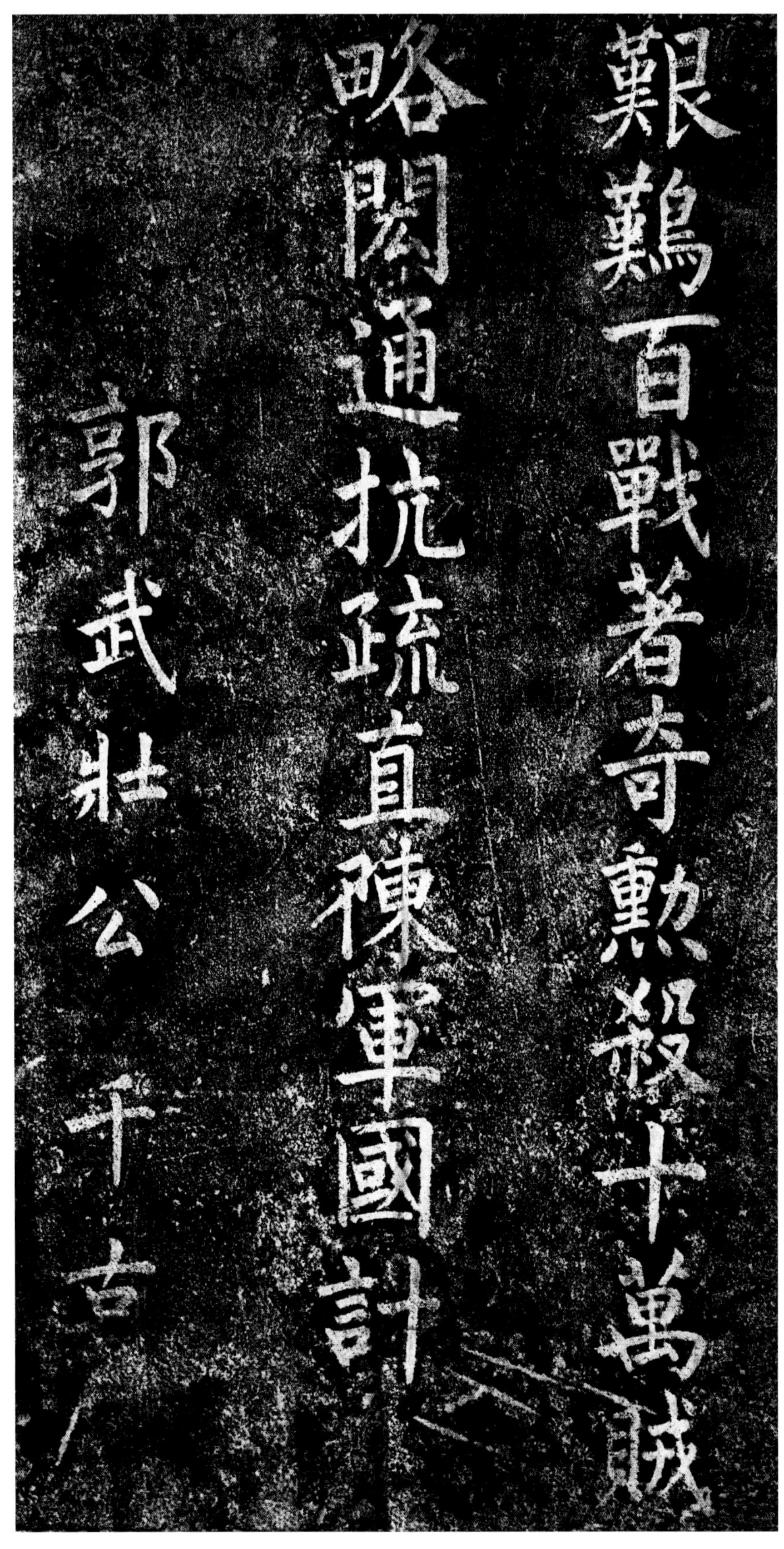
艱難百戰著奇勳殺十萬賊
略閣通抗疏直陳軍國計
郭武壯公千古

霁亭墓志铭

该碑一套两块，大理石质，碑文楷体阴刻，共计644字。2012年出土于株洲天元区凿石浦，由株洲市文物局征集，现藏株洲市博物馆。2014年拓片。

碑 文

□□□□□□□□□□□□□□□□□□□也，号霁亭，行二。居本邑十三都四甲[1]荆塘街，其先祖有政齐先生，讳应隆者，于前明洪武间由江右吉水卜居鼓磉洲南岍，簪缨累世，代有闻人十二。□□兰村先生，（讳作祈，详邑志文□□）兰村先生之三子，为北学先生，□即公父也。公当北学先生没后，年甫八龄，母王孺人，（详邑志节妇传）教子严而有法，公曲承母训，跬步不苟，赋性浑厚，而遇事慷慨，亲朋之贫者多赖之。妣袁孺人，□□三先生女也。贤淑性成，于归[2]后。秉公持内政无不井井有条，□之□□著闻，妣与有力焉。公之子在庚寅岁[3]修公夫妇墓，属予作志。□□□夫妇阴德也，及人者更□□□□□□□概以见其后□□□云，公生于雍正十年壬子[4]闰五月□□二日亥时，没于嘉庆六年辛酉[5]十二月初七日巳时。享寿七十岁。妣生于雍正十一年癸丑[6]七月二十一日亥时，没于嘉庆五年庚申[7]闰四月二十四日亥时。享寿六十八岁。合葬一都九甲凿石浦[8]后上街尾之阳，艮山坤向。子五，惟三子修仪无嗣早世。女三，长归钟泽炫；次归朱启尚；季归刘天洪。

铭曰：湘之水渑漾而回荣兮，湘之石硍磊而峥嵘兮，公于其阳卜佳城兮，爰及孺人永保贞兮，千秋万岁有培无倾兮，钟灵毓秀以利其后人兮。

皇清道光十年庚寅孟夏月谷旦

年家眷晚，杨邦俊撰

男：修寅、修锷、修钧、修伸[9]

孙：世珉、世临、世珏、世甲、世田、世略、世太、世亮、世洋、世洲、世碧

曾孙：德燕、德炬、德燎、德然、德熏、德炼、德灼、德守、德实、德安、德嘉、德舒、德新、德徽、德微、德昭、德

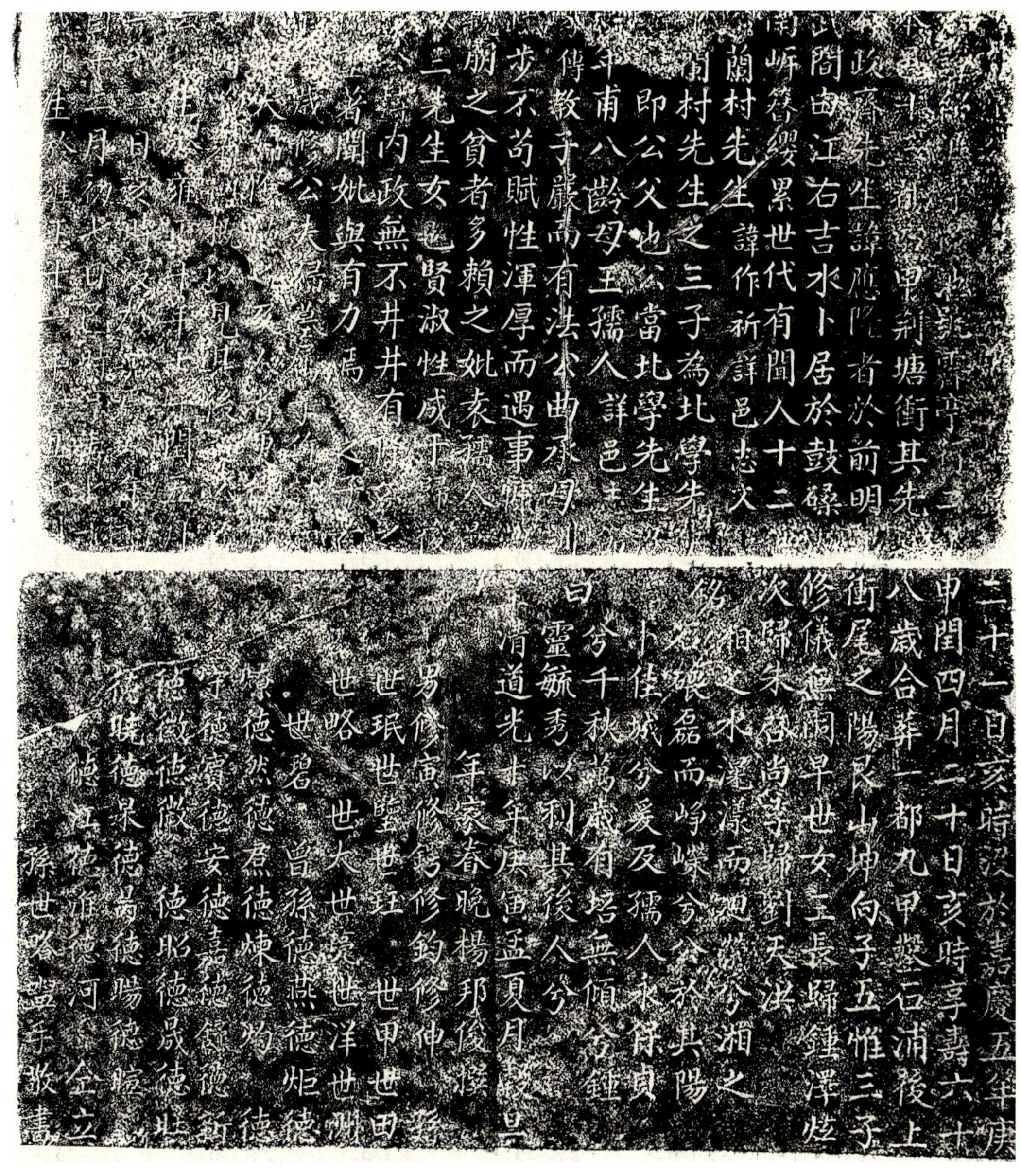

晟、德旺、德晓、德皋、德昺、德旸、德暄、德江、德淮、德河。同立

孙：世略　盥手敬书

注　释

[1] 今株洲市天元区古桑洲下游湘江边。

[2] 于归，女子有了归属，嫁于夫家。

[3] 庚寅即道光十年，公元 1830 年。

[4] 壬子即公元 1732 年。

[5] 辛酉即公元 1801 年。

[6] 癸丑即公元 1733 年。

[7] 庚申即公元 1800 年。

[8] 今株洲市天元区凿石社区湘水湾。

[9] 墓主为古桑洲罗氏家族。男为修字辈即 15 派、孙世字辈 16 派、曾孙德字辈 17 派。

黎培敬墓残碑

该残碑青石质，楷体阴刻，长70厘米，宽17厘米，厚5厘米，仅存15字“……家录用不……建牙之宠……他尉厥英……命尚克……”。原为黎培敬墓碑刻之一，现存当地农户，充当小沟盖板。2017年7月23日拓片。黎培敬（1826—1882），字开固，又字开周，号简堂，湖南湘潭人，清朝政治人物。黎培敬在职洁身自好，以公费所余修建驿馆、兵房，增加书院膏火，兴办其他公益事业，以清正廉洁著称，谥文肃。道光二十九年（1849）湖南乡试第七名举人。咸丰十年（1860）会试第二名、会试复试二等第一名，殿试二甲第一名传胪，点翰林院庶吉士，朝考二等第二名。先后任翰林院编修，充武英殿纂修、实录馆协修，充会试磨勘官。四品衔署贵州布政使，后任贵州巡抚、漕运总督、江苏巡抚。1882年病故，葬株洲天元区三门镇月福村黑瓦屋组。

黎培敬墓名人款残碑

天元区三门镇月福村黑瓦屋组苏某居室距黎培敬墓约 300 米，其屋檐水沟有两片青石板，分别长约 75 厘米，宽约 25 厘米，厚约 6 厘米。两块拼接可见楷体阴刻四竖行计 28 字“湖广总督臣张之洞、湖南巡抚臣吴大澂、布政使臣何枢、按察使臣王廉”。据走访，该石刻为黎培敬墓庐碑刻残件。2017 年 7 月 23 日拓片。

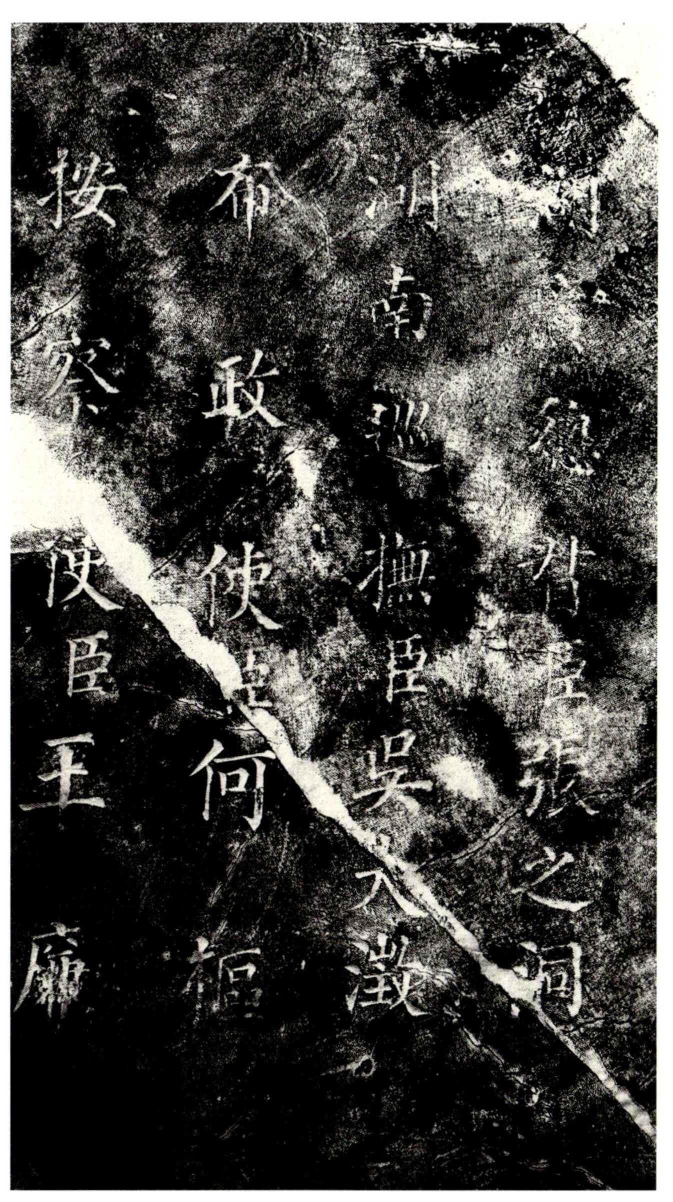

黎培敬御碑亭铭文砖

晚清政治家黎培敬，其墓位于三门镇月福村黑瓦屋村民组，墓前有皇帝钦赐黎培敬的褒奖诰书碑刻，并建亭护之，谓“御碑亭”。而当地乡民俗称“石亭”，毁于“文革”。但是，自晚清始由此而产生石亭村并延续解放后。集体化后改为石亭村生产队。前几年因行政区划变更，改为黑瓦屋村民组。石亭建造使用专用砖，长26厘米，宽21.5厘米，厚8厘米。砖侧隶书铭文“光绪十八年造”，砖端隶书铭文“御碑亭砖”。2017年7月23日，该砖发现于当地村民苏某猪圈沟边，有残缺。

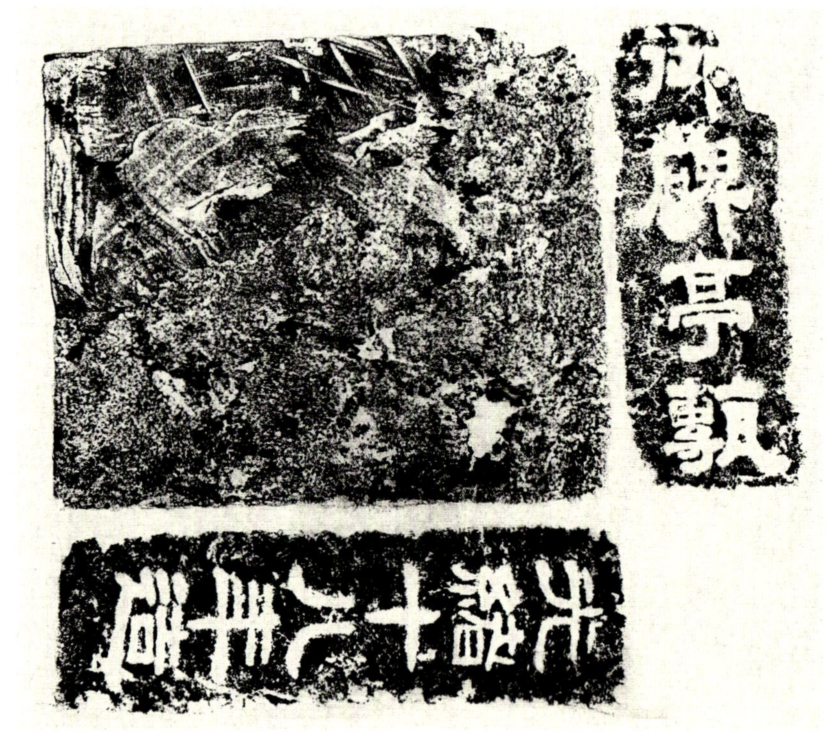

鲤鱼跳龙门石刻图

鲤鱼跳龙门石刻图系郭玉阶墓组成部分，大理石质，长 83 厘米，宽 46 厘米，厚 8 厘米。存株洲天元区泉源村古竹塘村当地农家。2014 年拓片。

背景情况：

湘军将领郭松林，其父号玉阶，其母罗氏，均株洲人士。郭松林祖上追溯十一代，都还是当地殷实富裕人家。待郭松林出世时已经家道败落。清咸丰、同治间“内忧外患”并至之际，郭氏四兄弟先后从政或治军。在浓烈的“忠君报国”思想指导下，郭松林平定太平天国和捻军，立功官至一品。其大弟芳镜战死于宁国；二弟南轩体弱多病，战场多次负伤；三弟芳鉁战死于钟祥。巨大的代价换来巨大的财富。从郭父的迁坟改建我们可以略知一二。

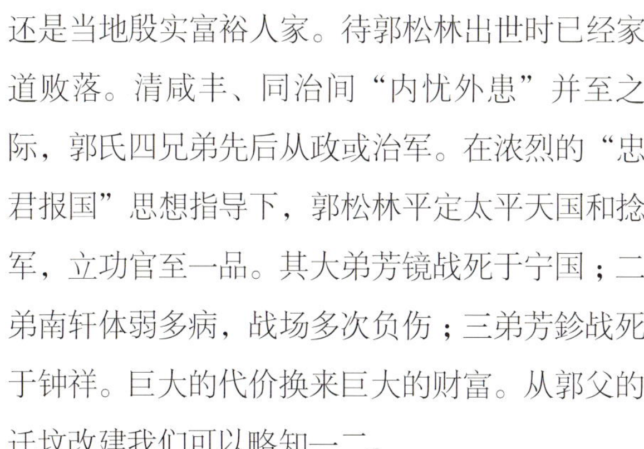

郭父殁于同治二年，其墓于光绪五年迁葬马家河泉源村古竹塘山上（现株洲高铁西站附近）。据祖居此地的老人介绍：郭父墓有碑志，石围栏杆，墓图、华表、翁仲、石兽俱全。麻石牌坊有屋前樟树那么高，硕大的虎、兔、马等动物造型生动。1958 年地方修建太高水库，组织了十二个石匠驻扎墓地半月，才将石材拆完。然后用牛车将麻石条块运往水库工地。零星的石块被村民砌了阶基，守墓虎被村民打造出好几副石磨。多年后，几个盼望发财的人挖进郭父墓，撬开完好的棺材后惊叹！除了尸骨，没有任何金银玉器。这也印证了史书所载的郭家起伏。

龙门寺僧墓碑

该碑青石质，碑残墓盗。现立于株洲群丰镇龙门寺山门右侧古墓后。长98厘米，宽54厘米。碑额书“龙门妙道”，2014年拓片，该碑为天元区罕见的和尚墓碑。

碑　文

龙门妙道

□□□□□□□□□□□一大事因缘，故示现于人间，指迷途而感归。正性接天，人□□□□将，丁善知识，莫过如斯。至于临末，稍头服涅槃[1]示寂，灭而编造浮屠□□□□□向续焰联芳，递代别传之旨久次南阳国师，启个无缝□□□□□□□□□□南道北疎山禅师，建个长生寿塔。着价□□及院主□□□□□□为将来□□立案，今老僧退庆霞法席[2]，会龙门养静，年将耳顺有三[3]，□□□□□□模样，犹恐诸公弗肯放过老僧，只得朝露一班也。要诸公出一臂之力，精□□□家珍，与老僧作个有棱角缝隙的宰堵[4]，普令遐迩缁索[5]瞻风花□□直下儿孙共唱，玄机只有个末，后句暂时不能分付。待劫石功圆，诸公齐坐五云峰头，方娧道破是其云尔。传曹洞[6]祖下第三十世嗣法门，传宁川、云岩、元洁莹禅师[7]宗尔。直谏老人书题。

嗣越贤四两；法慧月一两；门羽山、人戒珠共三两；各庵弟子，岩□、真□、□□、松□、法诚、齐庐各□□；□谷、祀继、韵微、法林各五钱；坚尘七钱；功远一钱；石林、默一、觉慧、巳量、卢白、开明各五钱；拙□、德□、涵瑝、性□、慧园、慈修□□□□。匡玉芝二钱；□术昌一钱；□□一钱；引缘罗大奎、陈祥云、唐和雍、山主袁氏通族。

大清康熙三十年辛未太岁[8]四月廿二日碑立；监院：德庸；堪舆：光流；石匠：王信甫造

注　释

[1] 涅槃是梵语，正音为波利匿缚男，旧云涅盘，今顺古亦云涅盘。又名泥洹，或云涅盘

那，皆音之讹略，或楚夏不同。旧译为灭度，或云寂灭、无为、解脱、安乐、不生不灭等，名虽异其义则同。

[2] 法席：佛教语，即讲解佛法的座席，亦泛指讲解佛法的场所。

[3] 耳顺有三，即 63 岁。

[4] 窣堵即佛塔的一种类型。

[5] 缁索即僧尼所穿青黑色的衣服。

[6] 曹洞是佛教禅宗五家之一。唐禅宗六祖慧能传弟子行思，行思传希迁，希迁传药山，药山传云岩，云岩传良价。良价住瑞州洞山，作《宝镜三昧歌》，传本寂，住抚州曹山，故称曹洞宗。一说，取六祖曹溪慧能及洞山良价之号，故称。

[7] 元洁莹禅师宗：净莹（1612—1672），曹洞宗僧。江都人，字元洁，别号睦堂。二十岁，至金陵投钟山出家。翌年，于杭州报恩院参弁山瑞白明雪和尚（1584—1641）；二十四岁，随师上天台护国寺，受具足戒。尝住洪都阿耨寺、玉崖山上方寺、弁山龙华寺、江南栖灵寺、宁州无住寺、澧州慈云寺、越州云门显圣寺、台州护国寺等。清·康熙十一年（1672）示寂，世寿六十一。

[8] 康熙三十年即公元 1691 年。

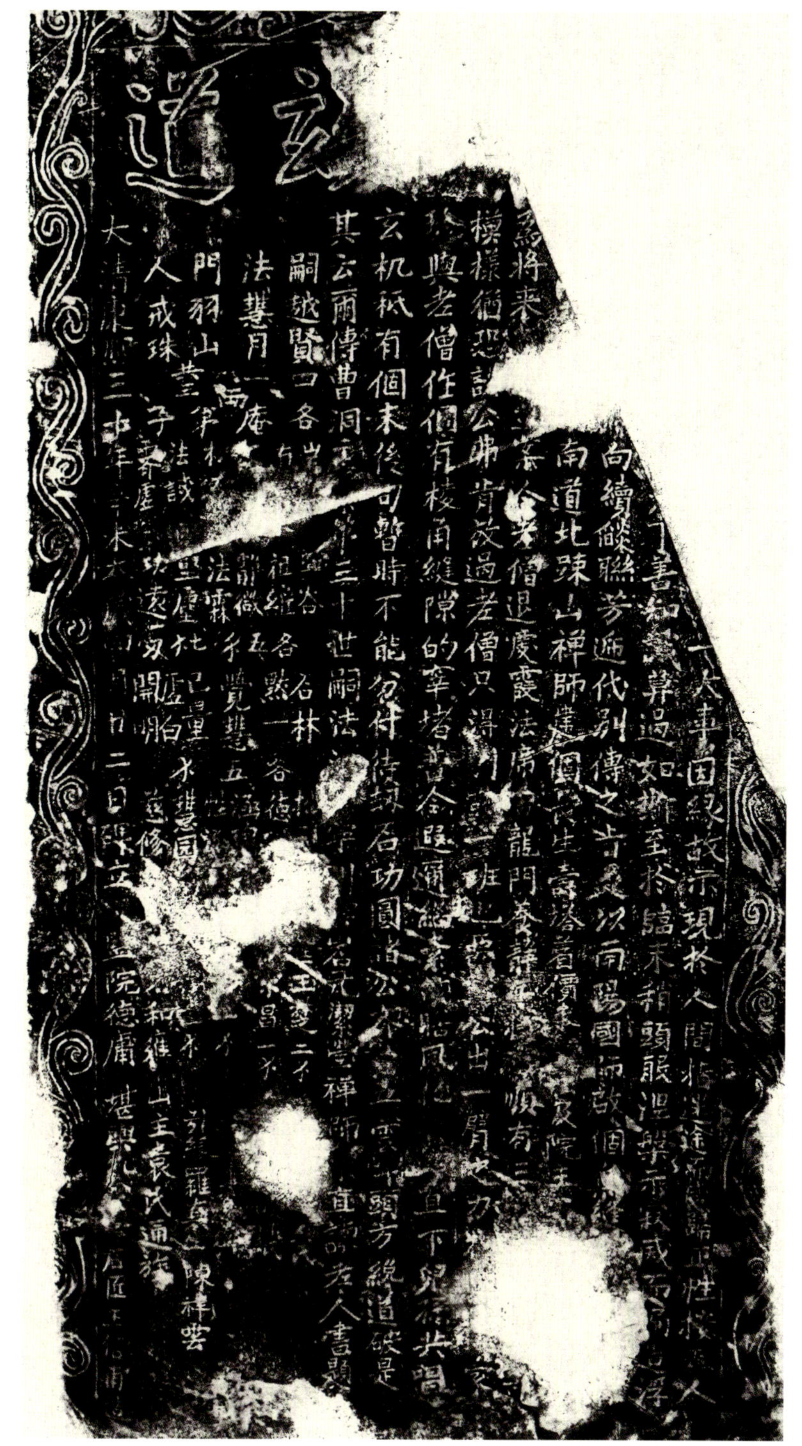

罗母杨太安人墓志铭

该墓志铭一套两块，大理石质，长28厘米，宽26厘米，碑文楷体阴刻，共计417字。该碑出土于天元区马家河太高村，由株洲市文物局征集，存株洲市博物馆，2014年拓片。

碑　文

皇清晋封安人[1]罗母杨太安人墓志铭。

余备员楚北，与外埠罗葆元同理沔阳盐茶局务。月既望，岳母杨安人讣至，葆元、次兄丰元亦因公在沔，均先后奔丧。询来使，云：安人以十三日丑时弃养。葬有地矣，得本邑十三都五甲[2]螺靥冲庄屋后山之阳青鸟家，曰乙辛吉。余一官匏击，既不获亲视含殓，亦不获拜奠灵悼，怆然者从之。回忆舅父春如公，元配刘，生三子。长，讳德铨，娶刘早没，生正询。次，德镐，即丰元，候补湖北分县。三，德钧，即葆元，候选湖北分州。长女为余室；次归楚到沅。

继娶安人，道光己丑[3]六月廿二日亥时生。赋于归[4]，曲尽妇道，为人淑慎温柔，生平未尝疾言忿色，待前子妇若孙，胜己出。舅父寝疾侍床，荐奉汤药，历五年如一日。至蟹匡之，续鱼菽之荐，犹绪余耳。生德钢，持家有法，娶陈。德镐，业儒，尚幼。女二，长，字唐；次，未字。余景仰徽音[5]，用志其墓而为之。铭曰：贤哉安人！淑慎而止。郝氏仪容，而今已矣。卜云其吉，窀穸[6]既成。千秋孔固，垂裕后昆。

子婿黎福沅顿首拜撰并书

同治七年戊辰[7]夏月　谷旦

注　释

[1] 清代六品官之妻封安人。

[2] 即株洲天元区马家河太高村螺靥冲。

[3] 道光己丑为公元1829年。

[4] 于归即女子出嫁《诗·周南·桃夭》有“之子于归，宜其室家。”

[5] 徽音犹德音。指令闻美誉。《诗·大雅·思齐》：“大姒嗣徽音，则百斯男。”郑玄笺：

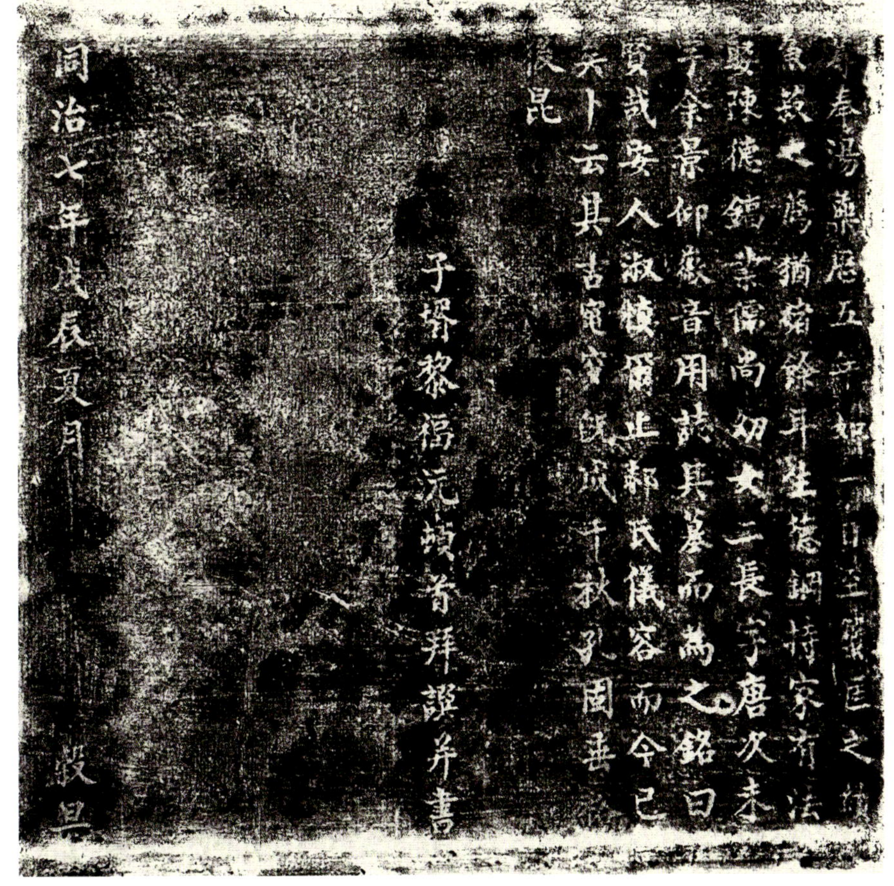

"徽，美也。"

[6] 窀穸引申为逝世。宋王安石《皇兄承简追封安定郡王制》："不幸至于窀穸，用震悼于朕心。"

[7] 同治七年戊辰为1868年。墓主逝世时仅39岁。

罗氏宗祠瓦当

该瓦当出自天元区高塘村罗氏宗祠，拆迁后已经修建为万丰湖。据载，罗氏宗祠建于清乾隆年代，瓦当亦为乾隆年建筑物件。

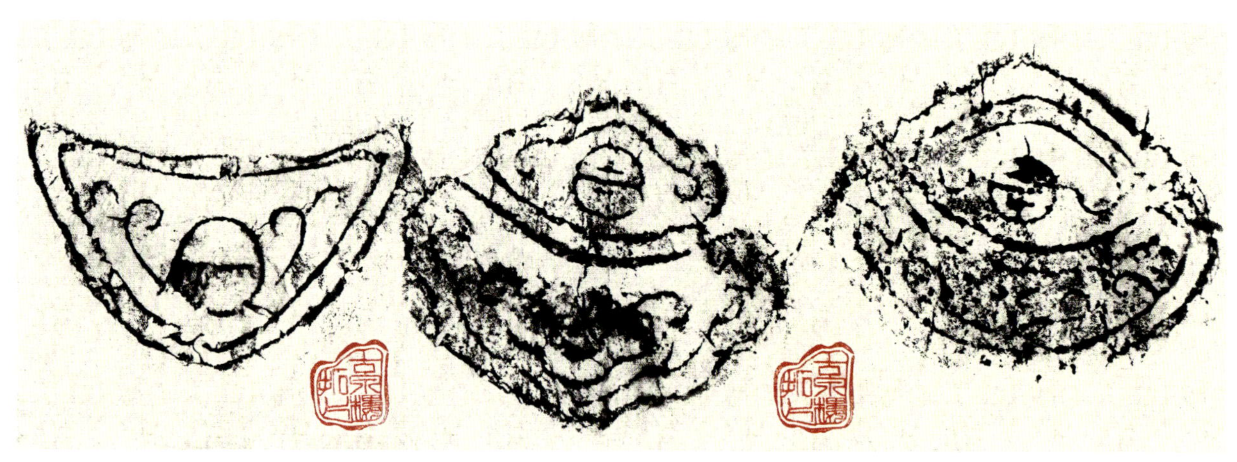

古桑洲罗瑶墓旌表碑

古桑洲位于株洲与湘潭交界之湘江，属株洲市天元区辖域。洲上有罗瑶墓，为株洲文物保护单位。墓前右侧有旧碑，厝置于乾隆二十一年，大理石质，长165厘米，宽54厘米，碑文楷体阴刻，计17行，共1090字，因年岁久远，洪水侵刷，字迹模糊。1998年重修该墓时，用仿宋体重沏新碑。2013年对其乾隆年旧碑拓片。承德郎罗公即罗瑶，明代嘉靖年间的仁人义士。学识渊博，不愿为官，好隐居乡中僻壤。一生乐善好施，曾出谷千余石充实义仓，以备饥荒。扶助莘莘学子三十余人。为贫困的茶陵张治出资请师，使其完成学业。张治后成为明代大臣，传为美谈。

碑 文

乾隆二十一年[1]孟夏之月，扬宗方病告家居，石门教谕罗君聚上，以六载满引见京师，便遂归省。适其族人议修五世祖宗玉公墓，命君自为表。君以程期甚迫不得遂其私，乃枉过草堂乎。家乘一编以表夙予焉。予与君南学久，且禀又姻家，也不敢以病辞。越数日取其家乘读之。见太史氏碧村黄先生所为传，教养是所自为记，参之郡邑志所载，乃敛容而起，曰公之遗德，若此今安得复有新人哉？罗氏之兴，其有自来矣。按罗氏世为豫章望族，明洪武初，有政齐先生者始迁于潭，即公高祖父也。曾祖源佐、祖志亮，父必高。世前隐德弗显。公，讳瑶，宗玉其字也。生而伟异，修眉广颊，茂外朴中。读书务经世之学，论天下事多奇。中时值明中叶，海内已有弄兵，若加之水旱荐臻，差务繁重，大湖以南疲困亟矣。公慷然以一邑为己任，年未壮即见重当事。凡邑大政必广之议而后行，或竟以委之。如学宫旧在文星门，俾湿弗堪，公建议废广慧寺而迁之，今学是也。岁大饥，社会久广，公出谷千余石以实之，赖以活者万计。事见郡人黄宝《湘潭迁学记》。邑侯高应正暮云桥碑，二公资贤者其言信不诬也。至于族戚乡里备亟周恤，待以举火者，不可沙算。孤寒后进，赖以拔擢者三十余人。竟有位至台补者张文毅公[2]，《龙湖

集》可考也。遇事风发雷动；讽贪官成廉吏；劝士收弃妇；至今里老犹有能道其轶事者。天生孝友，处门内有古人风。父没卜吉于河北牛形山，会葬者数千人，七郡贤豪皆至，率子弟庐基累年。当是时，子孺孙登仕籍者六人，游庠序贡成均者十余人。而公严家政，一门数百口，皆循循规矩，时人比之张郑，分巡命事，王公乔龄具其事，以闻敕建崇义坊以旌之。先是郡有大僚欲以人材荐公于朝，辞不就，时论益高之。享年八十有一，以孙轸阶贻赠承德郎至明末。公之后裔遭遇时艰，或以忠烈显，或以孝义著，或以文章隐德。□□□颠，鼎岁之原邑之缙绅，间间大半凋零，而鼓磉洲罗氏岿然无恙。国朝承平百有余年，人文之盛，邑之巨旗亦未有能过之者，天之报施善人果何如哉。公墓在鼓磉洲，邑众所谓中扼湘流，上延岳秀。罗氏世居者即为其顺也。张文毅公所题“皇明贻赐建坊旌表义行，贻赠承德郎罗公宗玉”先生者即其墓也。罗公之墓至是凡三修焉，规制宏丽。有加于前世逾远而泽逾长，真可以不朽矣。扬宗生也晚，耳目所远，非直一邑不之，四众绺不能以再屈，且世德相绍乡组交映。即教论君之清谨，亦足以振起家声，况显庸犹未艾也。然则勒石纪行，为后来表式，亦独非史，氏之所有事哉。公娶黄氏，继娶郭氏，皆赠安人。子孙绳绳载在，家乘兹不品远，让其□□诸孙为报本，追远者劝亦敦论君宪也。

官赐进士出身、日讲官起居、主詹事府少詹事兼翰林院伴读、学士、提督山西学政、加一级记录二次，蔡家晚生蔡扬宗[3]拜撰并书。

注　释

[1] 乾隆二十一年，为公元 1756 年。

[2] 张文毅公，即张治（1488—1550），字文邦，号龙湖，湖广茶陵人，正德十五年（1520）进士，选庶吉士，授编修。嘉靖间历官南京吏部侍郎，翰林学士掌院事，南京吏部尚书。嘉靖二十八年（1549）二月，晋礼部尚书兼文渊阁大学士，召入内阁，加官至太子太保。嘉靖二十九年病卒，有《龙湖文集》。

[3] 蔡扬宗，湘潭人，乾隆年进士，光绪年《湘潭县志》有其列传。

罗哲烈士墓碑

墓碑刊嵌于株洲天元区马家河高塘村罗哲烈士墓处。大理石质，高112厘米，宽41厘米，字体为毛泽东手迹，2013年拓片。1956年毛泽东亲自题写“罗哲烈士之墓，毛泽东题”。毛主席为革命烈士题写墓碑，全国仅罗哲和方志敏烈士。罗哲烈士墓现为省级文物保护单位。

罗哲，字以恒，1902年9月16日出生在马家河镇一户普通农家。16岁时考取长沙高等工业学校。在此期间，与毛泽东相交。1922年，罗哲考入北京俄文法政学校。读书期间积极参加“五卅”“三一八”等运动，在“三一八”惨案中，为掩护同伴身负重伤。之后，到广州担任农运讲习所教员，并在毛泽东的介绍下正式加入中国共产党。北伐胜利后，回湖南任省农民协会组织干事。毛泽东回湖南考察农运后，带罗哲一道去武汉筹备全国农协会，罗哲担任秘书工作。这时，罗哲的夫人曹云芳也随同来到武汉，她与杨开慧同住在督府堤44号。马日事变后，毛泽东派罗哲回长沙了解情况，准备武装起义。“八七”会议后，毛泽东携带两家眷属乘火车回到长沙。在长沙北门外喜鹊桥沈家大屋，设立省委秘密机关，以家属为掩护，开展秋收起义的准备工作。罗哲负责枪支弹药的筹集工作。之后，毛泽东离开长沙，去湘东各县组织秋收起义。罗哲携眷回湘潭与罗学瓒一起组织县工委，领导秋收起义。罗哲先任组织部长，后继罗学瓒任县工委书记。1928年7月25日罗哲被叛徒出卖，遭到逮捕。10月底，罗哲被反动派杀害于长沙浏阳门外，临刑时罗哲挺立不跪，高呼口号，壮烈牺牲，年仅26岁。

1956年7月毛主席接到曹云芳的信时，毛泽东很快就回信了：“现知你仍健在，并有两个女儿继承罗哲遗志，我很高兴。罗哲为党艰苦工作，我可作证。”毛泽东随函附了三百元，嘱咐为烈士修墓，又亲笔题写“罗哲烈士之墓”。以鼓励罗哲烈士的家属和后代。

罗正坝桥功德碑

该碑大理石质，2014 年 7 月发现于天元区雷打石镇扶椅山村，长 80 厘米，宽 40 厘米，存当地村民郭某住宅，2014 年 8 月拓片。其原立于伞铺乡扶椅山村罗正坝神仙桥东端碑亭，系组碑之一，此地旧时为湘潭至衡山的古道。

据株洲日报记者成建梅通讯员易伟仁报道：罗正坝桥位于天元区雷打石镇扶椅山村，因横跨小溪罗正坝而得名。此桥为花岗岩累叠砌成的三孔石桥，中间有一个跨度较大的石拱，两边各一个小一点的辅助石孔，外形典雅端庄，造型优美，是市区古石桥中唯一保存较好的多拱古桥。据当地村民介绍，此桥始建于清康熙年间，距今 400 余年。关于罗正坝桥，还流传着一个美丽传说。相传，建桥之时，每天有 100 个工匠施工，但是到了吃饭时候，却只有 99 人。人们寻找时，发现距桥不远的山崖上，有一行巨大的脚印，直通天上。原来，少了的那位，不是凡人，而是上天派来帮工的“神仙”，所以罗正坝桥又被当地百姓称为“神仙桥”。

碑　文

捐修硚碑

周海涛捐钱一千文；周清元捐钱一千二百文；周孔彰捐钱八百文；苏建南捐钱一千二百文；周汉阳捐钱八百文；黄东鹏捐钱八百文；郭□万捐钱一千文；周银山捐钱一千文；周岐山捐钱一千二百文；周锦山捐钱一千二百文；陈德日捐钱六百文。

道光十四年[1]孟冬月谷旦

注　释

[1] 道光十四年为公元 1834 年。

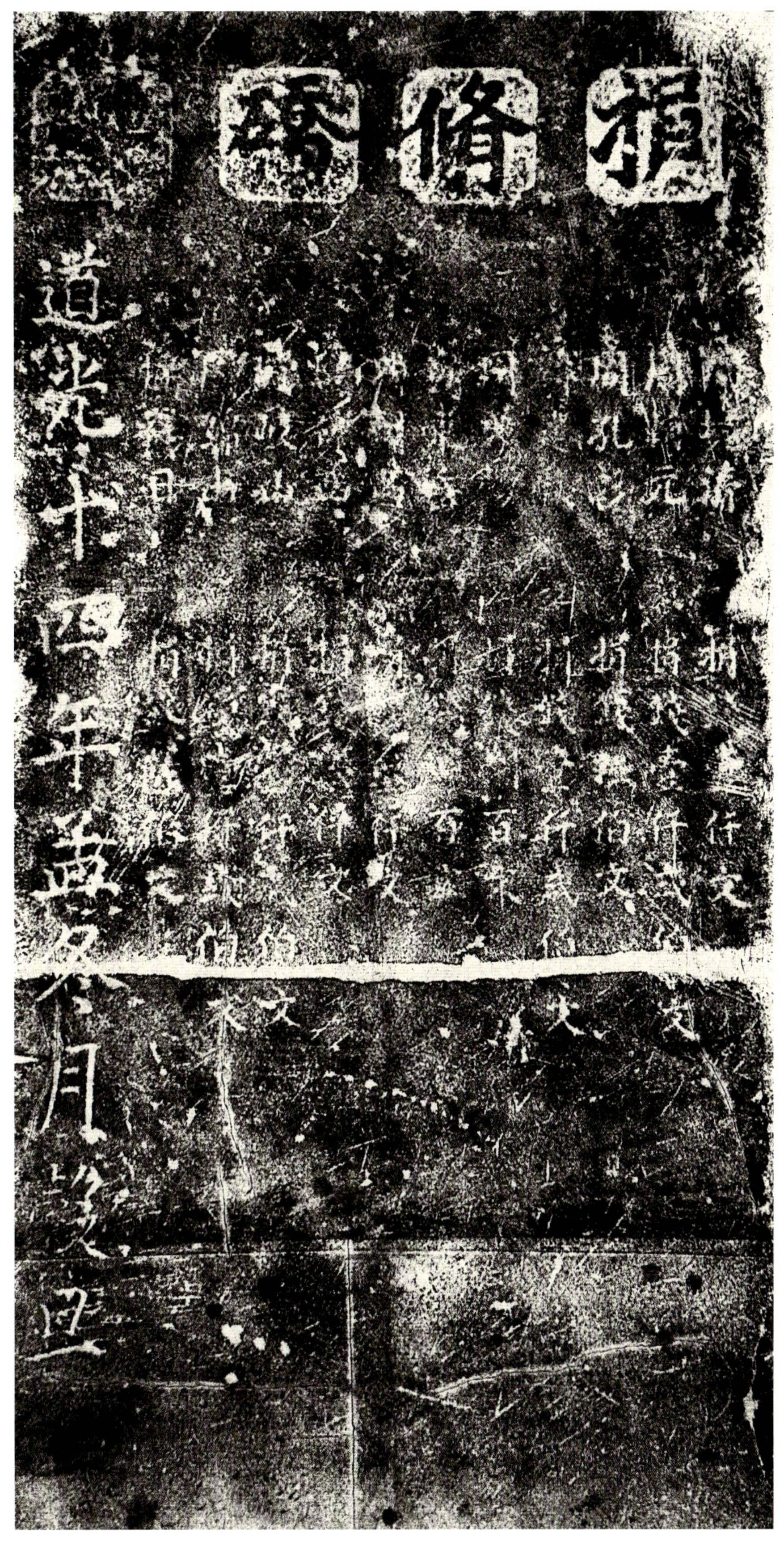

马家河公置碑

该碑大理石质，长132厘米，宽45厘米，厚8厘米，已断裂两截并稍有残缺，发现于株洲天元区马家河镇塘基，泐于1828年前，应是马家河地邑为育婴堂捐款置产的功德碑之一，2014年拓片，余下碑刻下落不明。碑文楷体阴刻，较为清晰，共计505字。该碑已由株洲湖湘文化志愿者协会回收，暂行保管。

碑　文

公置[1]

十三都一至五甲[2]及六甲上分……[3]宪，续捐公买郭近湘公上本都五甲地……亩，每年收租二十一硕，归育婴堂应用。其田亩、塘坝、屋宇、山林，均照契管。今将众姓捐项数目勒左：

同事都耆彭映台[4]；保正[5]肖大元、王曙亭、罗南康、谭绍曾。

一甲纠首：王端凝、罗文藻、易克谋、郭会五、甲总：易芳族。

王端凝六两；易文彬五两；龙竹清四两五钱；冯登成、易永和各四两；郭砥中三两；罗文藻、易克谋各二两五钱；龙大有二两二钱；郭会五二两；郭乔青、易首山、黄光斗各二两；龙席珍、龙国凝各一两二钱；殷明智一两□钱；冯时敏、曾寿山、刘申之、唐泽武各一两。黄南山、殷辅朝、冯武图各一两；郭写龄八钱、刘仲恩七钱；冯品立、殷灿霞各六钱；龙善良、龙道生、谭朝烈各五钱；龙三汲、黄作霖、龙金陶各五钱。

二甲纠首：罗衡峰、胡仕才、罗熙堂、余若梁、刘以成，甲总：黄昌植。

罗树仁、罗静齐、罗汝愚、罗衡峰各二两；罗明理、郭光照各二两；刘忠湖钱一千三百文[6]；罗经一一两二钱；包廷衡一千文；郭允之、包亨彰、郭维屏各一两；康有烜、曾均安各八钱；包亨彬八百文；冯汉潢七钱；龙仁山、王焕彩、罗光华、罗修凝各五钱；郭以城、翁东山、郭辉武、王本双各五钱；罗崇扬、冯商赞、罗于渭、罗世坤各五钱。

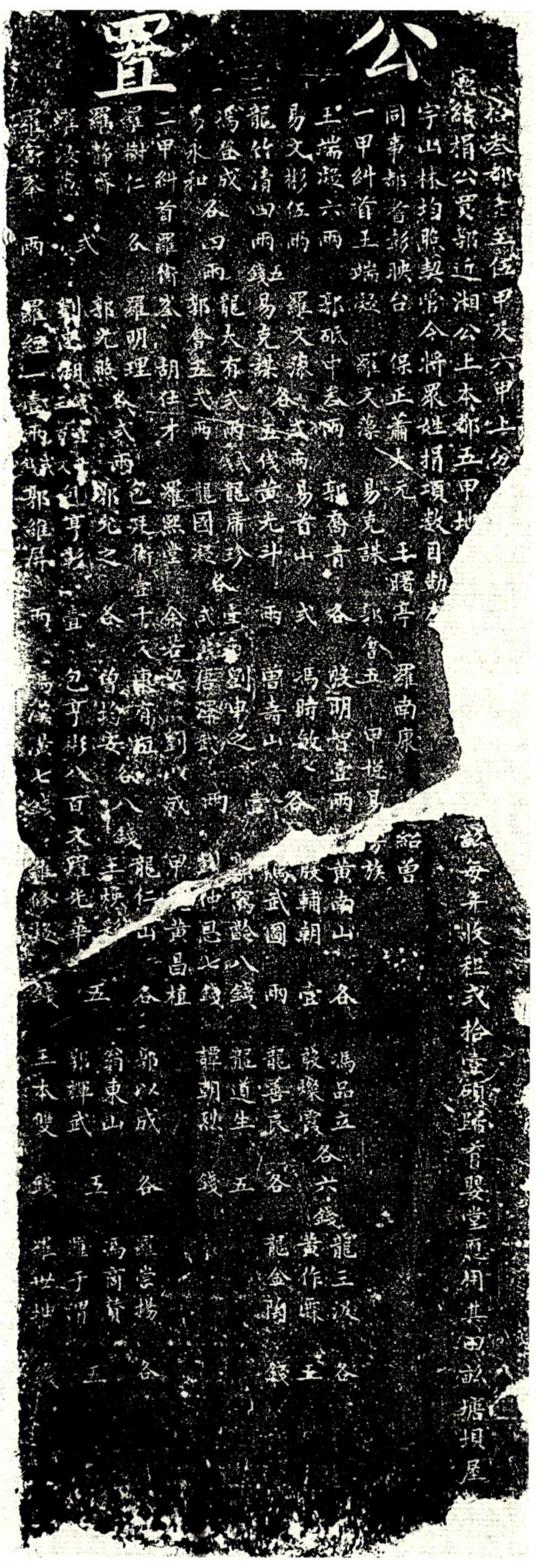

注 释

[1] 公置，为公共事业添置的资产。

[2] 清代湘潭县辖地实行都甲制划分，十三都现为株洲天元区马家河、群丰乡一带。

[3]……为文字残缺部分。

[4] 彭映台，清登仕郎，讳增耀，生于乾隆三十一年（1766），殁于道光八年（1828）。2010年3月因政府拆迁，其墓由天元区马家河镇金龙村杨柳组乌石塘迁移改葬，墓志铭镌于瓷盘，彭氏后人将其交株洲市博物馆收藏，可证公置碑成于道光八年（1828）前。

[5] 保正为基层负责人，类似村长。

[6] 捐钱以两、钱计重者为银子，以文记量者为铜钱。

马家河罗氏墓志

该碑于2009年在天元区马家河镇高塘村发现。大理石质，一套两块。长宽均40厘米。由株洲市文物局征集，现存株洲市博物馆，2014年拓片。根据当地村民辈分排列，墓主为罗氏家族之曾孺人。碑文楷体阴刻，共计331字，记叙了迁坟改葬的缘由，有利于了解晚清时当地风俗习性。

碑 文

兴曾孺人墓，缘本□□□之□□安□公，行二；□□□□□□□□泉之配也。原葬本邑十三都[1]地名□□□□□胡家槁。卜云不吉。改葬□于本邑八都一甲[2]，地名响塘坪大王山。秉山丑向兼下癸。系□□□姓叶山下，田永存□□。子三，长，修焘，邑庠生；次，修炳；三，修燮，□国学生。孙：世增、世境、世埴、世池、世涛、世然、世□、世逵。曾孙：德钰。千万亿年，终焉恭藏。

大清道光七年岁次丁亥[3]孟冬月谷旦谨撰

皇清光绪十年，岁甲申，[4]暮春之初，柏馨祠春祭时也，三房子孙会集本支，次凡两房商卜。祠后古茶园，以八世祖妣刘太君墓侧山地，为我十四世祖妣曾孺人幽宫佥日可，是年冬孟遂扞改。附葬于兹内兮。经丙壬，外向午子也。其先年所置响塘坪大王山墓田，仍供祭扫。永毋分析！

男：修焘、修炳、修燮；三房子孙谨志；十八世孙正谟敬书。

注 释

[1] 十三都现为天元区群丰乡一带。

[2] 八都一甲现为天元区凿石浦以南一带。

[3] 道光七年为公元1827年。

[4] 甲申为光绪十年，即公元1884年。

清光緒十[illegible]歲甲申蔡春之[illegible]
祠落祠春祭時也三房子孫會集
來支次乙丙房商卜祠後古茶園
以八世祖妣劉太君墓側山地為
我十四世祖妣佘孺人幽宮僉曰
可是年冬益遂扦改而附葬於茲
內分經丙壬外向午子兼其先年
所置响塘坪大王山墓田仍供祭
掃永毋分析

男修炳燾[illegible]燮三房子孫謹誌
十八世孫正謨敬書

马家河梅山庙碑

该碑由两块组成，大理石质。分别长 94 厘米，宽 36 厘米，厚 8 厘米，原置放梅山庙中，庙毁后存株洲马家河镇仙岭村大石桥组罗某住宅，2014 年拓片。2016 年因拆迁，该碑存藏当地安置房罗处。碑文楷体阴刻，全文计 1066 字，对了解梅山宗教文化在株洲的流传提供了佐证。

碑　文

梅山尊神永垂不朽

【碑一】神在天下犹水，水在地中无所往而不在。然其神之灵与否，则视夫求者之心诚不诚耳！吾邑湘南[1]大石桥附近罗德山者，历奉梅山菩萨[2]，年远不可考，神亦默默无闻。前岁，灵移此地，朝朝奉祀。乡人乃以诚心，求之无不应。如是声灵赫曜，祷拜者蝉联不绝。

兹罗菊山公裔捐庙址，前抵田边，后齐檐坑；左右以檐坑直出为界。刘荣生、熊汉云等倡建神庙，共计四间。各捐主芳名刊后。是举也，在人则以诚报神，吾知神必感人之诚而赐之福矣！

乐捐庙基园土人：罗菊山公裔。

倡修庙宇人：郭树华、仲农；罗汉元、汉枚、汉南。

续捐刊碑人：罗白圭、罗秉珊。

撰序缮书人：罗治门敬书。

计开捐谷者：郭中和二硕[3]；郭瑞湘、周顺益、罗怀先、汉南、聪玉、石坞各一硕；郭厚生、谭福益各捐谷七斗五升；谭三元堂六斗；谭有庆、郭陈氏、罗厚安、冶门、美田、协臣、德钰、锡林、有信，各捐谷五斗。黄荣华堂三斗；罗运仪堂、光裕堂、罗积善堂、云梯堂、聚德、文伯、迪元、卓伦、选成、春华、罗友参、东明、渐鸿、锃铭、厚明、礼齐、正乾、祥斋、祥福、长林、桂林、詠苍、詠涓、安田、宇田、以田、以昭、罗保生、罗林生、谏臣、荫庭、俊元、守吾、巽夫、敬民、罗厚禄、五十境、郭树华、郭绍林、云鸿、昌亮、春美、人腾、刘首初、刘余春、元珏、子科、玉卓、桂生、凤龙、湘开、刘修齐、瑞五、谭志华、□坤、王志贤、梅生、槐生、汉钦，各捐谷二斗五升。

【碑二】黄福山、陈捷吾、李时贵、龙有成、龙启元，以上各捐谷二斗五升。李泽涵、龙韵初，各捐谷一斗五升。

计尊捐国币者：陈振民捐一百元；郭北江、陈松元、罗召南公、罗孙汉、黄斛亚，各一百元。王诚鼎、郭春山，各五十元。黄瑞田捐卅四元。王吉安、张立才、罗槐清、罗德淑，各捐卅元。刘举存、王俊明、郭春泰、陈渭虎、陈明记、大有元，各廿九元。汪春林卅元，罗志吾廿五元。

罗守典、润甫、守业、春汉、礼安、迪安、达初、唤初、淑梅、蔚杰、翰屏、孝之、润清、新亮、正湘、德询、卓群、爵山、茂初、五美；罗金田、少卿、甫宜、明南、伸然、树道；龙柿榴、睿生、龙敬吾、怡生、佩苍、镜波；王德禄、春生、运询、爱庐；郭厚生、芳利、诗然；斡正南、李修林、冯德盛、黎俊明、付典凌、彭声益、曾仁裕、夏启和、周茂南、黄介钺、林金铭、谭保克、宫廷瓒；熊礼智、新益、献庭；黎桂林；各捐洋二十元。

捐石灰者：甘先记、甘仲记、丰泰、万盛、黄荣记，各捐三硕。仁记、潭洲，捐四硕。和兴捐二硕。

王福记、王春记、冯卿记各捐砖三百口。胡三盛、冯友盛，各捐一百口。冯义发、汤树记、四顺厂、周新利、李仁记，各捐二百口。

郭乾升、尹桂庭，各捐瓦六百皮。合兴利捐一千皮。

罗沛江、陈法海、刘自禄，各捐工七天。

共捐谷卅三石斗三五，灰廿一硕；共捐洋二千百卅四元，砖二千一百口；共捐瓦二千百皮，工二十一个。

共收洋四千四百三十九元烙；共付洋七千六百七十一元烙；本收扣银廿六两五钱。出入两抵实亏元银二十七两五钱。

劝捐人：郭树华、刘云生、熊汗云、罗汗元、罗治平、罗汗南、王枚生、郭仲葵。

中华民国三十一年[4]壬午岁仲冬月刊立

注　释

[1] 湘南，旧时湘潭县曾为湘南县。辖现在株洲市天元区一带。

[2] 梅山菩萨，即张五郎神像，是一个约五寸高，用木头或葡萄藤雕的倒立形象：手撑地、头朝下，两脚倒伸向上；大都身着官服、头戴官帽。其源于新化、安化梅山文化巫术中所公认的梅山神，株洲人亦称老爷。

[3] 硕，因古时同石，而石是一担的意思，故为市制中的容量单位，十斗为一硕合 100 升。

[4] 民国三十一年为 1942 年。

附：株洲罕见梅山文化痕迹

翻开株洲历史，庙宇中盛行佛教者居多。至今保留或重建的寺庙如空灵岸、资福寺、龙门寺、金轮寺、上林寺和石峰禅寺等都是信佛，只有仙庾岭的古庙还是道教院堂。而马家河镇仙岭村大石桥梅山尊神碑的发现，不仅为株洲的道教

以誠報神 [illegible] 知神以 [illegible] 之誠而賜
之福矣 [illegible] 捐廟基園土 [illegible]
倡首人 [illegible]
續捐刊碑人 [illegible]
撰序繕書人羅治門 敬書
計開 捐款者
郭中和 弍碩 郭 [illegible] 周 [illegible]
郭厚生 [illegible]
譚三元堂 六斗 [illegible]
羅厚安 美田 [illegible]
羅治門 協臣 錫林 有信 各捐 [illegible]
黃榮華堂 三斗 [illegible]
羅積善堂 [illegible]
建元 [illegible]
羅友發 [illegible]
羅東明 [illegible]
長林 [illegible]
桂林 [illegible]
羅保生 [illegible]
羅林生 [illegible]
羅厚祿 [illegible]
五十燒 郭 [illegible]
劉貴初 [illegible]
劉余春 [illegible]
劉俗齊 [illegible]
王德清 [illegible]

[illegible]
黃榮記各捐 [illegible]
[illegible]
中華民國三十一年壬午歲仲冬月 立

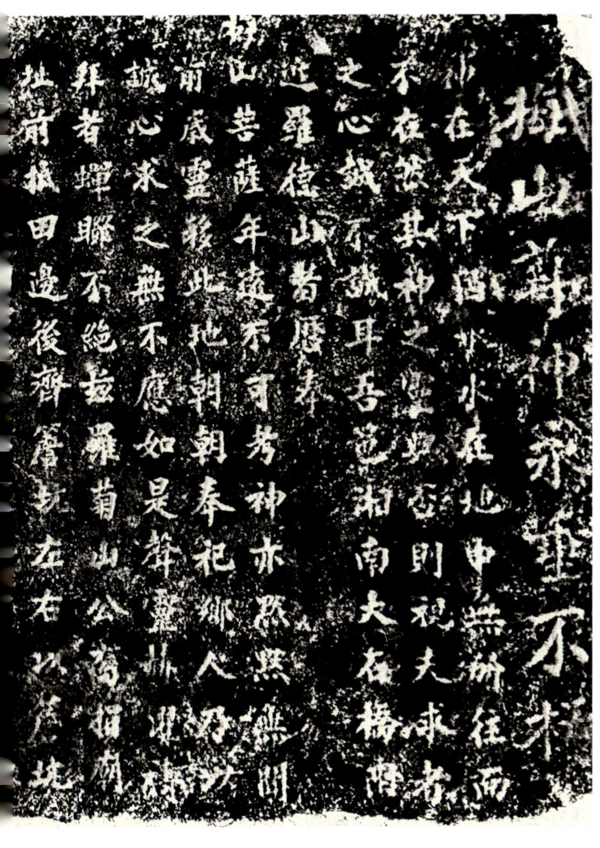

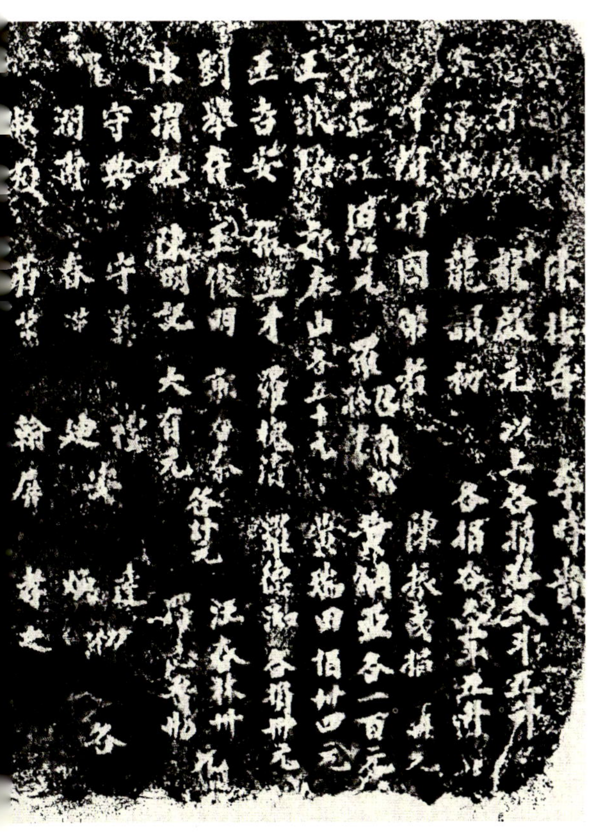

历史增添了内容，更为湘中神秘的梅山文化流传株洲提供了佐证。

梅山文化发源于湘中的安化县和新化县，流传于湖南全省和西南各省区、辐射到东南亚和欧美各国，具有奇特的民族、民间、民俗文化信息，是祖国远古文明和湖湘文化的祖源之一，其保留着原始文物和人类原始思维特征、行为方式等文化信息，具有地域的独特性。

如他的原始渔猎文化印记和巫术崇拜等。直到现在，许多村民的日常生活中还有封禁、起凡、退煞、划水、收惊、还愿、和娘娘、唱土地、喊魂、放阴、叫夜、收魂、占卦、祭天地等都属梅山文化中巫术类。

马家河的梅山庙建于1942年，毁于“文革”。但梅山文化的传播和影响远远早于20世纪40年代。碑文有“历奉梅山菩萨，年远不可考”之言。据当地老人介绍：梅山庙有瓦屋四间，堂屋外两侧左钟右鼓。庙内除安放梅山老爷，还有狮神道具、彩旗布伞、锣鼓乐器和接神花轿。乡民若有病人，特别是精神病患者，则用花轿接梅山神张五郎回家，一路锣鼓喧天，彩旗飘扬，然后做法事。传说中的张五郎除了是狩猎神外，还兼有给人治病的“巫医”身份。他还是统率着东、南、西、北、中“五路猖兵”的最高军事首领。而精神病患者往往被乡民认为中邪。一阵巫歌傩舞，患者或许又惊又怕，精神受到强烈刺激，歪打正着，病情减轻或真的好了。难怪有的老人说梅山神治精神病最灵。

“文革”中庙宇及有关设施被毁。只有老爷菩萨和碑刻被一个叫罗春生的村民悄悄收藏。他是倡修梅山庙人的后代。如今，碑刻、菩萨被摆放在其堂屋里。罗春生年逾古稀，他知道菩萨老爷是梅山打猎之神；但并不知道他守护的是道教中的梅山文化巫术教派。而倒立神龛下的老爷菩萨张五郎，是符合梅山文化教规的，一点没有走样。

马家河胡孝松遗产碑

该碑大理石质，长 100 厘米，宽 37 厘米，厚 10 厘米，原置马家河镇胡家庙。2003 年发现于株洲马家河镇某农户屋檐下，现为株洲湖湘文化志愿者协会收藏。碑文共计 349 字，碑额“永垂不朽”楷书阳刻，正文楷体阴刻，基本完好。该碑对研究传统孝文化和株洲地区旧时对遗产的处置提供了资料。

碑　文

永垂不朽

夫人肉体虽死，而灵魂不死。自古建祠宇，置祀产，四时致祭，皆所以安妥其祖。若宗之灵魂无一椽以避风雨，无一祭以感馨香，是则可悲也。己乡前有胡孝松者，妻晏氏。无子。老托予等祖若父。经营其马市房屋一栋，以其佃赁所入，为死后奠祭之用。盖亦知灵魂不死之理者矣。迄今虽世异代移，而房屋幸存。吾等祖若父既受托于先，吾等当谋于后。不可视为闲公产任人侵夺，更不可妄为售典，以利己肥私，使孝松夫妇与孝松之祖若父之灵魂无所依倚也。兹泐吾等名于石，俾人知吾等矢公矢慎，期不负吾等祖若父昔日受托之重，且以为吾等子孙永远监戒。又世变多端，使仁人君子见此知此房屋由来，亦将生恻隐之心而共维护之耳。是为序。

受托人：家云生、家晓初、家廷玉、龙美石、罗福崇、家修林、家春溪、家飞扬，嫁女从罗福崇。

民国二十四年[1]岁次乙亥孟秋月吉日刊

注　释

[1] 公元 1935 年。

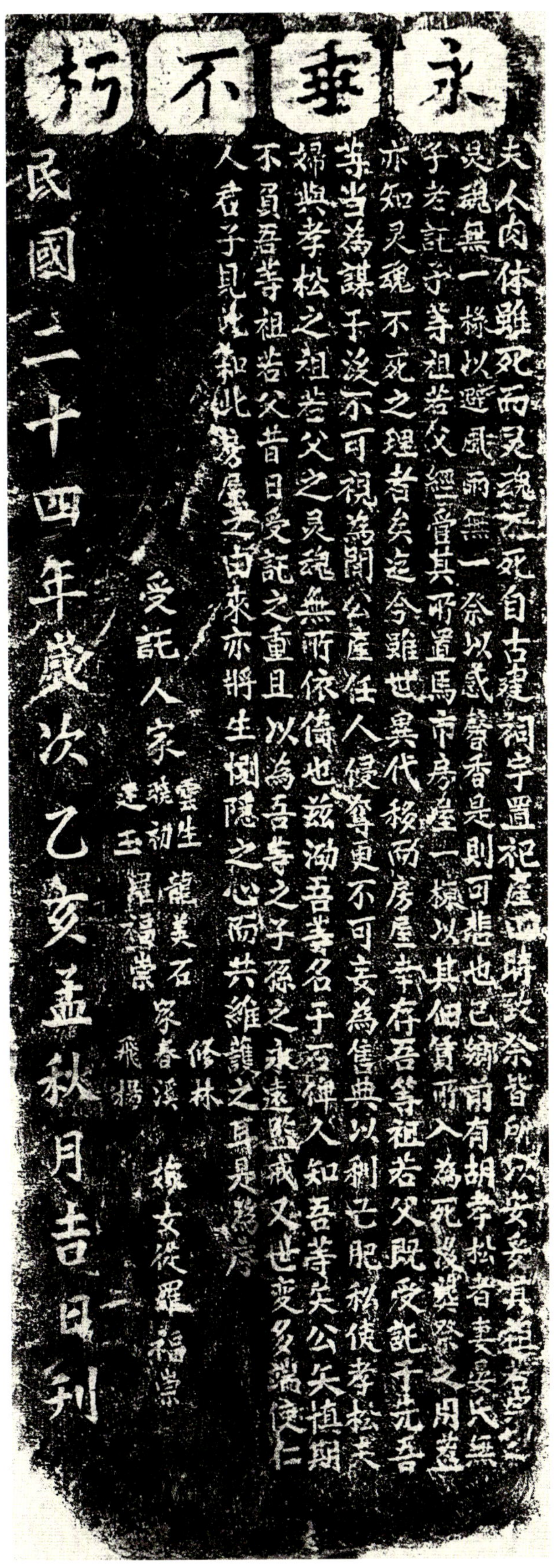

永垂不朽

夫人肉体雖死而灵魂不死自古建祠宇置祀産四時致祭皆所以安妥其祖考灵魂之灵魂無一椽以避風雨無一祭以盛馨香是則可悲也已鄉前有胡孝松者妻晏氏無子老託予等祖若父經营其所置馬市房屋一棟以其佃賃所入為死後供祭之用茲亦知灵魂不死之理者矣迄今雖世異代移而房屋幸存吾等祖若父既受託于前吾等当為謀于後不可視為閒公産任人侵奪更不可妄為售典以剥己肥私使孝松夫婦與孝松之祖若父之灵魂無所依倚也茲泐吾等名于石碑入知吾等矢公矢慎期不負吾等祖若父昔日受託之重且以為吾等之子孫之永遠監戒又世变多端使仁人君子見此知此房屋之由來亦將生惻隱之心而共維護之耳是爲序

受託人家 雲生 發初 建玉 龍美 石 羅福崇 家春 溪 飛揚 修林 嫁女從羅福崇 二

民國二十四年歲次乙亥孟秋月吉日刊

庆霞寺道光碑

该碑原置天元区凿石浦庆霞寺，为道光二十一年功德碑。大理石质，应为四块成组，碑一缺失，碑二碑三上下连接，故碑文无法分列，碑四内容独设，构成统一的功德名册及寺规。碑二长 84 厘米，宽 81 厘米，厚 10 厘米；碑三长 94 厘米，宽 81 厘米，厚 10 厘米；碑四长 1150 厘米，宽 58 厘米，厚 10 厘米。因寺庙已经废止，湖湘文化志愿者协会于 2011 年将碑回收至天元区栗雨办事处，2014 年拓片。该碑全文 1978 字，楷体阴刻，基本能辨，较为详尽地提供了晚清株洲地邑的一些宗教习俗。

碑　文

【碑一】

（缺）

【碑二、碑三】

木本：端凝公捐钱三十串；开甲公捐钱十八串；惊翰公捐钱十五串。光远公捐钱九千文；己山公捐钱八千文。明万、近理公钱各五串。民参公四千五，仕塘、右村合满公、合益公、祖赐，各捐钱四千文。廷秀钱三千文，适夫公、壁山公各钱二千五百。换礼公、有汉各二千五百。安仁公、次旨公、海桥公、纶音各捐钱二千文。本国千八百文。锦朝公千六百；笃敬千五百，玉书、介如、荣观、笃富、本圆各捐钱一千二百文。声希公、光泽公、彩阁公、廷对、荣诗、万明、万虎各捐钱一千文。志仟、汉书公各捐八百；荣万、都昌、笃卿各六百；本端、昭淳公各五百；日新、君槐、载万、本松、缉敬各捐钱五百文。笃高、名扬各四百。笃粮、万禹、炳汉、本昱、有文各捐钱四百文。光第、昊益各三百。焕彩、在田、连江、笃从、文秀、光斗、简兹各捐钱三百文。康明、诚佑、声远、笃焕、秀琳、本忠、尚宾各捐钱三百文。辉明、笃昭、本招、华堂、笃光、本华、汉台各捐钱三百文。载锡、笃佑、东海各三百文。

新业：纹鉴公钱十五串；正明公钱十二串。南宪公、东皋各钱八千文。汉南、笃修各捐钱七千文；镜江钱六千文；

本置钱五千文。本弼五千；友兰公、本鹤、维则公各四千。绍尧公、赐五公、圣瑞、展鹏公各二千文。中青、金清各钱二千。添云、焕兮、光福、青山、江和各捐钱一千六百文。秀林公千二百，典辉公、次岳公、如箴公、熹明、廷选、荣甲、笃桂、文星各一千文。世芳、金榜、笃秀、本杰各钱一千文。金兰、添麟、丹庭、我泉各八百文。宣绪、崇抡公、敬德公、□垣、笃胜、长青、金斗各捐六百文。荣晖钱五百。荣恽、九锡、笃峋、方谷、承命、荣奔、笃泽、笃根各捐钱五百文。笃松、善养、本湘、本歧、淑田各钱五百文。笃元、光明、笃点各钱四百文。桥地、荣镜、美元、起蔚、荣前、荣塅、笃明、虎馀各捐钱三百文。笃曙、天地、鸣和、惟永、笃昆、笃凤、笃亮、笃江各捐钱三百文。笃泰、光照、在明、笃梁、笃仪、盛过、孟然、本江各钱三百文。以和、本信、本官、本穆、本长、本日、本皆、本宗各捐钱三百文。本立、万选、于天各钱三百文。泰

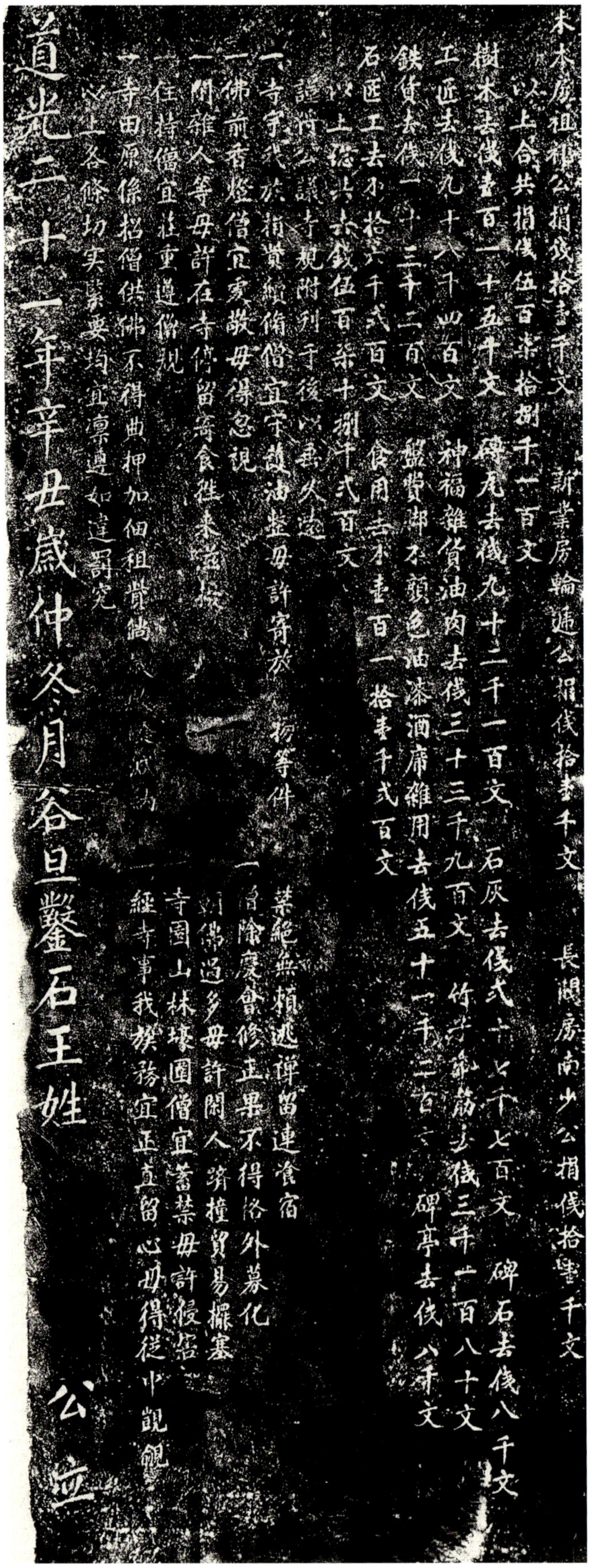

斗、笃塔、万有各二百文。

长阆：声扬十四千文；应百十千文。星占公、协章公各六千文。瀚香公钱五千文。自天、辉煌公各捐三千。云寰公二千五百；台高二千五百；述敢二千文。子建、方元公各钱二千。朝清公、习清各钱千五百；元服一千二百。处飞、得安各钱千二百；先枝、星南、真成各一千文。彩云、本皎、本述、华备、烟裹各钱一千文。本贵、道生、本度各一千；笃吉、先峻八百。本桂、笃林、先魁、彩兰、彩华各钱八百文。扬佑、雪□、殿元、咸都、荣贵各钱五百文。道焕、明□、本礼、义芳各捐钱四百文。本□三百。笃寿、心敏、本友、定朝、先歧各钱三百文。谷山、臣直、双田、德槐、太安各钱三百文。笃衡、本明、本月、荣友、先崇各钱三百文。漂渊、在吉、先思、笃松各三百文。

昆山：玉都公二十千文。

麦子石：朝明钱六千文。

南花：仲贵公二十千。

江车：裔洪三千；荣曦千五百；裔倡二千；荣映二千。裔谨、裔卒各一千。裔浚、裔玖各一千。荣时八百；裔珏、裔珗、荣飞各五百。荣丹五百；荣璟二百。

善邑[1]：四万六千；灶先、南楚各二千。国照二千；虎文一千；东和五百；自远三百文。

钊陵：添祥丹侄四千；兴甫公二千；本亮兄弟一千六百。

黄田：文达公六千。

三门：裔山公、君实公各五千。裔阳四千文；裔湘二千五百；裔陛、裔合公各二千。阿沈二千；裔礼、元瑞公八百；裔信、裔恒各四百；裔英三百；裔任、笃鹤各二百。

梅衡：本富公、笃旦兄弟各五千。振伦公四千；仕刚公、笃式兄弟各三千。先兰二千六百；笃潜二千；先辰二千三百。先春二千；本传、荣义各一千文。笃红一千；笃瑞兄弟、笃华叔侄各八百文。本瑞八百；本松、本明各六百。笃普兄弟五百；笃连四百；笃本三百。之挽一千五百文。本岩四百。

【碑四】

木本房祖礼公捐钱十一千文[2]；新业房轮递公捐钱十一千文；长阅房南少公捐钱十一千文；以上合共捐钱五百七十八千一百文。

树木去钱一百一十五千文；砖瓦去钱九十二千一百文；石灰去钱二十七千七百文；碑石去钱八千文；工匠去钱九十八千四百文；神福杂货油肉去钱三十三千九百文；竹子纸筋去钱三千一百八十文；铁货去钱一十三千二百文；盘费脚钱颜色油漆酒席杂用去钱五十一千二百文；碑亭去钱八千文；石匠工去钱十六千二百文；食用去钱一百一十一千二百文；以上总共去钱五百七十八千二百文。

谨将公议寺规附刊于后，以垂久远。

一、寺宇我族捐资续修，僧宜守护油整，毋许寄放什物等件。

一、佛前香灯僧宜处敬，毋得忽视。

一、闲杂人等毋许在寺停留、寄食，往来滋扰。

一、住持僧宜庄重，遵僧规。

一、寺田原系招僧供佛，不得典押、加佃租，觉倘岁歉，验减纳[3]。

以上各条切实紧要，均宜凛遵，如违罚究。

禁绝无赖逃禅，留连食宿。

僧除庆会修正果，不得格外募化。

朝佛过多，毋许闲人挤撞，贸易摆塞。

寺园山林壕围，僧宜蓄禁，毋许侵害。

经寺事我族务宜正直留心，毋得从中觊觎。

道光二十一年辛丑岁[4]仲冬月谷旦

凿石王姓　公立

注　释

[1] 善邑，即长沙县，旧称善化县。

[2] 清代制钱千文为一贯或一吊，一个制钱为一文。

[3] 庆霞寺田产为公业；灾年减产验证后，佃户可以减交租谷。

[4] 道光二十一年辛丑岁即公元 1841 年。

庆霞寺光绪八年兴捐碑

该碑大理石质，碑额残缺，长125厘米，宽49厘米，厚10厘米。原置庆霞寺，寺毁后，2011年回收至天元区栗雨办事处，2014年拓片。碑文有缺失，尚余801字，楷体阴刻，基本能辨。该碑体现了寺内维修，账务公开的有关情况。

碑　文

兴捐[1]

……其先君子于国初，传告庆霞石颂，遂建寺购田，招僧纳佛。若者财之，若者修之，予载昭然。迩来风霜……亟宜修复也。纳点金乏术，户食名悬，亦惟奔告主人耳。蒙诸君子慷慨，见若纠集捐资。即命衲经营土木……成功。夫当今时弊，恒多减佛、弄僧之流。若王氏者于佛前敬崇，于僧则怜护之。数百年好善乐施之举……予佛者，佛固自有不翼之报。其施之于僧者，僧亦养思廉尽之思云……翼伯、云翔、道元、盖臣，捐收：祖礼公钱五千文；周宇公钱五千文；宏宇公钱三千文；均宣公钱五千文；……乾武公钱二千文；己山公钱二千文；装修大士帝君[2]金容，祖礼公派下云翔、道元经收加捐各公钱三十千文；……章、华山、晋授、敬禄、甫臣，捐收：师盛公钱八千文；贯耳公钱七千文；旋右公钱四千文；瑞伯支钱二千文；……文熙公钱二千文；玉辉公钱一钱二百文；晓齐公一千文。又装修大士帝君金容，处士星朗助工资一十六千文。……万畴、焕庭、小浦、高祥、南明，捐收：南池公钱五千文；定生公钱三千文；义泰钱二千文；华吾公钱一千五百文；……文；崇吾公钱二千五百文；承吾公钱二千五百文。又装修大士帝君金容，沙支香山捐钱一十二千文。……佩琳、酒南、联蔚、锡芰、品垂，捐收：舆生公钱八千文；近南公钱四千文；克训公钱二千文；锡吾公钱二千文；……千文；三吾公钱二千文；琳公祠钱二千四百文；霜霖公钱一千四百文；会公祠钱一千六百文；迴之公钱二千文；岳辟公钱八百文；……千文；世禄公钱四千文；埠公祠钱四千文；

习之公钱一千文；龙光公钱一千文；九河钱一千文；淳琳钱一千文。

共收族内乐捐钱一百七十八千六百文。付：装三正神金身钱八十二千文；神伏包封酒席钱二十六千文；砖瓦树木石灰钱五十九千文；油漆钉铁碑石三十三千文；大小砌木工匠钱四十四千文；瓦货帋色[3]零用钱八千六百文。

以上总共用钱二百四十二千六百文正；内计住持自备衣钵资钱六十四千文。

大清光绪八年[4]岁在壬午冬月谷旦，嗣法觉门、北且、豁然、德搏、吾巡、寿敬　立

注　释

[1] 兴捐者为株洲凿石浦王姓家族。

[2] 大士帝君为观音菩萨。

[3] 帋色为各种纸张的意思。

[4] 光绪八年为公元 1882 年。

庆霞寺花卉条纹石刻

该碑麻石质，有残缺，长 126 厘米，宽 22 厘米，碑面阴刻花卉及葫芦纹和曲线条。为天元区庆霞寺建筑部分，2011 年从庆霞寺回收至栗雨办事处。

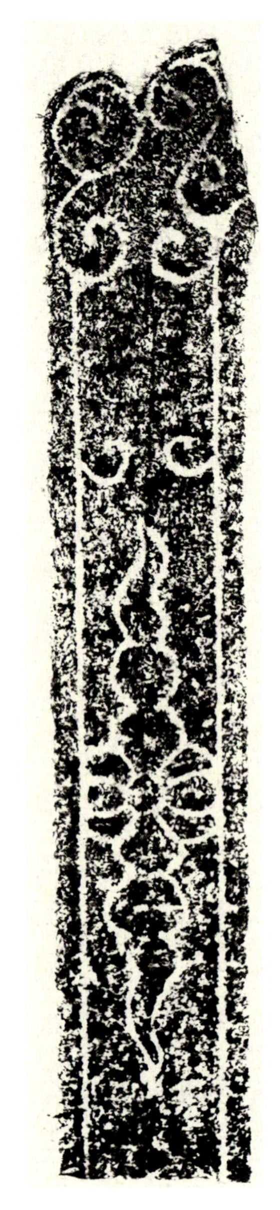

庆霞寺嘉庆二十年残碑

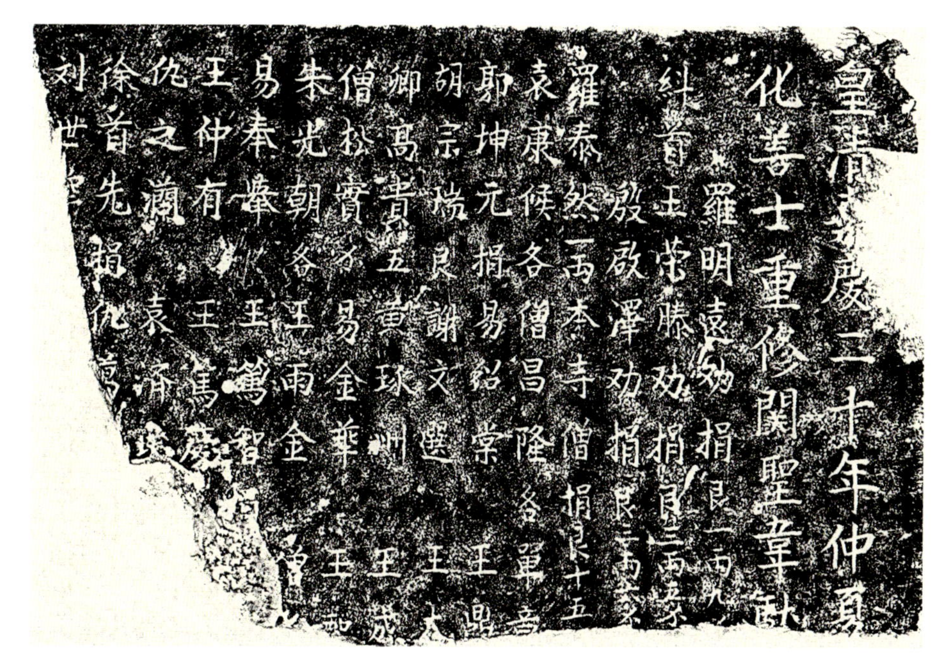

该碑红砂岩质，残存部分长38厘米，宽58厘米，厚5厘米。2018年11月26日发现于株洲天元区凿石浦庆霞寺原址填埋现场。碑阳楷体阴刻，存193字。泐载嘉庆二十年（1815）庆霞寺关圣殿重修韦驮菩萨的功德情况。据分析，其碑通长应120厘米左右，残碑仅三分之一，原厝置殿内，部分文字凹刻处红漆犹存。2018年11月27日拓片。

碑　文

皇清嘉庆二十年仲夏……化善士重修关圣韦驮……

纠首：罗明远劝捐银一两九钱；王荣滕劝捐银三两五钱；殷启泽劝捐银三两六钱。

罗泰然一两、本寺僧捐银十五两……袁康候、郭坤元、胡宗瑞、卿高贵、僧松实各捐银五钱。易奉举、王仲有、仇之澜、徐首先、刘世□各捐银□钱。僧：昌隆、易绍棠、谢文选、黄琢洲、易金华、王雨金、王笃智、王笃庆、袁济境、仇万□……各捐……单意□、王鼎□、王大□、王圣□、僧：□□……

庆霞寺乾隆丙申碑

该碑 2017 年 6 月 21 日发现于庆霞寺旧址。红砂岩质，通长 136 厘米，宽 42 厘米，厚 17 厘米，左右边框饰花纹。碑右残缺，碑文楷体阴刻，共计 433 字，碑额及碑文顶格字残缺。2017 年 7 月拓片。该碑是在修复株洲庆霞寺，重建杜甫草堂的探方中发现的，佐证并补充了《凿石浦志》有关庆霞寺的记载。

碑 文

……等……舍[1]契，将田林一作归山庙……住之，佛田诚为再世之，给孤长者也。复与予有同庚之雅，诗文之弊说□□足常与□□立碑，□念不料此仁用厚德之心于半百加六之年修尔告别，袖手仙去，孰不为之抚旧长叹。□亦屡遭洪灾困围顷塌，旋即经营土木连年方就，兹者于本年本春商确回廊，唐昆季等族亦欣然乐从，以继先人善念。同命石工刊碑于祖堂，念其名福两全。留芳名于禅林古刹，永镇佛地律遗。尔京广之□□□其所自复欲叙其，本来宁更不他赘，一阐敬述，其父子公孙善念如此，再显匡氏之芳裔。挟□□□法属，永远尊吾规范，以报四恩。佛德是为记。

记开祖业，并芳名如后：唐氏祖资一□□□之右系饮水，龙形土山名穴，前抵大河。舍田施主文学匡德昭、男：生泽、亮采，孙：子范，以南□□凭侄或夏熟田大小一百六十四坵，外荒田十五亩。奉上已垦五亩，蟒蛇坡垦荒二亩，余荒土柳涎一片，水塘二口，四致左右增屋。三面俱以山脊倒水为界，并难种在内，前抵大河[2]。

乾隆丙申岁[3]三月之吉，传曹洞正宗第三十一世本寺弘法沙门洪都越贤[4]偕徒并孙敬刊

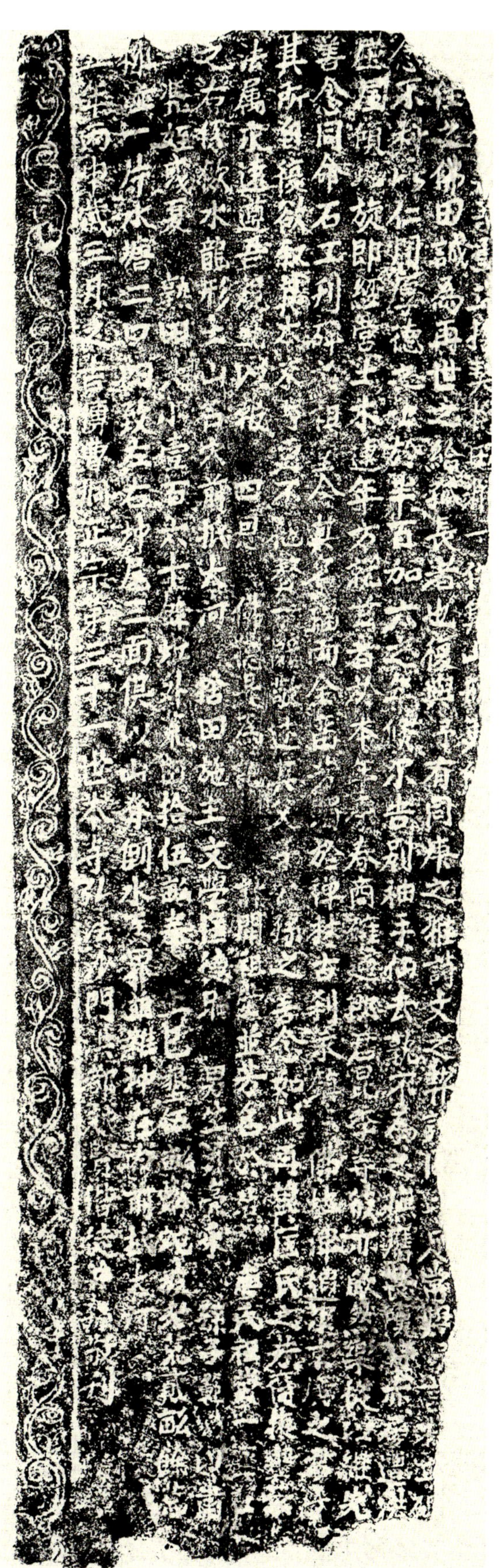

注 释

[1] 舍即捐的意思。

[2] 大河指湘江。

[3] 乾隆丙申岁即乾隆四十一年，公元 1776 年。

[4] 越贤，江西南昌人，为庆霞寺乾隆年住持，曾为庆霞寺铸铁观音撰“铸铁佛原由录左”载佛背。光绪甲辰年《凿石浦志·卷一》载有“僧越贤遗志”。

庆霞寺神龛重修碑

该碑于2013年在庆霞寺旧址的菜地发现，原存旧址住户肖某家，后由天元区栗雨办事处回收，大理石质，长91厘米，宽45厘米，厚10厘米。

碑 文

重修　关帝龛座

信士王□□；齐人王兴□；信士王己山，各银一两。独修韦驮尊神龛。信士王笃祥，总共捐银四十八两五钱七分正。木匠去银三十三两二钱。酒席、桐油、杉树、瓦、石灰、木匠工，一并杂用共去银十五两三钱三分。

庆霞寺五修寺碑

该碑大理石质，长157厘米，宽57厘米，厚9厘米，2011年由庆霞寺旧址移至天元区栗雨办事处收藏。碑文楷体阴刻，字迹基本清晰，共计611字。2014年拓片。

碑 文

五修寺碑

粤稽[1]我祖，肇建斯寺，招僧供佛，由来旧矣。然年逾数百，寺之修葺频仍，初未尝假借他人之力也。岁辛巳，寺后进□佛殿将圮，族人会议修复。佥以后殿黑暗，实为朽蠹。拟于殿之左右开天井，以通天光，举□寺。经理皋苓等经营之。族众输将踊跃，纠工庀材，不二月而大功告成。余初以为：值此非常时期，财力交困，虑难集事，不意成功，竟有如�之速，噫嘻！此中盖有神助云。桂麓谨序

发起人：静安、鸿勋、芝廷、应存、松庭、耀生、者香、慎安、漱怀、远仕、瑞云、述初、仕廉、鉴文、秋元、继生、运华、敬之、致和、竹筠。

木本房：祖礼公捐谷二十二硕[2]五斗；用宇、宏宇、均安、臣俞、端凝各公谷三硕；均宣三币；玉翠、纪山各公谷二硕；司山、陆福各谷二硕；鲍武公捐谷一硕五斗；兴庸、均显、元生、沧海、廷章各公，晋臣、正友各一硕；昌祥、於明、空州、光远各公，德浦、吟蛟各捐谷五斗。

新业房：轮邋公捐谷二硕；师盛公谷一硕；国佐公谷五硕；文第公谷六硕；元甫公谷二硕；正明公谷十六硕；泉皋公七硕；汉南公五硕；旋右公三硕；书思公四硕；月林公二硕；光棨公一硕；瑞伯公五硕；玉辉公一硕；南村公一硕；乩安五斗。

长阀房：廷芳公派下各公，共捐谷四十硕零五斗。

朝南房：近公折谷八硕；琳公二硕；东同公二硕；仲斌房谷五硕。

三门房：勉公捐谷八硕；茂林公二硕五斗，三硕；泰孙公二硕；禹书公二硕；君卿公二硕。

峨雅堂房：枸公捐谷五硕；文达公折

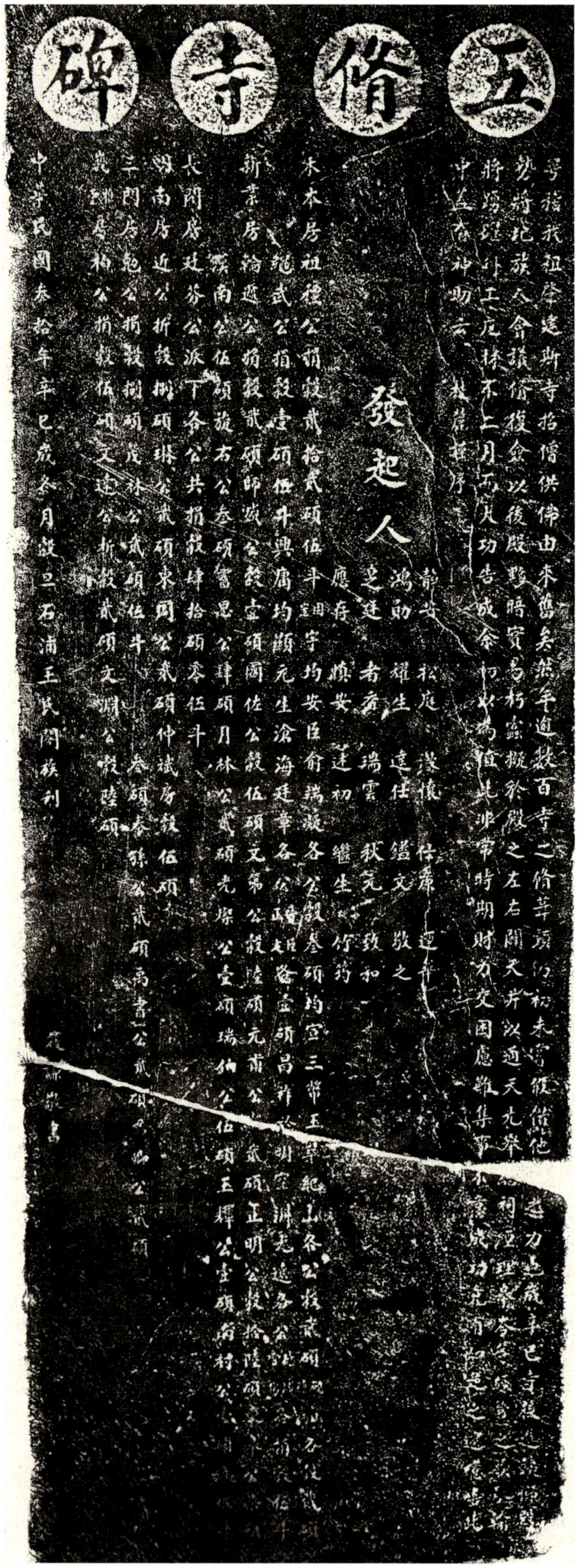

五僧寺碑

溯指我祖肇建斯寺招僧供佛由來舊矣然年逾數百寺之僧革須[illegible]初未嘗假借他[illegible]力迄歲辛巳寺殿[illegible]

勢將圮廢爰會議修復僉以後殿暗竇易朽爰擬於殿之左右開天井以通天光并[illegible]祠經理各[illegible]

將鳩建外工庀材不二月而大功告成余何以爲值此非常時期財力交困慮難集事不意成功克[illegible]

中益[illegible]神助云 林[illegible]撰序

發起人

靜安 松庭 潑懷 仔庸 運[illegible]

鴻勛 耀生 達仕 鑑文 敬之

芝廷 者齊 瑞雲 秋元 致和

應存 煥安 廷初 繼生 竹[illegible]

木本房祖種公捐穀貳拾貳碩伍斗 翊宇 均安 臣俞 瑞凝 各公穀叁碩 鈞宣 三常 玉華 紀山 各公穀貳碩[illegible]

繼武公捐穀壹碩伍斗 興庸 均顯 元生 滄海 廷章 各公[illegible]穀壹碩 昌祚 [illegible] 明宣 淵光 逵[illegible] 各公穀[illegible]

新業房翰逵公捐穀貳碩 師嶽公穀壹碩 國佐公穀伍碩 文第公穀陸碩 元甫公[illegible]貳碩 正明公穀拾陸碩[illegible]

濱南公伍碩 旋右公叁碩 富恩公肆碩 月林公貳碩 光燦公壹碩 瑞和公伍碩 玉輝公壹碩 南村公[illegible]

長閣房廷芬公派下各公共捐穀肆拾碩零伍斗

嶺南房近公折穀捌碩 琳公貳碩 東閣公貳碩 仲斌房穀伍碩[illegible]

三門房勉公捐穀捌碩 茂林公貳碩伍斗 叁碩 春孫公貳碩 禹書公貳碩 [illegible]如公貳碩

良翊房柏公捐穀伍碩 文達公折穀貳碩 文淵公穀陸碩

中華民國叁拾年辛巳歲冬月穀旦 石浦王氏闔族刊

[illegible]謝岳書

谷二硕；文渊公谷六硕。

中华民国三十年[3]辛巳岁冬月谷旦

石浦王氏阖族刊 筱谦敬书

注 释

[1] 稽：考核；核查 重点在“稽”字，而粤是助词。

[2]“硕”古通“石”，而石是市制计量单位，一石为十斗。

[3] 公元 1941 年。

附：庆霞寺的民国维修碑

该碑计 600 余字，其中序言计 173 字。由王桂麓先生撰稿。碑文道：“粤稽我祖，肇建斯。招僧供佛，由来旧矣。”据中国南方惟一的村志《凿石浦志》载：“大唐太宗贞观元年（627），有一善士姓龚名克已，立念建造茅庵，取名庆霞寺。”可见这庆霞寺已寿高 1314 岁，村民倍感责任重大。而现状呢？“寺后进口佛殿将圮，族人会议修复。佥以后殿黑暗，实为朽蠹。”殿堂有的即将坍塌有的虫蛀腐朽。所以，管理庆霞寺的王姓家族决定修复改建。

1941 年正是中华民族多灾多难的岁月，国难当头。碑文中感叹“值此非常时期，财力交困，虑难集事。”

不过，庆霞寺的维修改造不到两个月，总算成功。碑文欣喜欢呼“此中盖有神助云”。

民国三十年（1941）是庆霞寺有明确记载的第五次规模化维修，也是最后一次改造修葺。由株洲（原湘潭县一都）凿石浦王鸿勋、王芝廷、王应存等二十人发起。由王氏家族的木本房、新业房、长阀房、朝南房、三门房、峨雅堂房等六大分支捐谷资助而完成。

据“五修寺碑”披露：代表本房本支及个人的捐资人物有五十五人刻入碑录。其实，交纳捐资的家庭成员应有数百人。捐资以谷物为计量。旧制容积以十合（念 ge）为一升；十升为一斗；十斗为一石（念 dan）。一石稻谷约为 150 市斤，在碑文中“石”以“硕”替代。照此计算，庆霞寺第五次维修和“拟于殿之左右开天井”共耗资稻谷 211 石 5 斗，折重 15662 公斤。按照 1941 年 7 月 13 日湖南省规定的稻谷价格为：一石新谷折合民国政府法币 15 元。那么，此次庆霞寺维修改造花费折合法币 3172 元，相当 32 头出栏猪价值。

该碑距今不到百个春秋，仅 72 年。却体现了时代变异的巨大差别。一是公益活动以家族为纽带，以家庭为基础，以捐资为形式进行。二是强调家族人员的辈分，辈分高的牵头认捐，或代表某房某支交纳捐谷，名下有“公”尊称。名下无“公”者，自然是晚辈。三是男尊女卑意识严重。碑上无妇女名姓，交纳捐谷都是男人扬名。

在“值此非常时期”，为什么凿石浦的村民还热衷修寺呢？除了寺庙历史悠久外，更主要的原因是杜工部曾经亲临视察，在庆霞寺留下了赞美诗篇。庆霞寺已经不是过去的一般寺庙，“杜宿浦诗”已经使庆霞寺的名气光彩夺目。

庆霞寺祥云纹石刻

该石刻为庆霞寺庙宇残件，麻石质，长 31 厘米，宽 12 厘米，阳面为凸弧形。发现于 2017 年 6 月为修复杜甫草堂的探方工程中。

渡口工区狮神庙碑

该碑大理石质，高148厘米，宽53厘米，厚9厘米。1984年修建株洲一桥时，发现于株洲市河西园艺场渡口工区二队即桥西工地，随后由株洲市文物局征集，存株洲市博物馆。碑额楷体阳刻，正文楷体阴刻，共计1027字，受洪水侵蚀，字迹稍有损毁，基本能辨，2014年拓片。该碑记录了当地民俗活动中备狮、祀狮、舞狮的过程，亦属乡土文化。

碑　文

永垂不朽

修建狮神[1]庙众姓乐捐碑记

湘水西岸，邑一都十甲[2]云霖境，历有显神。众无庙宇迎狮神栖，民□轮流奉祀，逐回作福作威，香火日盛。沐其廂都成颂，别筑二室，以壮观瞻。光绪已丑年[3]，司事等纠集同人，先商斯举。于是鸠工庀材，相地之秦家塘。识吉始事，开基拓土，开展厥功。所有闾户以然跪，踊跃尽捐。不多金两岁事，虽经再次加输，而无者不费。兹当落成之后，序其芳衔，勒诸宝石，易曰：积善之家，必有余庆。传曰：神所凭依，将在德矣。吾知降吉降祥，他日必邀神□，凡此众姓宜何，如之更为酬答耶，是幸。

信士黄传懋　花楼氏敬撰并书

倡修：刘华习、仇训典、龙名合、殷仁里、刘敬安、刘新群、易有盛、游里堂。

瞿泰香：捐干头围田一亩、土六百垅；瞿新万公斋：捐庙后土一百垅。社公：捐钱二十串，帮起屋费钱三十串[4]。

雷玉春捐钱八串；刘肇洁捐钱七串；包裔清捐钱五串。仇锟监、龙名合、易有盛、殷仁里，各钱三串。刘敬安、刘新祥、稷祝公、许万发，各钱二串。程广问捐钱二串。包为贤、五头公、易香安公、黄荣桂、黄章朝、许光明，各钱一串五百。易修己、易镜潭，各钱一串二百。李朝祥、殷绍纪，各钱一串。龙泰和、龙文睿、杨大生、李邦贤、刘仕盛，各钱一串。刘新本、李尤鸣公、瞿大公，各钱八百。易国俊、杨五大、龙章宣，各八百。游里堂、邓代华、刘士可、

易盛玉、汤明华，各捐钱六百。包裔和六百。易永祥、易修华、易呈祥、冯春晓、瞿柏春、杨泰盛、黄洪美公，各捐钱五百。李邦佑、刘仁义、包松林、龙登甲、王东汉、王义缘、易明儒、徐代其，各钱四百。刘士智、刘邦谋，各四百。仇修巳公、雷玉望公、雷伯五公、龙吉桑公、龙章环、龙章宝，各钱三百。刘修柚、刘作佳、瞿泰华、瞿泰坤、瞿清武、瞿福亭、易见田、易和盛，各钱三百。李世林、李世恬、雷发声、王碧泉、汤七宝、包裔群、殷兰亭、宁学泗，各钱三百。易思爵、易修福、易先行、何贵山、易长春、游传豫、游明德、刘肇以、刘明岳、仇祖之，各钱二百。龙克其、李万林、邓名莹、王匈捐、卢绍林、瞿泰义、吴鹄臣、甘东泉、黄远德、徐万望、刘肇友，各钱二百。殷先荣五百。

吴玉吉捐钱七百。余永慎、易荣宗，各钱六百。

以上明文捐项登记并公簿内所入两年香红租息，共钱一百八十八千九百二十文。起庙、酒席、砖瓦、料木、石灰、铁货、砌工、木工、土工、食用、杂费，及起初理业，迎神入庙，装修油漆、置办乐器什物，自己丑年起至辛卯年止，总共付钱一百九十三千六百二十文。出入品兑亏用注欵[5]存簿。

皇清光绪十七年[6]，岁次辛卯季冬月谷旦；云霖境众姓公立。周庭魁刻石

注 释

[1] 狮神庙即奉敬狮神和存放舞狮道具的场所。

[2] 一都十甲为清代湘潭县划分的基层地域，原株洲河西园艺场渡口二队（云霖境），现株洲大桥西端。

[3] 光绪己丑即光绪十五年，公元 1889 年。

[4] 串为清代制钱一千文，又称一贯钱。

[5] 欤为语气叹词，即就是这样了。

[6] 光绪十七年为公元 1891 年。

附：有关狮神庙的走访笔录

时　间：2014 年 7 月 25 日

地　点：株洲天元区新闻路

走访人：鲁新民、彭水明

被访者：李运八（男，天元区人，现年 85 岁）

问：您的基本情况?

答：我是李运八，生于 1929 年农历十一月初五。从出生起一直居住在株洲市河西，河西没建城市前，我住的地方叫园艺场渡口工区四队。即现在株洲一桥至四桥那块。现在住新闻路。

问：您知道一桥西头有个庙吗?

答：知道，叫狮神庙。在原渡口工区二队，是一间三合土筑墙的屋。那地方旧社会叫云霖境，境字有个土旁。狮神庙的左侧还有个小小的土地庙，敬的是江环土地老爷。不过，解放后都没有了。

问：狮神庙敬的是什么菩萨?

答：没敬什么菩萨，庙里敬的是狮神，即正月间舞的狮子。平时放狮神庙，启用时祭祀，平时也祭祀。主要请狮神降福，保平安。正月十五前，有套班子到家家户户舞狮。给各户祈福保平安。狮神的头是木制的，外套布。平时放正屋神龛，正下方的土墙里还刊了一块功德碑。

问：河边还有庙吗?

答：有个杨泗庙在张家园工区一队河边。庙旁有义渡亭供来往渡客歇息。这庙也没看见菩萨了，主要存放龙船。每年端阳龙船下水时祭祀。距狮神庙里把路。

问：谢谢李师傅。

答：别客气，我知道的都告诉你们。

日寇军路界碑

2014年1月3日，湖湘文化志愿者协会的彭水明、鲁新民在株洲天元区马家河镇官家塘村杨梅冲组走访古石刻时，彭水明意外发现一块麻石，刨出来后，看见上面有中文及疑似外文字样，均为阴刻。界碑的具体位置在马家河的大屋湾和官家塘之间，为花岗岩质，通长80厘米，宽20厘米，呈方条形，上部竖写“军路界”字，碑额为横排刻有日文片假名“ログエ”。据研究“抗日战争”和“近代湖湘人物与日本”的湖南工业大学日语系副主任彭程博士初步研究，这是侵华日军在株洲留下的罪证。

据《株郊文史·第一辑》记载，当时在马家河西塘脑的“维持会”驻扎了一个日军警备队将近一年，村民称日军长官为九顶矮子。该碑发现地距日军据点约1.5华里。据当地80岁的老人罗立文介绍：1944年夏，日军约一个排的兵力驻扎在马家河西塘脑的郭国辉家，命名“维持会”。该碑应与这些日本兵有关。

湖南工业大学日语系副主任彭程博士说：碑中的文字“军”，自然是日军，“路界”应当是当时日军军事区与周边一般区域的分界。上面有三个日语片假名，仔细辨认为“ログエ”，根据当时日语的阅读习惯，应从右往左读，为“エグロ”，在日语中的意思是挖去、剜去，尤其是剜去双眼。所以整个石碑起一个标志和警示的作用，意思是这里是日军军事禁区，以此碑为界，擅自越过此碑者剜去双眼。

彭程认为：1944年4月17日，日军为开通由东北经华中、华南前往印度支那、泰缅的路线以及占领其东南方的机场，发动了“一号作战”，因战场主要在河南、湖南和广西，故中方称“豫湘桂会战”。1944年6月10日，日军第三师团从荷塘铺进入株洲，接着江西派遣军两个旅团从醴陵进入株洲。进入株洲的是步兵第68联队第1大队一部，下辖步兵第8中队、炮兵中队、速射炮中队、作业（工兵）中队。而该碑界定的军事区主要是马家河守备队的驻地，主要任务是保护交通畅通，以及保护运输至此物资的安全。

三门古镇条规碑

该碑红砂岩质，由两块组成，分别长 97 厘米，宽 38 厘米，厚约 6 厘米，厝置于株洲三门古镇重建的五福庙大门两侧。原厝置地应两碑并联，碑额“三门市公议担货草程碑”10 字横贯两碑。碑文均楷体阴刻，成于嘉庆二十一年（1816）。2019 年 3 月 25 日拓片。

碑　文

三门市公议担货草程碑

【碑一】

大凡店必依埠，所以集客商也。埠必有夫，所以运货物也。我等三门市，地滨大河，上通两广，下达二京。贸易颇多，商贾甚众。潭邑名区，首屈一指焉。经该埠担夫不循规矩，客商一到，拥挤船头，抢先挑货。甚至屯留近所，纵容送出。强者一刻可肩数次，弱者半日难挑一回。并有将近报远，诈取脚钱种种，情弊难以枚举。迩年以来，客商鲜蛋生意尤此受绅。担夫合议，每人情愿输钱五十文，演戏一本，永定章程，按名挑货。于是本埠行店公议条规，预为通论。自后倘敢越规逾矩，重则此逐，轻则坐罚。各条谨守，毋贻后悔。

条规阁刊于左：

【碑二】

一：……

一：主船接货，必按秩序昭□□□□□争捡，倘有湿损货物，照价抵损。

一：□□□□座有，必尝经交本店。毋得在路固留。

一：粮盐□□□□拾□□□□□□□失捡点，或多或寡，挑货担者□□□□□□□。

一：脚钱□□□□□□□脚钱不得将近报远，过取争论。

一：难称之轻重不一，尝标用扛，当挑则挑，毋得以一人可肩之货物，用两人担之。□□□钱等算。

嘉庆二十一年岁在丙元春月谷旦三门合市公立

三门镇三神庙捐碑

该碑大理石质，通长103厘米，宽40厘米，厚7厘米，嵌置在三门镇老街西侧原三门小学校门墙内。碑文楷体阴刻，计38字，亦见三门古镇当年公益活动。2017年7月23日拓片。

碑 文

皇清光绪二十九年[1]冬月立。

王燮卿、陈在邦、刘世级捐本庙封门房屋一项拆作码头[2]。

三神庙[3]捐碑

注 释

[1] 光绪二十九年即公元1903年。

[2] 码头即三门老街连接湘江大河的码头，其修建费用是修建三神庙封门房屋的资金。

[3] 三神指天神、地只、山岳，其庙位于三门镇，后改学校。曾任广西省委书记的曹伯纯于1954年在此小学毕业，株洲市首任博物馆馆长曹敬庄1956年毕业于此校。株洲高新技术开发区领导干部周建光也曾在此就读。

三门镇神道碑

该碑麻石质，泐于晚清，长130厘米，宽40厘米，厚8厘米，原厝置于天元区三门镇月福村黑瓦屋组黎培敬墓茔处。碑面阴刻篆体板书六字“黎文肃公神道”。20世纪60年代该墓被毁，其碑流落村民宅地，2017年被湘潭黎氏研究会征集收藏。

黎培敬（1826—1882），字开固，又字开周，号简堂，湖南湘潭人，清朝政治人物。黎培敬在职洁身自好，以公费所余修建驿馆、兵房，增加书院膏火，兴办其他公益事业，以清正廉洁著称，谥文肃，所以后人尊称黎文肃公。黎培敬于道光二十九年（1849）湖南乡试第七名举人。咸丰十年（1860）会试第二名、会试复试二等第一名，殿试二甲第一名传胪，点翰林院庶吉士，朝考二等第二名。先后任翰林院编修，充武英殿纂修、实录馆协修，充会试磨勘官。四品衔署贵州布政使，后任贵州巡抚、漕运总督、江苏巡抚。1882年病故，葬株洲天元区三门镇月福村黑瓦屋组。

石浦条幅碑

该碑大理石质，通长120厘米，宽21厘米，厚13厘米。2010年夏发现于凿石浦湘江河床。碑阳楷体阴刻11字，“封崇马鬣，徽音偕石浦长流”应为墓联的上联。据查，凿石浦原杜甫草堂遗址自晚清始便有许多墓葬。该碑疑为洪水所致，落入河床的。

石浦“校”字石刻

“校”字石刻经查证，为“王氏学校”牌匾，即从右至左横读第四字。大理石质，高69厘米、宽50厘米、厚9.5厘米，字体榜书阴刻，边框饰牡丹缠枝纹，2015年2月由湖湘文化志愿者发现于株洲天元区凿石村易家湾池塘。

王氏学校位于株洲市天元区凿石浦湘江边，毗邻庆霞寺左侧的王氏总祠。清光绪癸卯（1903）王氏家族在其宗祠左侧创办氏族蒙学堂，故此泐石上匾于学校石库门上方，名曰王氏学校。次年，王氏家族牵涉庆霞寺及周边地产之争的讼诉官司，长沙府将该校判为湘潭县一都公办。此后学校历经民国及新中国，50年代初搬迁。解放战争时期，该校曾为湘潭县藕灵乡中共地下党活动点。“王氏学校”一字一石，四石合拼一匾。1952年后学校房屋多次改造。校匾下落不明。

通天岭禁伐碑

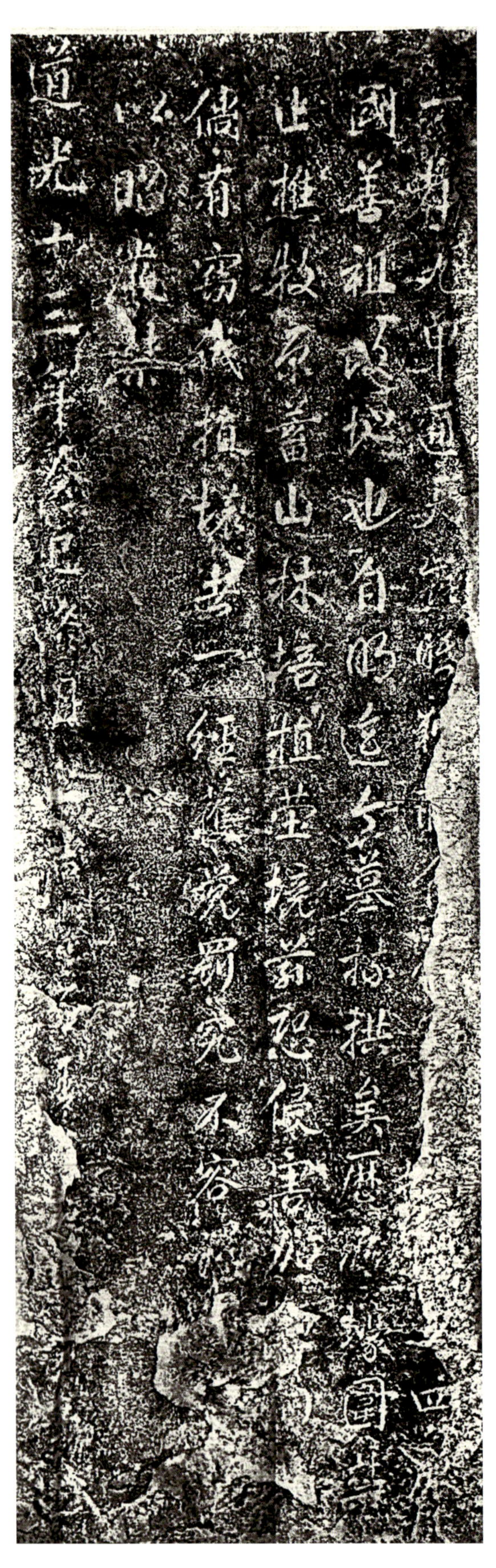

该碑红砂岩质，高135厘米，宽43厘米，厚9厘米。原存庆霞寺，2011年回收至天元区栗雨办事处。碑文行楷阴刻，碑面有破损，记叙了护坟禁牧的相关规定，2014年拓片。

碑　文

一都九甲通天岭[1]，眠□□□□□□□□之四派国善祖坟地也。自明迄今，墓椽拱矣。历建壕围，禁止樵牧。原蓄山林，培植茔境，兹恐侵害。加□□□，倘有窃伐损坏者，一经获觉，罚究不容。谨撰泐石，以昭严禁。

道光十三年癸巳[2]冬月吉日　刊

注　释

[1] 都甲制为清代湘潭县的基层划分，通天岭为株洲市天元区凿石浦区域。

[2] 道光十三年为公元1833年。

杨泗庙碑

该碑发现于株洲市河西原园艺场张家园一队，原杨泗庙址。大理石质，长152厘米，宽55厘米，厚9厘米。已断裂成三截。2000年前后因拆迁被发现，由株洲市文物局征集，存株洲市博物馆。碑额楷体阳刻，正文楷体阴刻，共计1296字，特别记录了公元1906年当地洪灾情况，亦属历史资料。2014年拓片。

碑 文

永垂不朽

晋自建庙以来，百余年矣，初执事，经□□，亦孔之固[1]讵。

光绪三十二年岁丙午[2]夏，四月六日发大水。河溢荡荡，怀山襄陵[3]，是庙溺颓，以致神灵凭依失所。我等沐恩多矣，何敢袖手！秋，乃始倡议募捐建复。幸心以禅之灵翰，捐者云集，遂得鸠工经造，庙貌堂新，甚矣。庙集腋而裘成，神得所而灵显。众善之捐款，姓字安可淹没？吉时特命石工刊载碑石，则必展乎，流传不朽，且足以见执事之心矣。

劝捐首士：黄云桂、刘见美、刘悟希、刘华文、殷桂兰、易友盛、包松林、包有余、王友祥、张庆元、刘桂安、王国珍、翟义安、周友山、殷学士、刘宋华。

黄云桂捐钱八千；刘见美捐钱六千；刘悟希、易友盛、包有余、五全福堂各捐钱四千文。殷荣南捐钱二千；易五荣堂捐钱一千四百；殷舜钦捐一千二百；易敬谊捐一千五百；包松林捐钱四吊；王府四堂捐一千六百；张庆元、刘选友各二吊。

翟析福堂、翟四支公、王汉南公、殷永年各二吊；刘玉貌、刘集庭各五百；龙思孝堂、王福一堂、黄老福堂、黄和顺堂各二吊；易鸿发、易受益、刘兴莹堂、殷文开公各捐钱一千；钱立、黄文公捐钱一吊文；易思彦、龙文睿各一千文；游全俊五百；鸿大号、翟析福堂、合和窑、禅和窑、人和窑、王经茂堂、易生斋、王鸿福、易嵌芸各钱一千文。刘五矜堂、刘大盛、余四义堂、刘庄安、翟器荫堂、各捐钱一千。

龙章襄捐钱八百；王有章、刘三义堂、刘新祥、龙南全各捐钱六百；张金林

二百；易传清、刘新本公、翟福予、谭积善堂、仇桂廷、龙泽田各捐钱六百文；王翕和堂、杨太益、正德和、合义祥、言合盛、苏道生各捐钱五百文；庆兴祥、杨太丰、凌道生、王万安、易国俊、包之泗、易思合、冯寿春、袁明德、袁润陏、张德麟、赵呈祥各捐钱五百文。

刘士明、刘士勇、雷德胜、张有信、张福里堂各捐钱五百文；王维汉、赵专一、易永祥、龙太谷、仇传桂、懋育民、易先柠各捐钱四百文。龙世云、胡清山、游六顺堂各四百；邓群长、刘荣华各三百；易理徵堂、殷稳好、刘士良、刘善生、李竹筠、李象瑞、易坤厚堂各四百元。

翟仁典、刘余庆、张敬珊各钱四百；刘士馨、刘友才、刘春台、李伏深、漆悦堂、彭三星、刘学安、王梓生各捐钱三百；翟桂盛捐钱一千。刘士裕、李茂松、凌树日、陈义顺、梁正益、刘玉和、刘志庚、罗正国、李中山、龙华容、易先诚、叶向云各捐钱三百文。叶桂云、晏鹤日、林太美、易修志、何忠银、刘致和、易思詠、赵泽洪、殷先申、易先行、王德云、邓正荣各捐钱三百文。刘海明、刘馨柱、颜成之、王政举、殷曰钦、仇传明、□□□各捐钱三百文。郭升隆、刘桂生、殷先富、仇复盛、刘修理各捐钱二百。刘贤昭、刘汉清、殷守清、罗桂放、刘泽其、刘万盛、李光辉、易思美、刘修万、黄晓山、易清山、游锡五各捐钱二百文。郭孟炎、刘月秋、刘以和、雷文波、张崇礼、张阿罗、刘肇勇、龙三德、杨同春、刘合霖、刘百谷、王易氏各捐钱二百文。刘贤汉、翟道美、仇华林各二百。

杜谷公席起费钱七十吊文。华传光六吊。

以上共入账二百一十吊零四百文整。

付起庙料木砖瓦杂项包工共用钱一百七十六吊四百文，付法事□□会捐酒席共钱二十吊零四百文，付灰沙補底共钱四吊二百卅文，付石头刻碑共钱八吊六百文，出入品兑两相符合。

皇土光绪三十四年戊申岁[4]冬月吉日刊　立

注　释

[1] 亦孔之固，出自《诗经·小雅》的《天保》：天保定尔，亦孔之固。其意：上天保佑你安定，江山稳固又太平。

[2] 光绪三十二年丙午岁为公元1906年。据《湖南近150年史事日志》载：这年春夏间，湖南遭遇二百余年未见之水灾。连降暴雨，洪水泛滥成灾，数百里汪洋一片，死者三四万人，被灾者三四十万人。

[3] 怀山襄陵谓洪水汹涌奔腾溢上山陵。出自《尚书·尧典》：“汤汤洪水方割，荡荡怀山襄陵，浩浩滔天。”

[4] 光绪三十四年戊申岁为公元1908年。

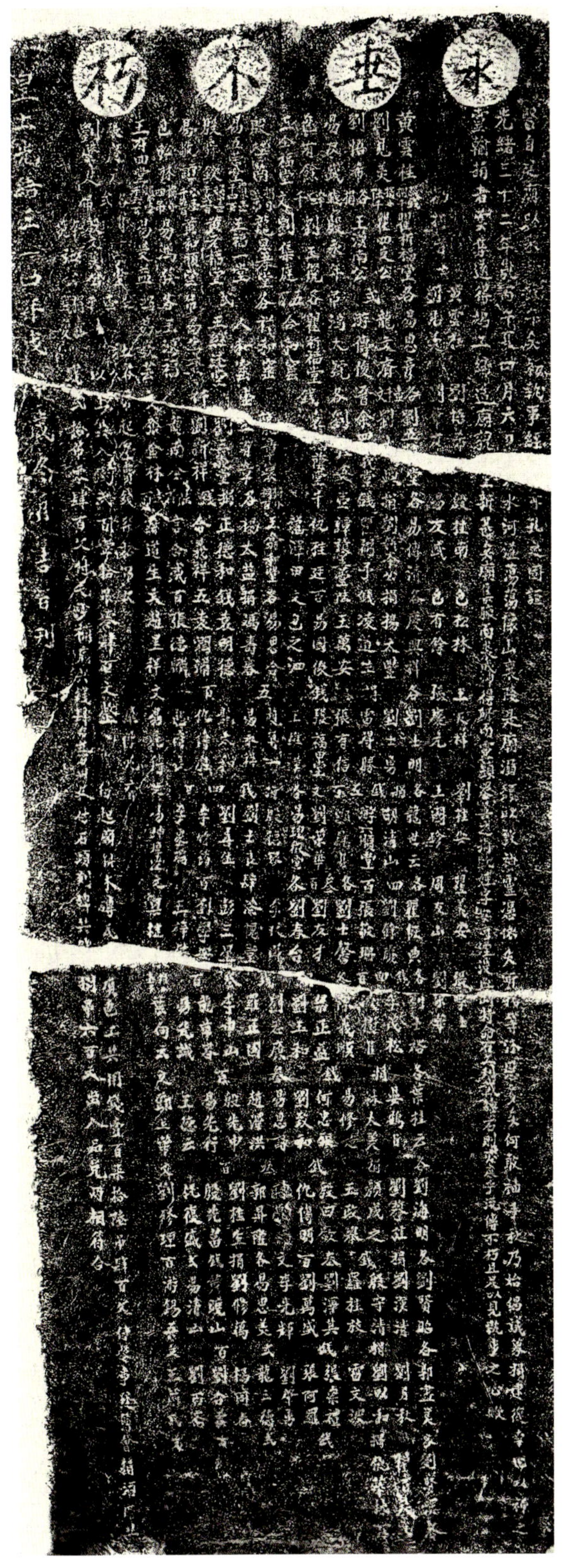

附：杨泗庙见证光绪丙午洪灾

据《湖南近150年史事日志》载：光绪三十二年闰四月十四，衡州、永州一带灾民到湖北通城县署求赈，知县诬指灾民为“小刀会”开枪打死五人。那年夏，究竟发生了什么灾害？“永垂不朽”碑给我们解了谜团。碑文道“光绪三十二年岁丙午夏，四月六日发大水。河溢荡荡，怀山襄陵，是庙溺颓，以致神灵凭依失所。”由此可见，光绪三十二年（1906年）闰四月那场湘江流域的特大洪灾，两百年不遇。三四万人死亡，四十万人受灾。逃难灾民在湖北通城遭受血案，也致株洲河西的古庙遭灭顶之灾。二年后“乃始倡议募捐建复”。

据传，株洲四桥西古庙为杨泗庙。祀南宋农民起义首领杨幺。建炎四年（1130）从钟相起义，在首领中年龄最幼而故名。钟相牺牲后，与夏诚、周伦等建大寨于子母城。被推为总首领，称“大圣天王”，并用以纪年，有众二十万。兵农相兼，陆耕水战。势力东起岳阳，西到鼎、澧，北抵公安，南到长沙界内，屡破宋军。绍兴五年因被叛徒黄佐、杨钦出卖，投水未死，被擒牺牲。因杨幺屡行“等贵贱，均贫富”的主张，很受人们尊敬，并立庙祀奉。为了避讳朝廷敬仰农民起义首领，并按照首领中年幼排行第四（居钟相、夏诚、周伦之后），加上他投湖未死而视为水神，故名“杨泗庙”，常年香火，以水神祀奉。昔时益阳一带建杨泗庙，或杨泗将军庙多处，并遍及洞庭湖滨各县。

不过，株洲的杨泗庙有其特色。经走访当地老人得知，民国时期，该庙主要存放龙舟，便于每年端阳祭祀和参赛。庙左则还有义渡亭，便于渡河者歇息。这些都是地邑公产。

该碑既是公德碑又是收支公开碑，大理石质，已断裂成三截，碑面被泥沙侵磨显粗糙。嵌刻于光绪三十四年（1908）。修建株洲大桥时发现。由株洲市文物局回收，现藏株洲市博物馆。

易族刘氏墓志铭

墓志铭两块合套，大理石质。长35厘米，宽34厘米，由易氏后人捐献，存株洲湖湘文化志愿者协会展室。碑文楷体阴刻，保存完好，2013年拓片。

碑 文

清赠孺人易母刘，乃我邑巨族刘公嗣亮之女，配我祖修职郎[1]亮文公。生子三。长：元兆；次：历山；满：素庵。女一，适刘。孙暨曾、玄辈同堂数代。皆祖妣目击其叠生者也！祖没，享寿九十有一。妣没后祖十余日，享寿八十有七。妣生于乾隆九年[2]三月二十九午时，没于道光十年[3]八月三十巳时。原与祖合葬于一都十甲留宝塘[4]冲左山，丙山壬向，今迁葬于本山，坐本都甲，地名碑头冲[5]老屋对门、十五代祖姜宗公墓下乎泡脑，未山丑向。外有碑记，自此安葬。忆祖妣之德泽，谅必风水适宜。有不得不为久远计者，因是而为之志云。

孙：修寿、修耕、修士、修楷、修检；曾孙：思健、思曙、思泽、思永、思昞、思睿、思畅、思合、思源；元孙：先瑞。

道光三十年庚戌[6]十二月十五日卯时　谨志

注 释

[1] 修职郎是清代八品文官虚衔，没有实际职务，属荣誉称号。

[2] 乾隆九年为公元1744年。

[3] 道光十年为公元1830年。

[4] 留宝塘现为株洲天元区黄河北路金德厂房域内。

[5] 碑头冲现为株洲湖南工业大学域内。

[6] 道光三十年为公元1850年。

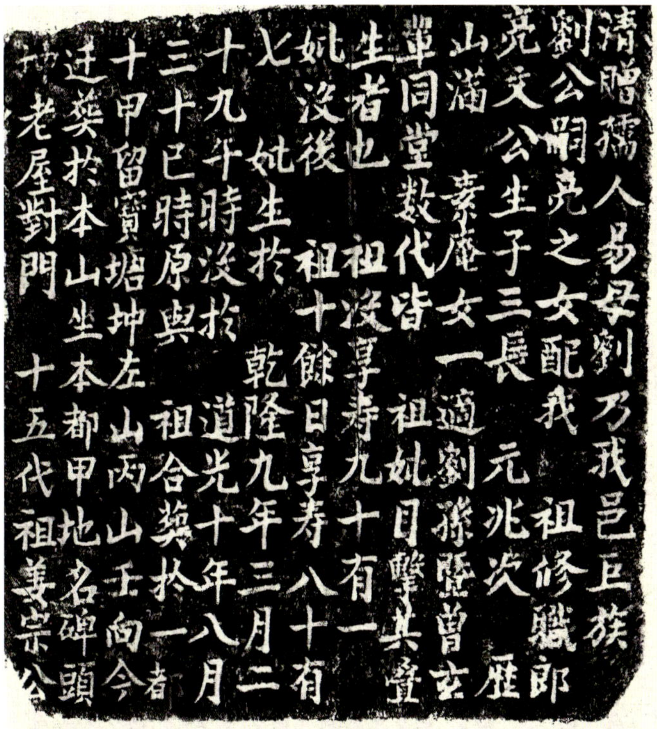

附：见证荡气回肠的爱情

刘氏墓志由两块大理石精雕，形成盒匣般整体。约35厘米见方，雌雄相合，墓文藏内，字体秀丽端庄，保存完好。

墓志中留宝塘冲那地方，即现今天元区湘银星城。距今250多年前，约乾隆二十五年。当地大户人家刘嗣亮先生之女嫁到易家，与当了修职郎的易亮文先生结为夫妻。修职郎官属八品，乃正科级乡干部，可见郎才女貌，门当户对。

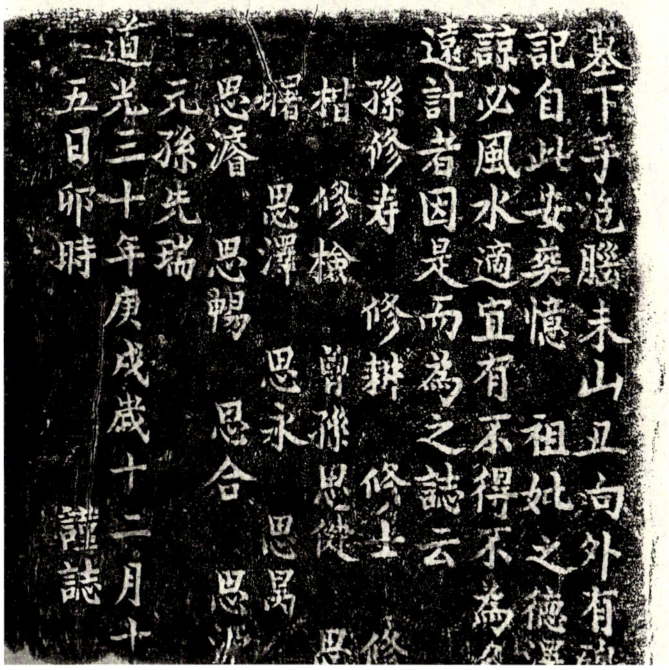

岁月流淌，夫唱妇随。墓主人抚育三子一女，目击“孙暨曾玄辈同堂数代”。夫妻相濡以沫，转眼七十春秋有余。道光十年（1830）秋，八品官亮文公撒手西归，享年九十一岁。十余天后，墓主追夫而去，“享寿八十有七”。夫妻不求同年同月生，但求同年同月死。人世间真有此事，而且就在株洲本土，不得不令人惊异！

轰轰烈烈的法事，高高大大的墓堆，天长地久的合葬，有谁知还有分开的岁月呢！二十年后，老太太竟然被移坟。“原与祖合葬于一都十四甲留宝塘冲左山丙山壬向，今迁葬于本山，坐本都甲。”力主迁葬者为部分孙辈、曾孙辈，时间在二十年后的道光三十年。墓志云“自此安葬。忆祖妣之德泽，谅必风水适宜。”为什么？墓志似乎有难言之隐，“有不得不为久远计者，因是而为之。”探访本地多名老人，他们道出缘由。原来，后代不顺，或遇临灾祸，总怪祖先没有保佑，迁葬为唤起长眠的奶奶，护佑后人。

永保无虞石刻

该碑麻石质，长 43 厘米，宽 33 厘米，厚 8 厘米，阴刻长方形条纹框两个，上框阴刻卷藤对称图案，下框阴刻楷书“永保无虞”。源自株洲天元区庆霞寺古庙，现存株洲市天元区文化馆农耕民俗文化展室。

永垂不朽石刻

该碑红砂岩质，2017 年 6 月在天元区庆霞寺古庙旧址探方中被发现，仅余“垂不朽”三字，应为永字残缺。其字体风格与“永建勿替”相似。

永建勿替石刻

该碑红砂岩质，长 58 厘米，宽 26 厘米，厚 9 厘米，碑面阴刻长方形双条纹框，框内阴刻楷书“永建勿替”。源自株洲天元区庆霞寺古庙，现存株洲市天元区文化馆农耕民俗文化展室。

永禁洋烟碑

该碑为花岗岩质，字面高50厘米，宽25厘米，刻于清代，立于雷打石镇上首沧沙埠渡口处。碑文楷体阴刻“永禁洋烟，如违禀究”八字，古朴庄重。

雷打石镇清代属湘潭县十三都一甲，其老渡口为沧沙港入湘江的河口。对岸是渌江与湘江的连接处，清代称醴陵渌口司。古砖桥、伞铺垄、谭家山等地乡民往来醴陵渌口，必在此过渡。晚清时，此地出过多名中高级湘军将领和众多兵勇。平定太平军后，回乡消费所掠夺的战争资财，其中，有吸食鸦片者。禁烟碑刻立此地，应有针对性。

袁氏重修宗祠捐项碑

该碑大理石质，长150厘米，宽62厘米，厚9厘米。楷体阴刻，全文816字，基本完好。原嵌置石塘村袁家湾“袁氏汝南堂”宗祠墙体，现存宗祠旧址即石塘村小学，即现天元区群丰镇石塘社区跃进居民组。2017年8月3日拓片。

碑　文

重修宗祠捐项碑

粤稽宗祠重建，时逾百年。虽不乏岁修，而日久月深，颓圮甚虞。加以日军进犯，四乡各处难民麇[1]集于内，污垢垃圾不可向迩，以致白蚁丛生。上栋下宇耗蚀一空。欲行修理，奈公项不敷。嗣经族众募集捐款，共得实洋一千五百四十三元七角。于是鸠工庀材，并学校房屋改构，栋宇修饰丹青。共用实洋三千四百六十三元七角，除捐款外，其余一千九百二十元系祠公与学校共同摊派。谨将任事乐捐款名目刊勒于左，以垂久远云。

倡修：宝之、自珍、增恺、友嵩、劲秋。

监修：萼臣、远芳、受恩、逊夫。

书捐：东阳、禧栋、魁生、庆臣、迪明、寿荣、荣廷。

孟房捐：步云公、致元公、庆臣、凤喈，各捐元银二十两。月塘公、文范公各捐元银四十两。正笏公、远芳兄弟、□少兄弟各捐元银五十两。辉明公捐元银六十两。择里裔捐元银十五两。吉臣捐元银五两。珊和捐光洋一十五元。定远堂质彬、俸生各捐光洋二十元。保民裔捐光洋四十元。爵仁捐光洋六十元。庆笙、渭贤、肇端共捐光洋三十六元。锡侯公、衡评、晓林、宝之兄弟、卜勋公、在位公、锡卿兄弟、科堂、福□、鹤琴裔、桂生、午炎、晓岚、竹林、绍前、天锡裔、玉书、海宗、舜秋，各捐光洋一十元。增兆、佩存、本德支、了庭叔侄、聘儒兄弟、峙青兄弟、立人、畊芜、相吾桂庭、翔吾裔、维新、国华、文炳、月乔裔、美成、兰余、增畊，各捐光洋五元。甫臣捐光洋六元。绍南捐光洋七元。

仲房捐：在朝公、光前裔各捐元银五十两。石塘公、萼臣各捐元银二十两。

佩渠捐元银一十两。盛所公捐光洋八十元。殿瞻公捐光洋四十元。渭滨、桂林兄弟各捐光洋三十元。光辉、郁文兄弟各捐光洋二十元。□武公、清甫兄弟、桂芳、定朝公、大任公、竹庭、南爵裔各捐光洋一十元。万光支、万年公、岳林、国华、志典、振芝各捐光洋五元。

叔房捐：集和捐元银二十两。迪明兄弟捐元银一十五两。文炳、四怡公、子培各捐元银一十两。金台、金□公、封禄公、桂初各捐元银五两。

季房捐：共捐光洋六十元零四角五分。

中华民国三十五年丙戌[2]冬月吉日留爱堂刊

注　释

[1] 麇：成群的意思，碑文原字为异体字。

[2] 丙戌为公元 1946 年。

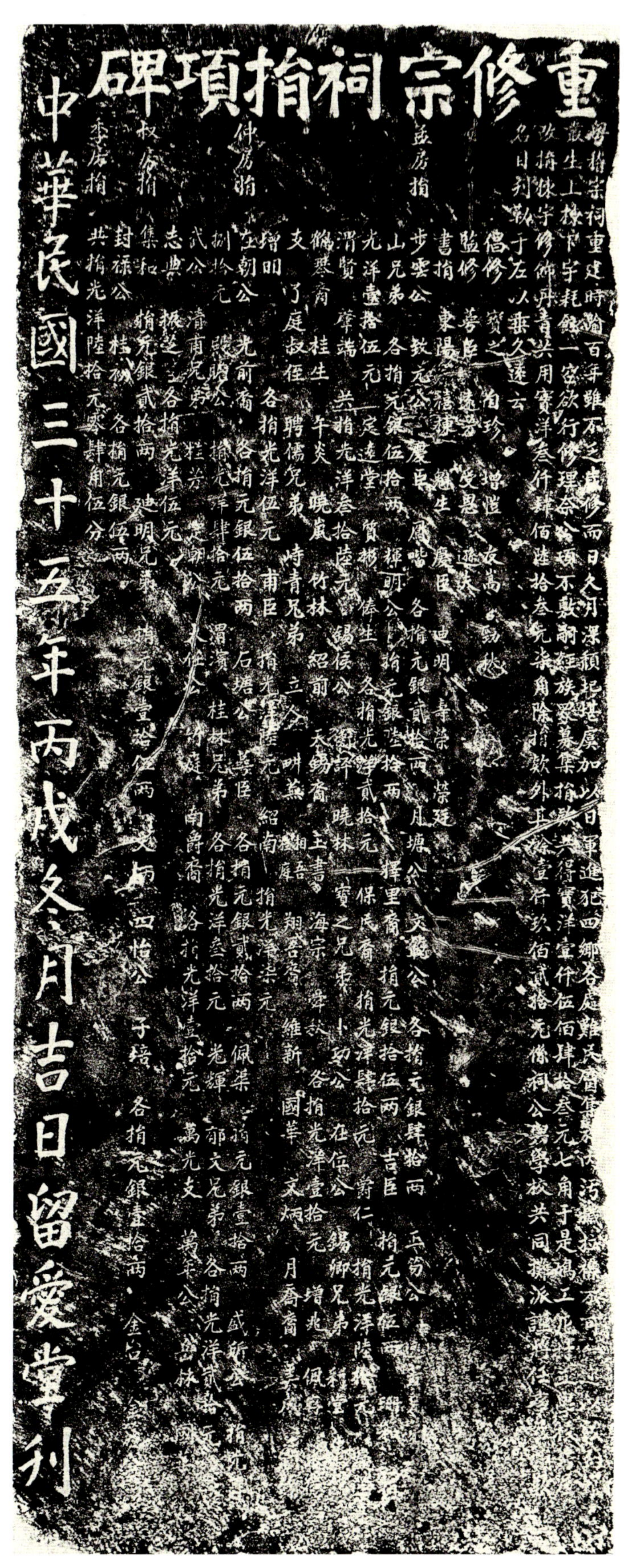

凿石浦耕读图石刻

耕读石刻碑为麻石质，长 122 厘米，宽 35 厘米，厚 6 厘米，已经断裂成两截。2018 年 11 月 26 日发现于株洲市天元区凿石浦庆霞寺、王氏四大祠旧址防洪填埋现场。碑面阳刻书童与读书人、农夫与耕牛，其间相距 20 厘米，而书童与读书人之间，农夫与耕牛之间相距 10 厘米。据调查走访，该碑出自株洲凿石浦王氏四大祠建筑，成于光绪二十八年（1902）四大祠始建，应还有对应之石刻图体现渔民、樵夫场景。2018 年 11 月 28 日拓片。

凿石天衢墓志

2017年6月株洲市文物局为重建杜甫草堂在凿石庆霞寺后庙区域探方时发现该碑。其大理石质，长33厘米，宽32厘米，厚6厘米。2017年7月拓片。

碑 文

公天衢，九亨长沙府湘潭县邑，庠生，父江馀，母谭氏。康熙辛亥年[1]九月初三日生，乾隆三年[2]十一月廿九终，年六十八岁。葬于本县一都[3]，地名凿石寺，壬山丙向。娶周氏，子四，瑄、琓、琯、瑸。女二，长适张之洙，次适吴世琪。继娶彭氏，子三，琔、瑢、琦。

注 释

[1] 该年为公元1671年即康熙十年。

[2] 该年为公元1738年。

[3] 原湘潭县一都，含现在株洲市天元区湘水湾区域。

凿石装修廊房碑

该碑大理石质，长123厘米，宽44厘米，厚8厘米，原存庆霞寺。2011年回收至天元区栗雨办事处，2014年拓片。碑文楷体阴刻，共计370字，除列出捐修廊房的功德人员外，还附刊两条寺规。

碑文

装修廊房碑[1]

劝捐荣映、光敥、介臣、学逢、幼珊。今将捐数列左：

心伯捐钱二千文；东升公捐钱千五百文。登南、六韬、璧贻公、焕南公、端凝公、敦纪、太山，各捐钱一千文。槐茂堂、连学、俊升、鸿翥、文炳、云黄、光远公，各捐钱六百文。方元公、本德祥、郭久、沥原堂、美五公，各钱四百文。松山、先容、荣高，各三百文。晋端、函南、担裕、明万、祖锡、致和、意明、联辉，各捐钱二百文正。笃绍、泽培、廷章、荣诗、笃湖、斗南、品庄、立品，各捐钱二百文正。显益、立和、九斗、文秀、本友、惟敏、大财、南宾，各捐钱二百文正。笃述、凤羽、文星、家泰、九成、札门、善养、纶音，各捐钱二百文正。本姣、之盛、笃马、维兴、江河、上达、笃俭，各捐钱二百文正。

附刊二条：一、寺园树株永禁废伐；一、寺内除我族公务，毋许借人备席论事[2]。以上各项共用钱二十五千二百文。

咸丰元年辛亥[3]仲春月谷旦凿石王三房　公立

注释

[1] 廊房为株洲凿石浦庆霞寺的组成部分，清代扩建的。

[2] 晚清时，王氏家族与本邑他族为庆霞寺财产之争，多年讼诉官司不断。故此才有规定。

[3] 咸丰元年辛亥为公元1851年。

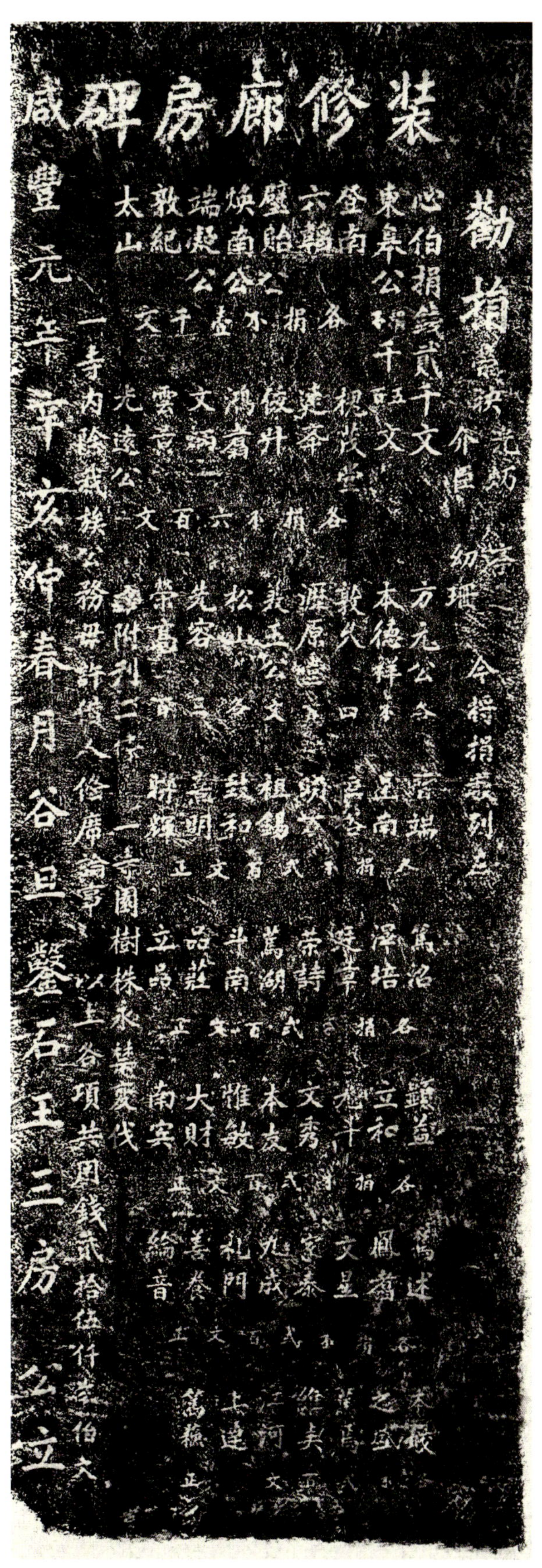

重修家庙捐项碑

该碑大理石质。两块组成共碑额“重修家庙捐项碑”。全文楷体阴刻，共计1313字。【碑一】长162厘米，宽61厘米，厚8厘米。【碑二】长161厘米，宽64厘米，厚11厘米。原嵌置石塘村袁家湾“袁氏汝南堂”宗祠墙体，现存宗祠旧址即石塘村小学，位于天元区群丰镇石塘社区跃进居民组。2017年8月3日拓片。

碑　文

重修家庙捐项碑

【碑一】

庙以祀先，贵因其地，事惟继志，乃洽乎人。吾族自乾隆三十七年[1]建祠湘城之中，地邻湫隘，均未惬心。而石塘山则祖宗始屯于斯，坵墓于斯，固宜聚族于斯，而享祀亦于斯者也。前之人早欲度地为祠矣，其议弗克就者，盖以下湾屋场未归画一，不能强而为之也。道光十九年己亥[2]，益山、桂庭、建伯、嘉宾、上青、于海、梦熊议成先志，欲祠于乡。而益山兄弟除捐金外，复毁私管房屋数十间，捐作祠基。其基之尚有未全者，亦各从而捐之兑之。幸族之人和衷集事，踊跃捐资，亦可见仁孝之心，合族之所同也。自是益山遂以事为己任，殚精竭虑，规画必极周祥。而劝其事者又有辅臣、承武朝夕经营也。庚子[3]起工，辛丑[4]竣事。后则为寝，以陈俎豆；中殖其庭，以序昭穆；前建歌台，以奏管笙；左右长廊、房屋悉具，飞甍连础，翼翼峨峨。落成之日，族之人莫不喜而颂祷焉。继自今报答反始，谁云迁地弗良，舍旧从新，诚是有基弗弃，所赖以继前人之志，联合族之心，其在斯役也乎。谨将各房捐数及任事人等刊勒于左。

倡修：益山兄弟、桂庭、建伯、嘉宾、上青、于海、梦熊。

监修：辅臣、承武、有常。

书捐：午仞、国钧、大邦、万光、万安、维新、玉辉、美石、伟堂、心逊、衡万、金堂。

催收：显仲、世亮、世蕃。

孟房捐银数：

重修家廟
孟房捐銀數

捐項碑

[illegible]成公 [illegible] 維[illegible] 拾兩 偉堂 壹兩 顯桂 弍兩[illegible] [illegible] 六錢七分
則榮支 拾兩 桂芳 壹兩 維勤 叁拾伍兩 國用 壹兩 錫圭 六錢七分 世海 六錢七分
峙山支 拾兩 叙九 壹兩三錢五分 [illegible]紋 弍拾陸兩 名魁 壹兩五錢 添銀 六錢七分

仲房捐銀數

在朝公 陸拾兩 萬光 伍兩 精英兄 伍兩 顯洪 弍兩 彩雲 壹兩三錢四分 世榮 伍兩
如松支 壹百叁拾兩 承武 弍拾陸兩 金周 壹兩 顯音 弍兩 世章 弍兩四錢五分 溶繩 弍兩
添錫支 弍兩三錢四分 夢熊兄 弍拾兩 必聞 肆兩 顯揚 玖兩捌錢 世槐 弍兩五錢三分 澤熊 肆兩
弍芳支 拾伍兩 又芳 [illegible]兩 正河 壹兩 顯豐 壹兩 世桂 弍兩五錢三分 世佳 伍錢
遇繼 肆兩 均上 壹兩 顯迪洋 顯迎 壹兩弍錢 世春 叁兩 世亮 玖錢
遇緣 壹兩三錢[illegible]分 在邦 叁兩 顯成 共陸兩 顯華 陸錢七分 金堂 弍兩 世隆 壹兩

叔房捐銀數

庭樟公 伍拾兩 光海 弍兩 錦屏 弍兩 光照 弍兩 世瓏 拾伍兩 澤一 肆兩
乃玉公 拾兩 于海兄 壹[illegible]兩 輝柱兄 弍兩 觀海兄 叁兩 位中 弍兩 來本曾 肆兩
革所[illegible] 肆兩 淑光 肆兩 芳漢 叁兩 正常 弍兩 世棠 肆兩 日華 拾兩
瑞公支 [illegible]兩 顯[illegible] 捌錢

祠內理宜肅靜若借人起館必致損壞屋宇等件公議同姓與異姓之師均不得在祠起館其有棺材器物等項亦不准寄放

大清道光二十四年甲辰歲孟冬月吉日 [illegible]愛堂公立

鸣章支五十两；仲远支五两；心锦支一百两；尔常支六十五两，又捐屋基二间。绍晢支五两；尊三支五十两。卜功支十两；敬修支五两二钱八分；德彰支二十五两；在田公三两；其华一两；嘉宾十三两；均德三两。国钧五两；遇欣五两；益山兄弟一百三十两；又捐祠基四股之三。翼亭兄弟一百廿五两；邦藩另捐屋基数间，四股之一。巨邦四两。钟南六十五两；亮祖四十两；建伯一百两；护瑛兄弟六两；心逊八钱；显佐兄弟三两；四海二两。树珍二十六两；显仲二两；显谭二两；显荣六两；尚英一两三钱四分；显凰二两；玉美二十两。光华二十六两；衡万十两；品三十两；和声六十五两；世锐八两；世甲一两；泽潭兄弟十两。

【碑二】

章所公十九两；则荣支十两；峙山支十两；倡坤三两五钱四分；桂芳一两；叙九一两三钱五分；维新十两；维勤三十五两；彩纹二十六两；伟堂一两；国用一两；名魁一两五钱；显祎二两四钱二分；锡圭六钱七分；添锦六钱七分；世炼六钱七分；世海六钱七分。

仲房捐银数：

在朝公六十两；如松支一百三十两；添锡支二两三钱四分；式芳支十五两；遇缒四两；遇绶一两三钱四分；万光五两；承武二十六两；梦熊兄弟二十两；又芳七两；均上一两；在邦三两。精典兄弟五两；金周一两；必闻四两；正河一两。显祥、显迪、显成共六两。显洪二两；显晋二两；显扬九两八钱；显丰一两；显迎一两二钱；显华六钱七分。彩云一两三钱四分；世章二两四钱五分；世槐二两五钱三分；世桂二两五钱三分；世春三两；金堂二两。世荣五两；泽绳二两；泽熊四两；世佳五钱；世亮九钱；世隆一两。

叔房捐银数：

庭梓公五十两；乃玉公十两；莘所支四两；瑞公支四两。光海二两；于海兄弟一百两；淑光四两；显管八钱。锦屏二两；辉柱兄弟二两；芳溪三两。光照二两；观海兄弟三两；正常二两。世珑十五两；位中二两；世棠四两。泽一四两；袁本曾四两；日华十两。

祠内理宜肃静，若借人起馆[5]，必致损坏屋宇等件。公议同姓与异姓之师，均不得在祠起馆。其有棺材器物等项，亦不准寄放。

大清道光二十四年甲辰岁[6]孟冬月吉日留爱堂公立

注释

[1] 乾隆三十七年为公元 1772 年。

[2] 己亥为公元 1839 年。

[3] 庚子为公元 1840 年即计划的次年动工。

[4] 辛丑为公元 1841 年即动工后第二年完成。

[5] 起馆即旧时私塾开办学堂，谓塾师授馆开学。

[6] 甲辰岁为公元 1844 年。

重修雷祖庙碑

该碑青石质，通高164厘米，其中文字面高134厘米，宽67厘米，厚11厘米。原置立于五云峰巅雷祖殿遗址，2012年因碑破裂，回收至龙门寺。碑文楷体阴刻，共计788字，大部分能辨，2014年9月拓片。碑文内容涉及当地乡民祭祀雷神求雨等民俗，较为罕见。

碑文

大清嘉庆七年[1]，岁在壬戌。五云峰[2]重修雷祖庙碑。盖闻二气之良能，天地之功周，惟雷祖尊神之德最盛。盛造化发育，苟北天下。雷行鼓荡，使□物昭，苏而风散，雨润祯无，所见其能震首，戏乎！道固原也。况夫夥吾□恶重天权，以恢一道之声不可淹。又如论其风调雨均之育，夫万物神，神则养而祀敬。功德无元，据历代乡邑莫不祀事，自□以度制雨师□□□□雨祭郁国，皆□本，而乡邑无闻焉。夫神缘护起，备以成恐。稷社之筑，则合一乡。□□□□予理实无异，神讵不□享哉。

兹五云名峰之巅，旧有雷祖殿。凡承□俯祀，有求必应，甚何？壬戌夏弥月[3]不雨，邑人复登寺峰而祷之。庙将倾圮，欲谋重建。有袁步云峰□□□□□等□北事。望既笃之，分上下四旁，尽泐石宏图巩固，且又爱谒神像以列久，仲秋七月十二禀告，邀祥□云然。是日也，天高气爽，四民咸集，巳刻[4]迎神入庙。至表刊而霄霓交作，烟雨骤临，民感以喜。亥回夜半，又□□之火乡。考前之涸处，无不盈而满之。福者勃然以兴，感神之沛泽。予浪涌向本属□□。袁遇起序其事等，泐石不朽云。捐资列后：

陈禅南银一两；袁应山一两；□□明一两；□□阳五钱；□□□五钱；□□□五钱；□□□五钱；□□□五钱；□□□五钱；□□□五钱；□□□五钱。郭其治三百文；袁太一□□□；袁□□□二百；袁□洪一五十；钟稌湖、陈同运、袁方春、□名懋、□□凤、□天昌、袁□□、郭芳晓各二百文。

张月□、袁□□、余广珍、袁维瑞各

银二钱。宋□□钱一百；□□万、袁象夏、睿□零、袁其华、袁喜宾各一百文。袁景明、李维国共一百八十文。□廷榜、龙太常、罗□韵、刘大士、袁飞乾、罗克明、袁龙山、□继俊、袁官万、罗福同、□显备、□维翰各钱一百文。

罗分发、胡盛开、彭玄希、郭定期、郭伊熙、罗仕伍、王洪泽、陈星来、袁应积、袁位南、袁祖武、袁兆凤各钱一百文。龙朝俊、谭大谟、陈应斗、陈之光、陈绅爵、罗前伍、谭尚言、谭绍□、龙秀澧、邓国华、罗维新各钱一百文。

注释

[1] 嘉庆七年为壬戌年，即公元 1802 年。

[2] 五云峰位于株洲市天元区群丰镇石塘村境内。其山有龙门寺庙，传为南岳七十二峰之一。

[3] 弥月为超过一月时间。

[4] 巳刻为上午九点。

重修主室廊房碑

该碑大理石质，长68厘米，宽46厘米，厚7厘米，尾部有残缺，应为宗祠功德碑。其源于天元区三门镇地域。由株洲古玩爱好者周某收藏。2014年拓片。

碑 文

道光十六年[1]，重修主室廊房致悫[2]亭，捐资列左：

六房

叶命公，四两[3]；自显，一两；常清、余安，钱[4]一千；自云，二两；潮淙，一两二钱；自鳌，钱一千；肇树、起鸿，一两；宅聿，一两；肇树，又钱一千。

三房

南泉公，五两；橘照公，六两；怀泉公，五两；东升公，六两；松亭公，十两；植周公，二两；鉬南公，钱四千；斌山公，二两；明所公，十两；作等公，一两；景湘公，三十两；显文公，一两；汉阳公，五两；廷顿公二两；荣甲公，十两；廷裕公；四两；重臣公，五两；廷祥公，五两……[5]

注 释

[1] 道光十六年为公元1836年。

[2] 悫，指诚实、谨慎，旧写为愨。

[3] 两，指清代白银的计重单位，一两合十钱。

[4] 钱，这里指清代的方孔铜钱，一枚为一文。

[5] ……应有文字而残缺的部分。

少陵草堂画像碑

该碑麻石质，系现代碑刻。其高230厘米，宽110厘米，厚30厘米。2015年10月20日厝立于株洲市河西凿石浦湘江风光带，即原杜甫草堂下首200米处。碑阳摹刻杜甫画像，源自清代画家王子廷为株洲杜甫草堂之画像刻本。碑阴为重泐记。碑额篆体阴刻“株洲少陵草堂诗圣杜甫画像碑”及碑文楷体阴刻，均由株洲市著名书法家吴文武书丹；株洲民俗文化研究者鲁新民撰文，湖湘文化志愿者协会彭水明、苏向阳、易伟仁等倡立。

碑　文

株洲少陵草堂诗圣杜甫画像碑重泐记

大唐诗圣杜甫，晚年舣舟往返衡湘。维缆凿石，夜宿庆霞寺，题诗“宿凿石浦”，翌日起航再撰“早行”。宋米芾至此，书“怀杜岩”三字镌岩壁。其后，湘邑乡贤建草堂于庆霞寺右侧，史称石浦少陵草堂。节届重阳，文人聚会，缅怀杜公，为设祭焉。清康乾之世，衡阳令高其任、衡永观察董廷恩集杜宿浦诗，金陵王子廷绶摹杜公遗像，并勒于石。湘潭知县秦鏷倡建草堂碑林，录入怀杜诗八十一首，诗云“重剔薛碑遗像在，几回清磬独苍凉”。诸事均见于历来府县方志记载。斗转星移，时局动荡，少陵草堂毁于晚清，至今片石无存。幸孤本“凿石浦志”存有王氏所摹杜甫像，湖湘文化志愿者协会倡议复之，以赓续历史文脉，传承华夏精神。筹措数月，集资六千元，夙愿告成。诸多同仁，功不可没，特将捐资芳名，泐诸贞珉，以垂久远。

发起人：王扬生、吴文武、易伟仁、胡亚平、彭水明、张惠明、潘文魁、鲁新民、刘孝听、龙文胜、苏向阳、戴利波、释妙开。鲁新民谨撰，吴文武沐手书丹。

公元二零一五年岁次乙未重阳　湖湘文化志愿者协会立

株洲少陵艸堂詩聖杜甫畫像碑重泐記

大唐詩聖杜甫晚年艤舟往返衡湘維纜鑿石夜宿慶霞寺題詩宿鑿石浦翌日起航再撰早行宋米芾至此書懷杜巖三字鐫巖壁其後湘邑鄉賢建艸堂於慶霞寺右側史稱石浦少陵艸堂節届重陽文人聚會緬懷杜公為設祭焉清康乾之世衡陽令高其任衡永觀察董廷恩集杜宿浦詩金陵王子廷綬摹杜公遺像並勒於石湘潭知縣秦鑠倡建艸堂碑林録入懷杜詩八十一首詩云重剔蘚碑遺像在幾回清磬獨蒼涼諸事均見於歷來府縣方志記載門轉星移時局動蕩少陵艸堂毀於晚清至今片石無存幸孤本鑿石浦志存有王氏所摹杜甫像湖湘文化志願者協會倡議復之以賡續歷史文脈傳承華夏精神籌措數月集資六千元凡願告成諸多同仁功不可沒特將捐資芳名泐諸貞珉以垂久遠

王揚生 吳文武 易偉仁 彭水明 張惠明 潘文魁 魯新民 劉孝聰

龍文勝 蘇響陽 戴利波 釋妙開

魯新民謹撰 吳文武沐手書丹

公元二零一五年歲次乙未重陽 湖湘文化志願者協會立

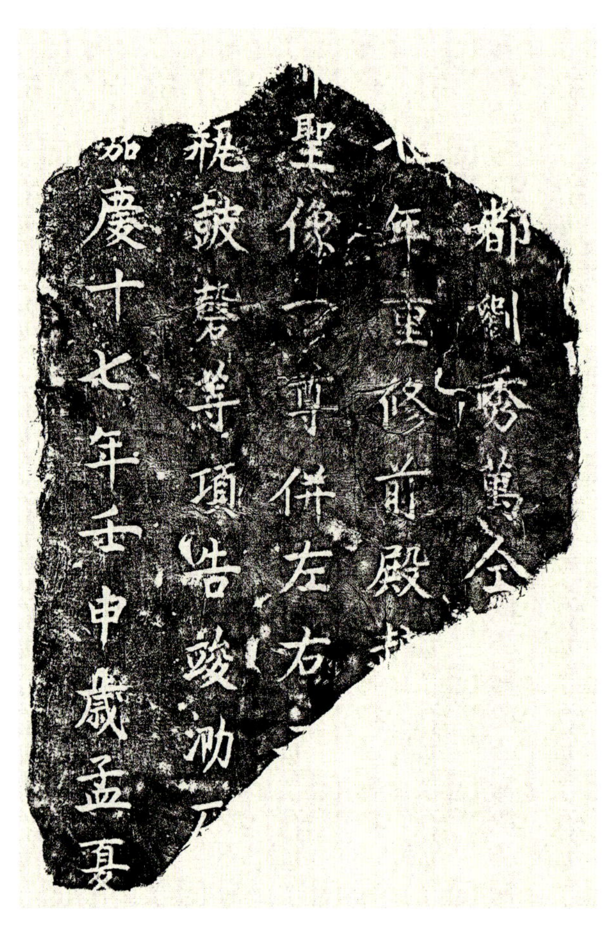
都劉秀萬全
年重修前殿
聖像一尊併左右
鐃鈸磬等項告竣泐石
慶十七年壬申歲孟夏

古碑遗韵

芦淞区

金轮寺前建造戏台组碑

该组碑发现两块，大理石质，据其他相关古碑佐证，泐于嘉庆二十三年前。【碑一】仅余上半截，残高61厘米，宽45厘米，厚9厘米。【碑二】长120厘米，宽46厘米，厚9厘米，碑文楷体阴刻，共20行，计670余字，大部分能辨。两块并列，碑额楷体双勾“金轮寺前建造戏台”八字，原置芦淞区婆仙岭关圣殿，其戏台在关圣殿前房。1958年寺殿毁后其碑散落当地农户，现回收至金轮寺。2019年6月29日拓片。

碑　文

碑额：金轮寺前建造戏台

【碑一】

宾魁榜公钱六串、宾时浦公钱四串、宾绍钰公钱二串、宾望公钱二串五百、宾光崇公钱二串、彭永忠公钱二串、宾世均公钱二串。南境公钱二串、潘盈廷公钱一串五百、宾明士公钱一串五百、宾南荣公钱一串、宾服先公钱一串、宾如映公钱一串、凌□海公钱一串。余□一公钱一串五百、宾□山公钱一串、宾四乐堂钱一串、宾田堂捐钱一串、彭鹤林捐钱一串、宾田江捐钱一串、宾四喜捐钱一串……

潭邑纠首袁洪才捐钱二串正，募化：

袁芳岳公钱二串、袁大宗公钱二串、刘海玉捐钱二串、姜克明捐钱一串五百、黄熙岱公钱一串、易绍江捐钱一串、朱绍贤捐钱六百、聂西奇捐钱六百。袁克盛捐钱五百、易先茂捐钱□□、唐允九捐钱□□、袁吉宝捐钱□□……

潭邑纠首宾景福募化：

汤西麓堂钱二串、刘竹林捐钱一串、宾善堂捐钱……

潭邑纠首易作霖募化：

赵崇本堂钱七串、黄道庆公钱六串、李泗洲公钱四串、袁会朝公钱二串、彭宗孔捐钱一串六百、入户境捐钱四串、黄青山捐钱一千四百、易楚珍公钱一串。宾五傅□□□□、袁公逊□□□□□、黄……黄……

【碑二】

张一本堂钱二串、张若殖堂钱二串、张袁祀钱二串正、张三元公钱一串、张议宦祀钱二串、张萃英堂钱一串二百、刘显公祀钱一串、张友本堂钱一串、罗廷翼堂钱一串、张明伟捐钱一串、张朝圣祀钱一串、张拜加捐钱一串、张绍德堂一千二百、张龙山祀钱一串、张范亭祀钱一串、刘结亮捐钱六百、张显十捐钱四百、张□□捐钱四百。

醴邑纠首周飏昼捐钱一千四百文，募化：

周崇本堂钱八串、周献玉裔钱五串、周泽滨裔钱四串、周宏初祀钱二串、杨刘氏捐钱三串、周静宇祀钱一串、周次会祀钱一串、周美如祀钱一串、周旭门裔钱一串、伊康庙捐钱一串、何有之捐钱一串、周仕达捐钱八百。

醴邑纠首张际贤募化：

张进宇祀钱八串、张国忠祀钱四串、张贤山祀钱三串、张路旭祀钱三串、张国柱祀钱二串、张世倬祀钱二串、张世位祀钱二串、张崇先祀钱一串、张承祖祀钱一串、张世旺祀钱一串、张海

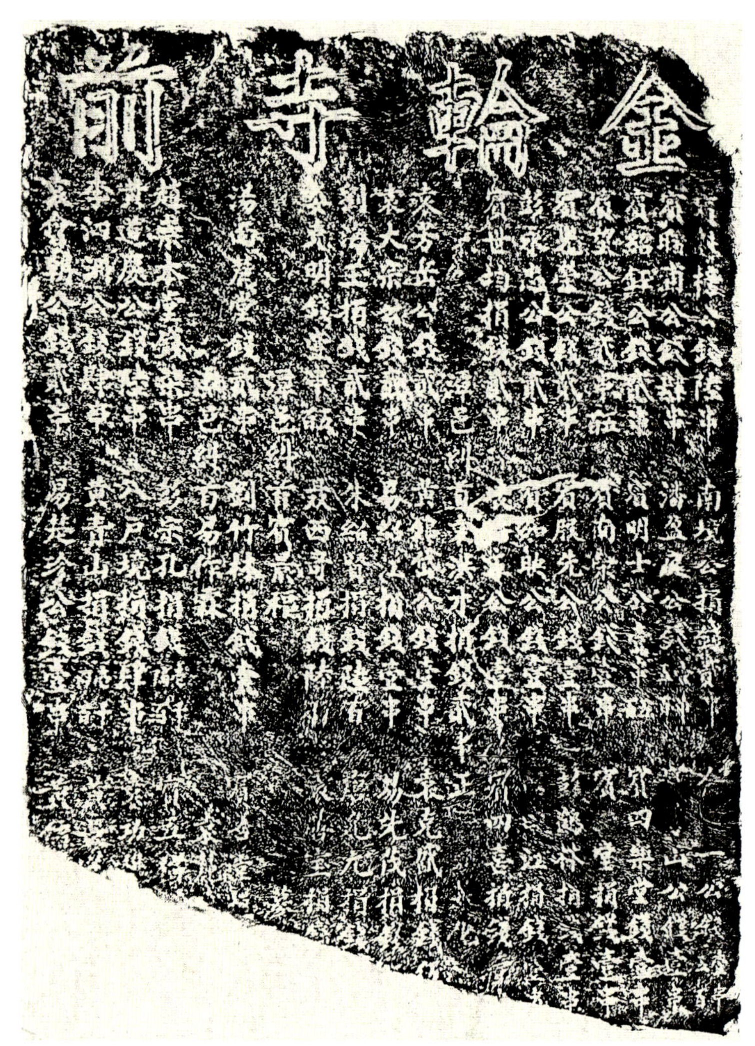

碑一

伦祀钱一串、张世纷祀钱一串、张西山祀钱一串、张际宣祀钱一串、张正乾捐钱一串、李洪元捐钱一串、刘山泗捐钱一串。

醴邑纠首钟良绣、蒋春六，募化：

蒋本总堂钱六串、钟维善堂钱六串、董腾祀捐三串五百、黄春和捐钱一串、姜昌兰捐钱一串、陈文龙捐钱一串、黄先扬捐钱六百、黄文茂捐钱五百、黄约礼捐钱五百、黄景公捐钱五百。

醴邑纠首张采芹、罗洪岁、罗琪珊，募化：

罗大华祀钱二串、罗道远祀钱二串、罗大茂捐钱一串、罗明祀会钱一串、罗料□□洛二串、罗福□□钱八百、罗□□□八百、罗一□祀□□、罗印争堂钱□□、罗仲俊祀钱□□。

醴邑纠首旷晓村，募化：

旷少山祀钱六串、旷其禅捐钱二串、□□公□钱□□、何□国捐钱二串、陈裕后堂钱一串四百、何维□捐钱一串、何□□堂钱□□……

碑二

嘉庆二十三年碑

该碑大理石质，长120厘米，宽45厘米，厚9厘米，泐于嘉庆二十三年（1818），左上角残缺。碑文楷体阴刻，共14行，计584字，基本能辨。原置芦淞区婆仙岭寺庙，1958年寺毁后散落当地民居，现回收至金轮寺。2019年6月29日拓片。

碑　文

山岭岧嵬，明神镇抚。势凌银汉，寺号金轮。岳云映而湘水环，雾气钟而佛堂建。辉煌栋宇，精爽通□□垣墉，祥光拥护。重门晓关，氤氲宝鸭之香；叠幔霄悬，嘹亮鲸鱼之韵。收得晴岚夕照，会八景于冈峦；飞来皓月昙云，萃万灵于殿阁。然溯经营之日，甚费绸缪之功。后面法华堂固属地方，人同造，前头关圣殿系我秀万公独修。且捐水田，并塑神像。金龛焕若，石刻朗然。继而屡次整修，多金不曾吝惜。第以大观未备，旧创何妨更张！兹因前进改作戏楼，爰就东边倡修客舍，卜云其吉，适观厥成。由是佳节寻芳，名峰览胜，不独梨园曲奏，风飘丝竹之声；且欣莲社宾来，座满芝兰之气。入室看禅房花木，登堂爱洞里乾坤。旭照回廊，尘缘并涤；凉生静阁，清籁咸宜。苔痕嫩而草色荣，甘露浓而慈云荫。既焕新犹于胜境，难忘厚贶于善人。谨录捐输，敬志用费。仰体先人之遗意，敢云复起之无愆。于焉树碣庭阶，令望与日星并耀，庶或增光梵刹，神恩同雨露长流。

计开捐名用数：

刘秀万公裔八十五串；老关堂帝君祀二十串；凌三元堂十串；刘叙中裔五串；刘之庭堂五串；僧悟真五串；刘树德堂五串；周大福二串；帅明上裔三串；凌保太堂二串；凌澍农一串文；杜六顺堂一串。

庚午年[1]秋月监修，刘星台经手。新建客堂及房屋，用钱一百三十三串文。辛未年[2]粉饰，一切用钱六串二百文。□□买白石并刻字竖碑，用钱四串八百文。如数两讫。

皇清嘉庆年戊寅[3]孟冬月谷旦　善化刘秀万公、宾金垣、（宾金）鹏等敬刊

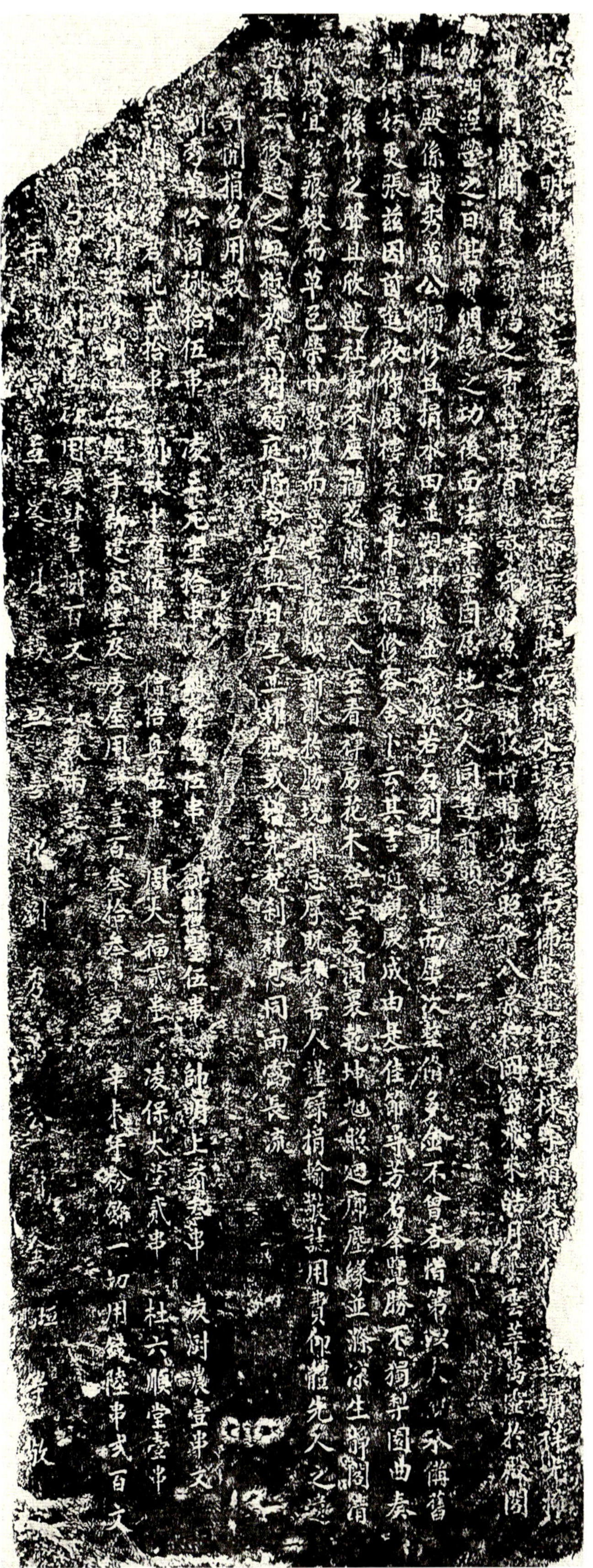

注释

[1] 庚午年为嘉庆十五年，即公元1810年。

[2] 辛未年为嘉庆十六年，即公元1811年。

[3] 戊寅年为嘉庆二十三年，即公元1818年。

婆仙岭嘉庆十七年残碑

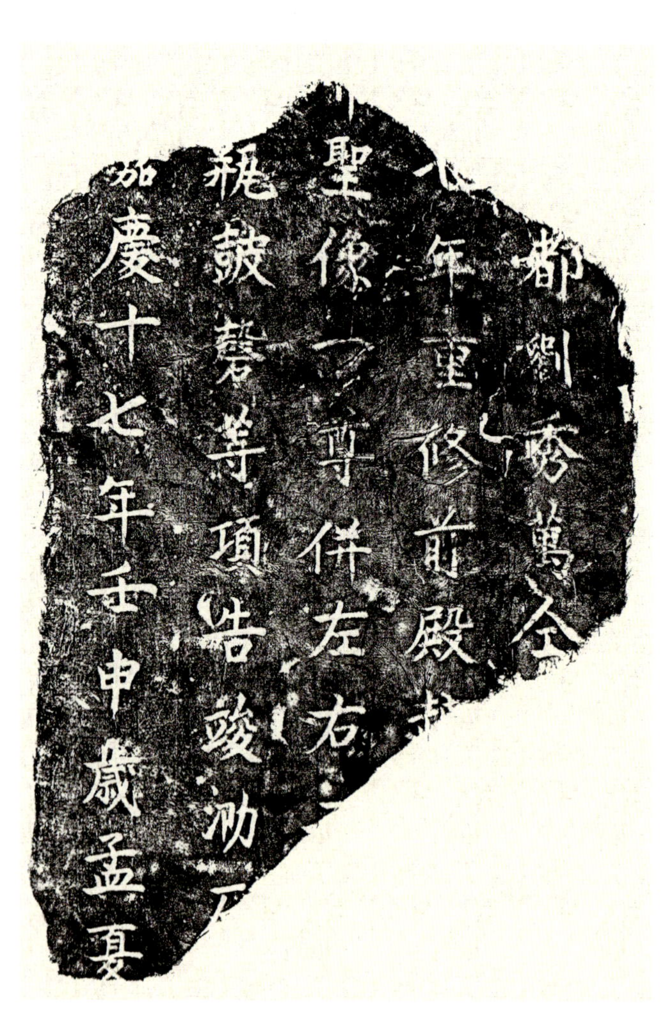

该碑大理石质，残长 55 厘米，宽 38 厘米，厚 11 厘米。碑文楷体阴刻，仅余 38 字，但大意可辨。兹碑于 1992 年在芦淞区婆仙岭观音殿重修旧址泥土中发现，至今仍放置观音殿。2019 年 6 月 8 日拓片。

碑文

……都刘秀万[1]仝……【嘉庆十】七年重修前殿……圣像一尊，并左右二……瓶、皷、磬等项告竣。泐石……嘉庆十七年[2]壬申岁孟夏……

注释

[1] 刘秀万，善化县地邑乡贤，嘉庆十二年重修七仙娘娘庙，时为地邑首事。

[2] 嘉庆十七年即公元 1812 年。

婆仙岭塔碑石刻

该碑大理石质，长 70 厘米，宽 36 厘米，厚 9.5 厘米。碑文“古普同塔”四字从上至下，榜书楷体阴刻。兹碑于 1992 年在芦淞区婆仙岭观音殿重修旧址泥土中发现，至今仍放置观音殿。据同时同地出土的功德碑分析，疑为清代嘉庆年石刻。2019 年 6 月 8 日拓片。

婆仙岭观音殿

谢立基堂墙界碑

该碑汉白玉质，长约40厘米，宽约25厘米。碑文楷体阴刻23字“谢立基堂，四抵自墙自脚，大新营造厂建。民卅八年二月立”，嵌置于株洲市芦淞区老城区谢氏私房墙体，临近鲁班殿。迄今为此，兹为株洲市中心城区唯一保留的民国石刻。

婆仙岭重修七仙娘娘殿碑

该碑大理石质，通长156厘米，宽50厘米，厚8厘米。碑额阳刻龙凤图案，并阴刻条线饰边框。碑文楷体阴刻，共计883字，泐于嘉庆十二年（1807），系婆仙岭金轮古寺功德碑之一。现置放芦淞区婆仙岭金轮寺侧门外。2019年6月8日拓片。

碑　文

募化众姓重修七仙娘娘殿【碑额】

义邑首事：凌祖崑自捐银三两；刘秀万自捐银二十七两四钱。

刘南昆捐银十两；凌花周捐银十两；刘彩云捐银十两；李发南捐银五两；刘金湘捐银五两；刘朝作捐银五两；凌放轩捐银五两。李洪禧捐银四两；李孔彰捐银三两。刘阿程捐银六两；凌挑保捐银三两；汤志仁捐银三两；觉把回捐银三两；向□□捐银二两；张省三捐银二两；宾廷耀捐银二两；汤鸣盛捐银二两；凌文汉捐银二两。凌阿王捐银二两；金添潘捐银二两；张九万捐银二两；汤臣敬捐银二两；宋犹九捐银二两；凌学海捐银二两；刘惟杰捐银二两；周紫兴捐银二两；金焕彩捐银二两。华大武捐银二两；华大钦捐银二两；李光士捐银一两；刘德城捐银一两；刘兆福捐银一两；刘仁千捐银一两；刘滨远捐银一两；周笷五捐银一两；刘作霖捐银一两。刘□青捐银一两；刘品文捐银一两；刘如想捐银一两；刘云壹捐银一两；刘炳文捐银一两；刘靖臣捐银一两；余玉衡捐银一两；贺汉鼎捐银一两；贺金仓捐银一两；陈大业捐银一两；贺之员捐银一两；贺合连捐银一两；陈怀瑾捐银一两。杨骄门捐银一两；卜还渭捐银一两；黄金登捐银一两；黄网玠捐银一两；浣廷海捐银一两；凌化东捐银一两；凌世安捐银一两；凌定振捐银一两；凌绍山捐银一两；唐佑祖捐银一两；齐厚赋捐银一两；丰金题捐银一两；凌胜宁捐银一两；张汉宾捐银一两；陈兆升捐银一两。儒宁国捐银一两；边绕还捐银一两；连升节捐银一两；唐崇先捐银一两；周万廷捐银一两；饶彝文捐银一两；唐佳宁捐银一两；赵宪正捐银一

两；易占魁捐银一两。

以上共捐银一百八十二两四钱。用费开列于后。

一：修上碑并塔佛神龛格门还师专金贴养，用工代银五十六两一钱。上殿砌匠□□工一月□银一十七两后加银一□□□。

一：木料等脚银四十八两八钱一分。

一：砖瓦银一十三两以钱五分。

一：油漆上殿诸饰神龛，制公仙门椽萢列金义□□□□六两二钱。

一：□□并石门宇石匠□□银八两一钱。

一：□□□三两四钱。

一：石灰银二两四钱。

一：石料入寺上□□□□□□□□项，共作四两一钱六分。

一：□□□□油烛荣应纸脚监碑工，合共银四两。

一：给住持僧□□□□□四两。

皇清嘉庆十二年丁卯岁仲冬月谷旦立　列之石立　张光耀録

普庆会碑

该碑大理石质，长116厘米，宽44厘米，厚9厘米，泐于光绪十年（1884），碑额楷体阴刻“普庆会碑”四字。碑文楷体阴刻，共16行，计692字，大部分能辨。原置芦淞区婆仙岭寺庙，1958年寺毁后散落当地农户，现回收至金轮寺。该碑记录以历年积存资金为寺庙置田产，功德名单不录捐金而泐字号，属罕见。2019年6月29日拓片。

碑　文

普庆会碑

穷思济众经邦，名世之功勋不朽。捍菑乐忠诸神，之胜迹当昭。古婆仙金轮寺者，峰盘千仞，水接三湘，与五岳名山同为巨观之胜。宜其众神占列，诸佛凭依者也。民等托处化下，屡荷帡幪，爰集同人□金□会，名曰普庆造。光绪己卯岁[1]，将积金置产。一契以作祀资，公择二人造为掌理。仙佛偕众神永享，年年香满仓昆。□殿与斋果分陈，岁岁殿开松竹。庶其可久可大，以答神庥。爰撰数名以泐于石。

郝从志，字人丰、宾问湖，字宗源、宾戊浩，字当广、宾开英，字国藻、袁以宾，字天文、彭若待，字雨亭、唐以玥，字星照、郭圯谷，字执夫、刘仁田，字南祭、李栈永，字作福。郝从政，字昭亭、宾开榜，字碧山、宾开寿，字南山、宾开光，字霞余、袁以学，字明德、宾修盛，字芝叶、唐以松，字茂情、刘正桂，字作礼、刘慈高，字九万、聂朝相，字知汉。郝新众，字青云、宾泰政，字树潭、宾泰择，字万矣、宾泰华，字德芳、袁岳会，字□□、易修□，字恋礼、唐振申，字加年、洪绍俭，字有高、周振臻，字九河、佘四喜堂。郝新禧，字长流、宾泰桃，字光春、宾泰监，字明照、宾知堂，字定祥、袁保范，字有忠、易修井，字□轮、唐根茂，字芳春、杨运连，字二和、彭昭元，字文星、黄泗宪，字靖二。郝新捐，字履垣、宾泰镇，字四维、宾泰曙，字星庥、宾泰谱，字受益、袁交逑，字洪财、易思照，字光昌、唐振化，字元吉、袁□□，字诞云、卜先登，字世光、唐国富，

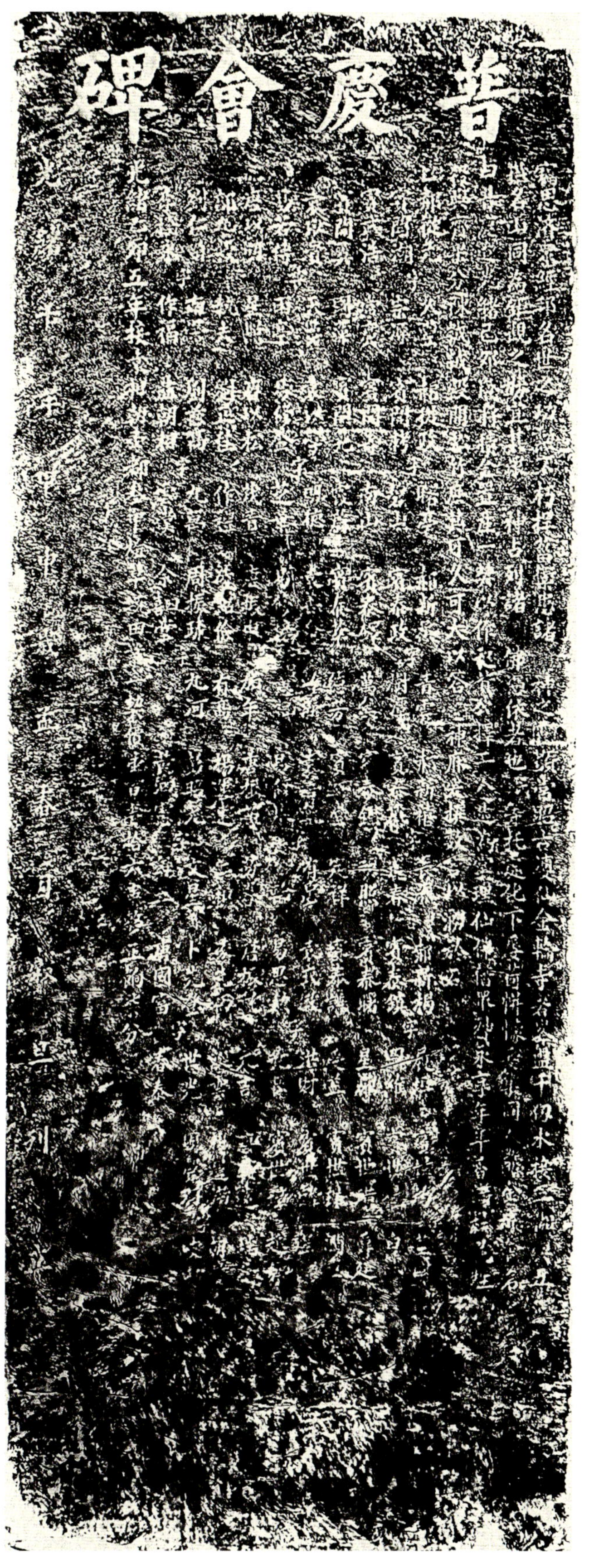

字春泰。宾世均，字□□、宾世岠，字白薰、宾世璜，字厚廷、宾世麟，字□□、宾世德，字起和、唐□远，字瑞□、郝选满，字朝贵、周宝财，字□□。

光绪己卯五年接袁相朝一都三甲[2]灯准坑田业立契，价一百一十六串整，正饷七分。

光绪十年甲申[3]岁孟春月谷旦刊立

注释

[1] 己卯岁为光绪五年，即公元 1879 年。

[2] 一都三甲时为湘潭县辖域，一都即现在株洲市一桥两岸中心区域，属下三甲位于白关铺之东，与醴陵交界。

[3] 甲申岁，即公元 1884 年。

三益祀捐碑

该碑青石质，长 110 厘米，宽 34 厘米，厚 4 厘米，泐于咸丰五年（1855），原置芦淞区娑仙岭寺庙，1958 年寺毁后散落当地民居，现回收至金轮寺。碑题右侧，楷体阳刻“三益祀捐碑”五字，并饰圆圈。正文楷体阴刻，共计 492 字，基本完好。2019 年 6 月 29 日拓片。

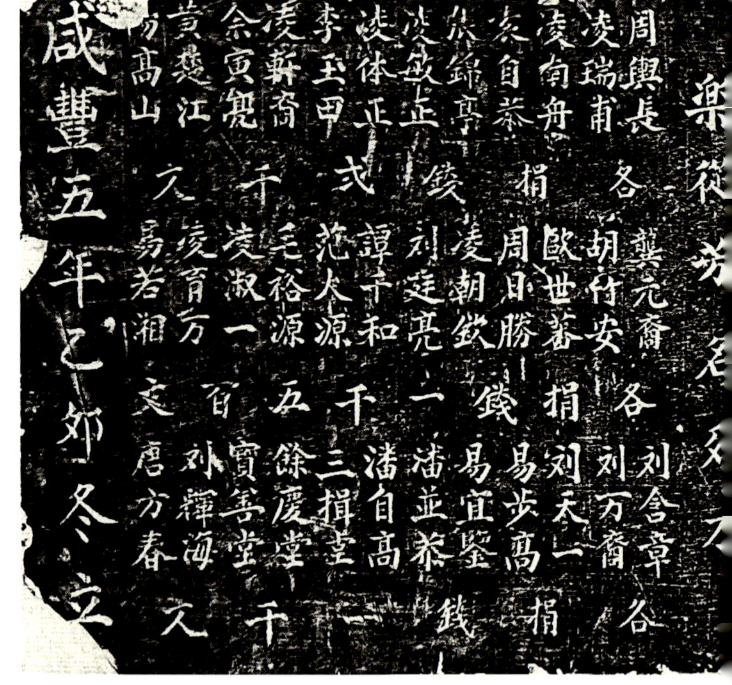

碑　文

三益祀捐碑

娑仙古刹，自明迄今，数百年矣。岁修无资，庙宇日就倾颓，香火日刑冷落。是以捐化诸君，重修庙宇。所有余资，概置田业。三契于潭邑一都四、五甲。每年租谷除弥补住持外，概储本会，以备开除之用。理合重新规定，爰集纠首商议，所有乐捐芳名，合刊石碑于庙。公择经理，三年交卸，总以纠首递管。每岁租谷用费，凭众核算，登入大簿。务宜矢公矢慎，一德一心，否菩萨护佑之恩，慰先人创立之意，功德之永垂不朽！

纠首：宋万近自捐钱二十五千文；胡祖恪自捐钱十五千文；袁禄高自捐钱十二千文；凌云阶自捐钱十千文；袁亨道自捐钱十千文。

纠首：胡善性、易若生、宾作章、刘立成、易芳舟、唐朝尧各自捐钱六千文。唐光华、刘星亨、袁致中、唐二湖、聂竹林各自捐钱五千文。

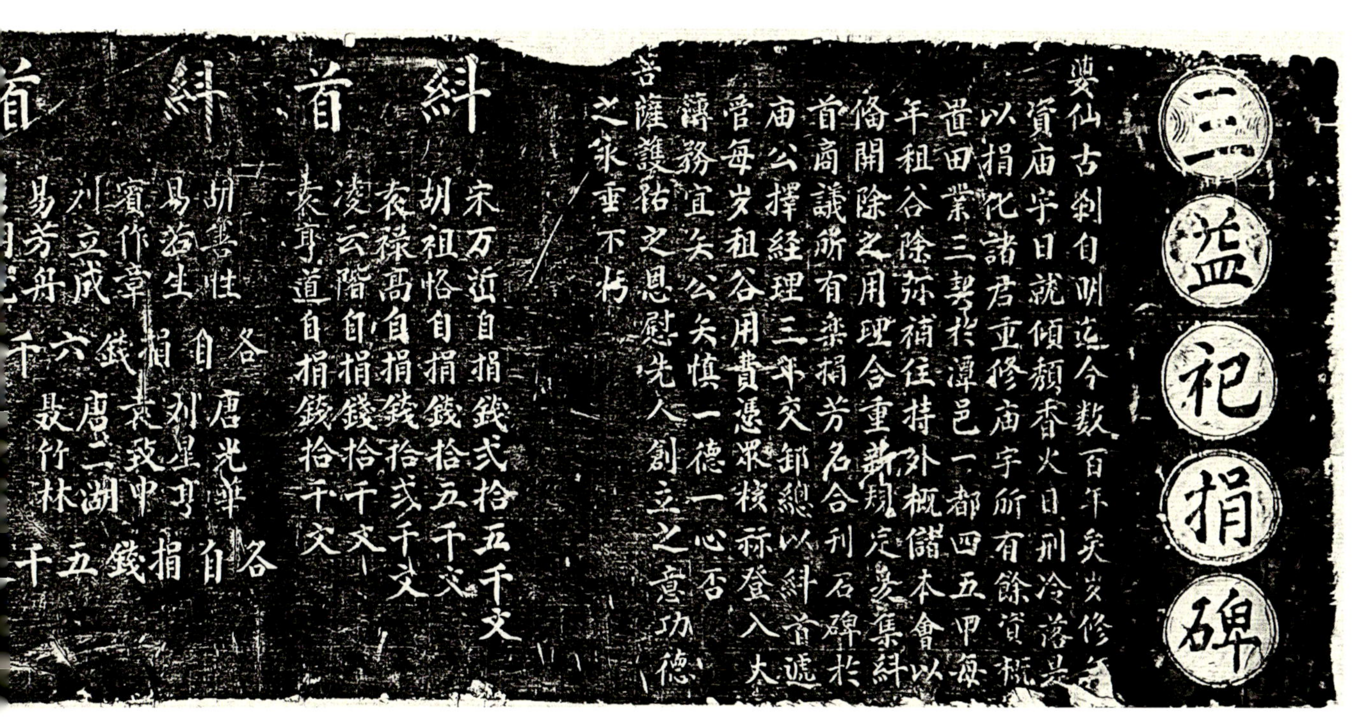

乐从芳名列左：周舆长、凌瑞甫、凌南舟、袁自恭、张锦亭、凌敏正、凌体正、李玉田、凌轩裔、佘寅亮、黄楚江、杨高山各捐钱二千文。龚元裔、胡竹安、欧世藩、周日胜、凌朝钦、刘廷亮、谭千和、范大源、毛裕源、凌淑一、凌育万、易若湘，各捐钱一千五百文。刘含章、刘万裔、刘天一、易步高、易宜鉴、潘并恭、潘自高、三揖堂、余庆堂、宝善堂、刘辉海、唐方春，各捐钱一千文。

咸丰五年乙卯冬立

新佩公祀產碑

古碑遗韵

荷塘区

仙庾岭李广传组碑

该碑青石质，共计三块。每块长59厘米，宽31厘米，现存株洲仙庾岭庙。碑一、碑二字迹较清晰，但两碑间文章并不连贯。碑三大部分文字夷漫不清，无法译读。其缺失组碑有待发现。该碑成于晚清，应为仙庾岭区域李姓宗祠之碑刻，为纪念先祖李广而置。2014年拓片。

碑 文

李广传（章）李祺双拘

【碑一】

李广[1]，陇西成纪人也。其先曰李信，秦时为将，逐得燕太子丹者也。广世受射。孝文十四年，匈奴大入萧关，而广以良家子从军击胡，用善射，杀首虏多，为郎骑常侍。数从射猎，格杀猛兽。文帝曰："惜广不逢时，令当高祖世，万户侯岂足道哉！"景帝即位，为骑郎将。吴楚反时为骁骑都尉，从太尉亚夫战昌邑下，显名以梁王授广。将军即故还赏，不行，为上谷太守，数与匈奴战。典属国公孙昆邪为上泣曰："李广才气，天下无双，自负其能，数与虏，确恐亡之。"上乃徙为上郡太守。

匈奴入上郡，上使中贵人从广勒习兵击匈奴。中贵人者将数十骑从，见匈奴三人，与战射场。中贵人杀其骑且尽。中贵人走广。广曰："是必射雕者也。"广乃从百骑，往驰三人。三人亡马步行，行数千里。广令其骑张左右翼，而广身自射彼三人者，杀其二人，生得一人，果匈奴射雕者也。已缚之上山，望匈奴有数千骑，见广，以为诱骑，皆惊。……

【碑二】

明，军不得自便，不识曰："李将军极简易，然虏卒犯之，无以禁；而其士亦佚乐，为之死。我军虽烦扰，虏亦不得犯我。"是时，汉边郡李广、程不识为名将，然匈奴畏李广，士卒多乐从，而苦程不识。不识孝景时以数直谏，为大中大夫。为人廉谨于文法。

后汉诱军于以马邑城，使大军伏马邑旁，而广为骁骑将军，属护军将军。单于觉之去，汉军皆无功。后四岁，广以

李廣傳

李廣隴西成紀人也其先曰李信秦
時為將逐得燕太子丹者也廣世世
受射孝文十四年匈奴大入蕭關而
廣以良家子從軍擊胡用善射殺
首虜多為郎騎常侍數從射獵
格殺猛獸文帝曰惜廣不遇時令
當高祖世萬戶侯豈足道哉景帝
即位為騎郎將吳楚反時為驍騎
都尉從太尉亞夫戰昌邑下顯名
以梁王授廣將軍印故還賞不行為
上谷太守數與匈奴戰典屬國公孫昆
邪為上泣曰李廣材氣天下無雙自
負其能數與虜确恐亡之上乃徙為
上郡太守匈奴入上郡上使中貴
人從廣勒習兵擊匈奴中貴人者
將數十騎從見匈奴三人與戰射傷
中貴人殺其騎且盡中貴人走廣廣
曰是必射雕者也廣乃從百騎往馳
三人三人亡馬步行行數十里廣令其
騎張左右翼而廣身自射彼三人
者殺其二人生得一人果匈奴射
雕者也已縛之上山望匈奴數千

明書不得自便不識曰李將軍
簡易然虜卒犯之無以禁而其士卒
亦佚樂咸為之死我軍雖煩擾虜亦
不得犯我是時漢邊郡李廣程不
識為名將然匈奴畏廣士卒多樂
從而苦程不識不識孝景時以數
直諫為太中大夫為人廉謹於
文法後漢誘單于以馬邑城使
大軍伏馬邑旁而廣為驍騎
將軍屬護軍將軍單于覺之
去漢軍皆無功後四歲廣以衛
尉為將軍出鴈門擊匈奴匈奴
兵多破敗廣軍生得廣單于素聞廣
賢令曰得李廣必生致之胡騎得
[illegible]
[illegible]
[illegible]
[illegible]
以故得脫於是至漢漢下廣吏吏
當廣所失亡多為虜所生得當斬
贖為庶人數歲與故潁陰侯屏
野居藍田南山中射獵嘗夜從一
騎出從人田間飲還至霸陵亭

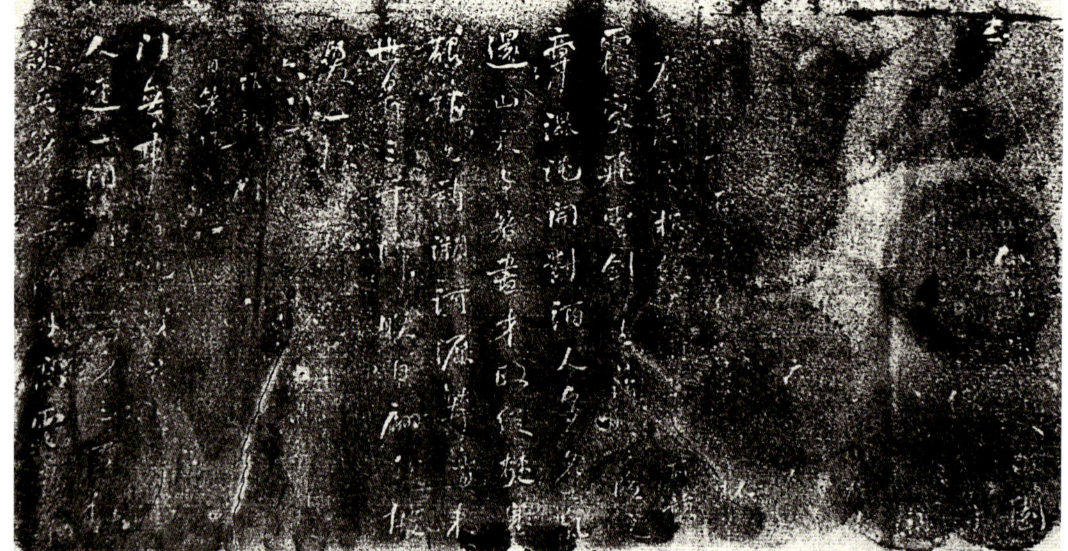

卫尉为将军，出雁门击匈奴。匈奴兵多，破广军，生得广。单于素闻广贤，令曰：“得李广必生致之。”胡骑得广，广时伤病，置两马间，络而盛卧广。行十余里，广阳死[2]，肥[3]其旁有一胡骑善马，广暂腾而上胡儿马，取其弓，鞭马南驰数十里，得其余军，匈奴数百追之，广行取儿弓，射后追骑，以故得脱。于是至汉，汉下广吏。吏当广亡失多，为虏所生得，当斩，赎为庶人。

数岁，与故颍阴侯孙屏野居蓝田南山中射猎。尝夜从一骑出，从人田间饮。还至亭霸陵[4]，……

注 释

[1] 李广（？—前119），汉族，陇西成纪（今甘肃静宁西南）人，中国西汉时期的名将。汉文帝十四年（前166）从军击匈奴，因功为中郎。景帝时，先后任北部边域七郡太守。武帝即位，召为中央宫卫尉。元光六年（前129），任骁骑将军，领万余骑出雁门（今山西右玉南）击匈奴，因众寡悬殊负伤被俘。匈奴兵将其置卧于两马间，李广佯死，于途中趁隙跃起，奔马返回。后任右北平郡（治平刚县，今内蒙古宁城西南）太守。匈奴畏服，称之为飞将军，数年不敢来犯。元狩四年，漠北之战中，李广任前将军，因迷失道路，未能参战，愤愧自杀。

[2] 阳死即为佯死。

[3] 肥应为睨，表示斜看。

[4] 李广传源自《史记·卷一百九·李将军列传第四十九》的缩写节录。

成庆祀碑

该碑大理石质，碑文楷体阴刻，高110厘米，宽37厘米，现嵌置株洲荷塘区仙庾岭古庙。2014年拓片。

碑　文

成庆祀碑

仙女岭者，地以神明，而神于地显也。其享泽下于民，犹众人之母也。故戴而尊之，曰娘娘久矣！先君子集同人十五名，各捐谷五斗，以祝瑞诞，会名成庆。今已置田五亩，且有余赀。公择老成掌理，凭众筭明，注簿交卸，同心同德，慎始慎终。俾公项永不拆分，而祝会愈增饶裕庶，禋礼罔替[1]而神赐无疆耳！

周敬忠（兄弟）、陈有亮、凌祀南、帅永忠、周之元（兄弟）、唐正甫（兄弟）、凌仕珍、周裕和（兄弟）、刘占魁、周恢先、宋万兵、凌景福、凌修礼、帅绪敏、凌翰斋。

大清光绪九年[2]癸未冬月立

注　释

[1] 无限承袭的意思。

[2] 公元1883年。

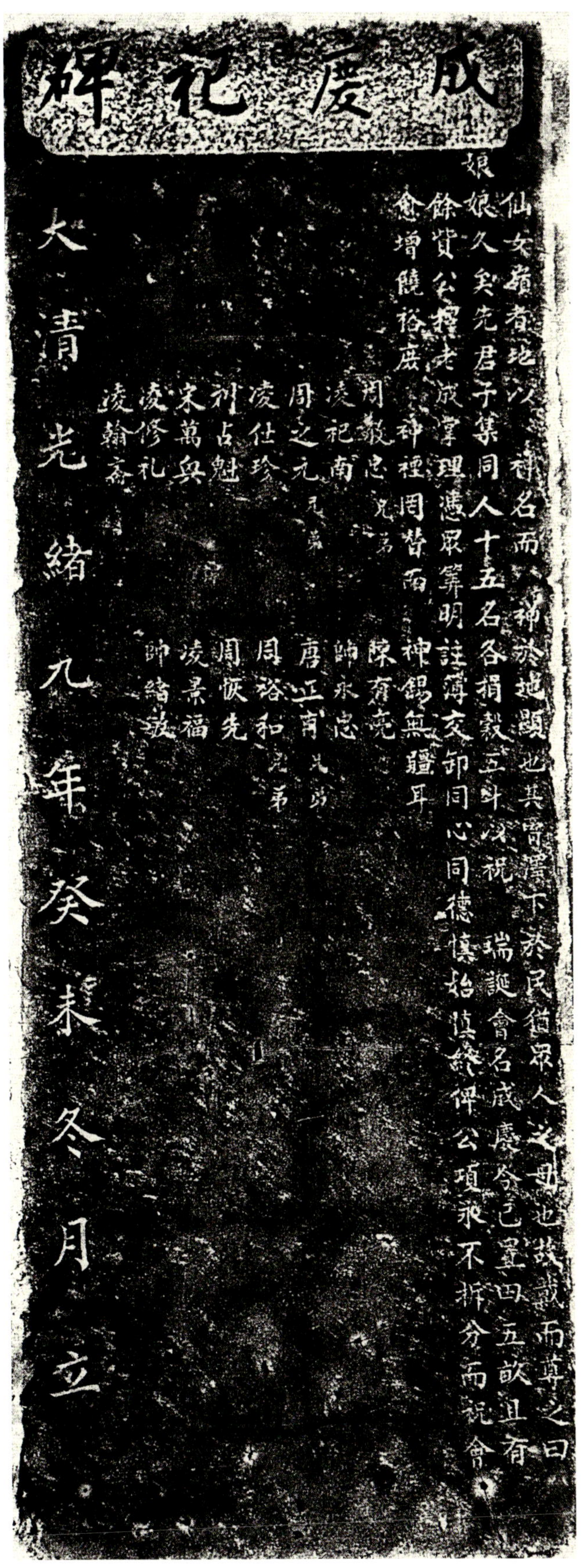

咸慶祀碑

仙女嶺者地以神名而神於地顯也其實澤下於民猶衆人之母也故戴而尊之曰
娘娘久矣先君子集同人十五名各捐穀五斗以祝瑞誕會名咸慶今已置田五畝且有
餘貲公擇老成掌理懋衆算明註簿交卸同心同德慎始慎終俾公項永不拆分而祝會
愈增饒裕庶神禋周普而神錫無疆耳

周毅忠兄弟　陳有亮
凌祀南　帥永忠
周之元兄弟　唐正宵兄弟
凌仕珍　周裕和兄弟
祁占魁　周恢先
宋萬與　凌景福
凌修礼　帥緒啟
凌翰齋

大清光緒九年癸未冬月立

莱子捐碑

该碑长 113 厘米，宽 40 厘米，厚 6 厘米，大理石质，原厝置宋家桥杉坡里莱子祠土墙，1999 年移置株洲仙庾岭庙内。碑额楷书阳刻，正文楷体阴刻。2014 年拓片。迄今为此，该碑为老莱子墓在株洲的唯一遗迹。

碑　文

莱子捐碑

老莱子，楚人也，殁葬此地。乾隆年间何湘郝等捐修土墓。嘉庆初年，宾南台、何云庄等复行捐修石墓。竖立碑表，创置田业，建造墓庐。同治九年冬，庐被回禄[1]，又邀集宾牧村等再行劝捐，重建墓庐。用费百余金，数注总册，乐捐芳名仍泐石于墓庐。纠首[2]：付虞丞、袁文安、宾牧村、王文轩、言文乔、宾远耀、汤桂林、何五乔、余昌炽、宾兰圃。

付虞丞捐钱二十串文；袁文安捐钱十串文；汤桂林捐钱六串文；余昌炽捐钱四串文；宾泉公捐钱三串文；刘文蔚堂捐钱三串文。宾梁国堂、袁禄公、袁胜蛟堂、宾国玉各钱三串文。宾瑞公、宾金山公、宾兰桂、宾建武公各捐钱一串五百文。罗名山、宾志耀、宾锦瑞公、宾任雄、宾怀仁各捐钱一串文。宾兰圃、宋凌中、宋紫明公、凌湇建、凌星垣、□□□、□向缄公、孙□公、陈□公各捐钱一串文正。王爱鹅堂、宾廉清公、宾七二堂、益泰厂、桥架祠、刘俊明、袁东桥、刘笛楼、言汉清、刘林汉各捐钱一串。沈新德、言竹溪、言湛甫、陈乐生、刘德盛各钱五百文。李亭普捐钱一串。

王云轩共募捐钱十串文。

同治十三年[3]冬月谷旦[4]　敬刊

注　释

[1] 回禄，相传为火神之名，引申指火灾。

[2] 纠首，纠结之首领也。是乡村活动中的一种临时职务。

[3] 同治十三年为公元 1874 年

[4] 谷旦，旧“谷物丰收”即好日子，“谷”有“吉”之意，故称谷旦是吉日的通称。

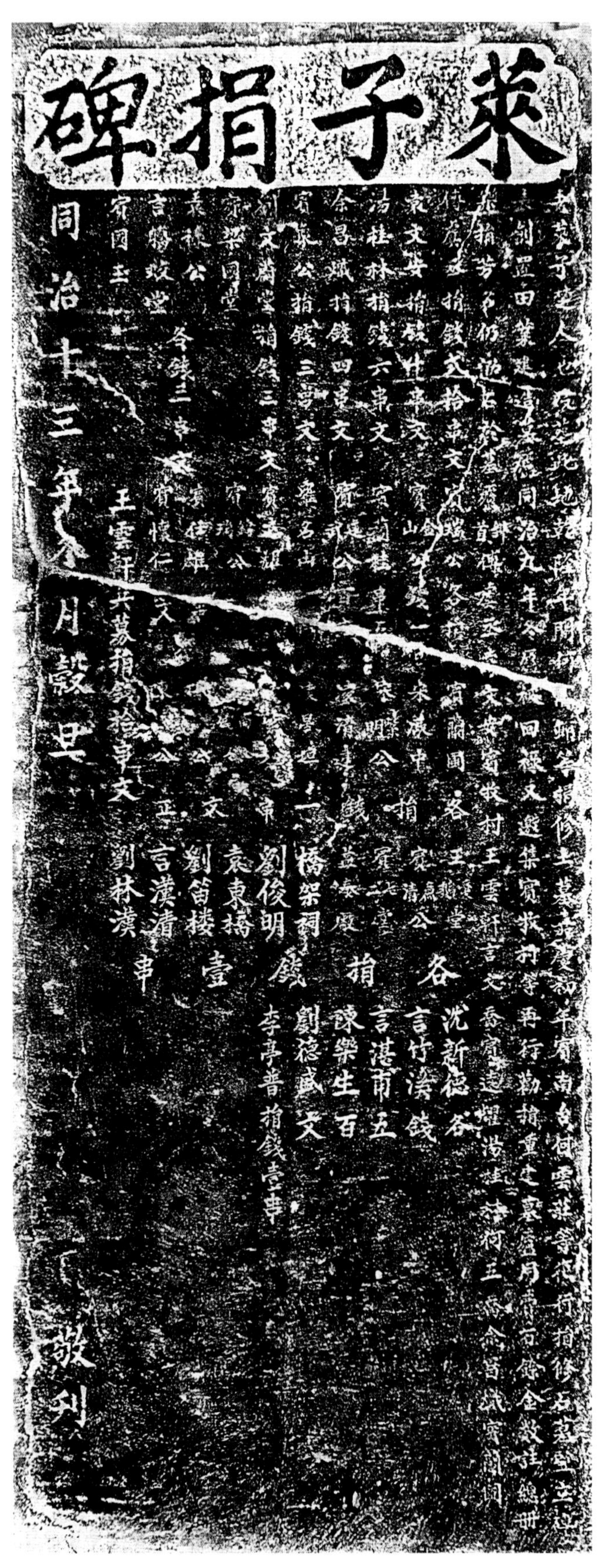
萊子捐碑

抗敌阵亡忠烈将士墓碑

位于荷塘区流芳园内。墓冢用三合土构筑，直径 6 米，墓围高 1.2 米，墓冢前立墓碑，上刻“抗敌阵亡此土忠烈将士墓”。现为株洲市市级文物保护单位和省级爱国主义教育基地。1941 年，日寇大举侵犯湘北。7 月，日寇突袭株洲，在此布防的国民党暂编第六师与日寇激战，因寡不敌众，死伤官兵百姓无数，当地群众为了安葬死难者，捐钱捐物，在死难者较多的西南公山火把差地集中安葬了 300 余人，被称为“千人堆”，1986 年，株洲政协会议提议修复“千人堆”，将“千人堆”所在地辟为市纪念性公园，定名“流芳园”。

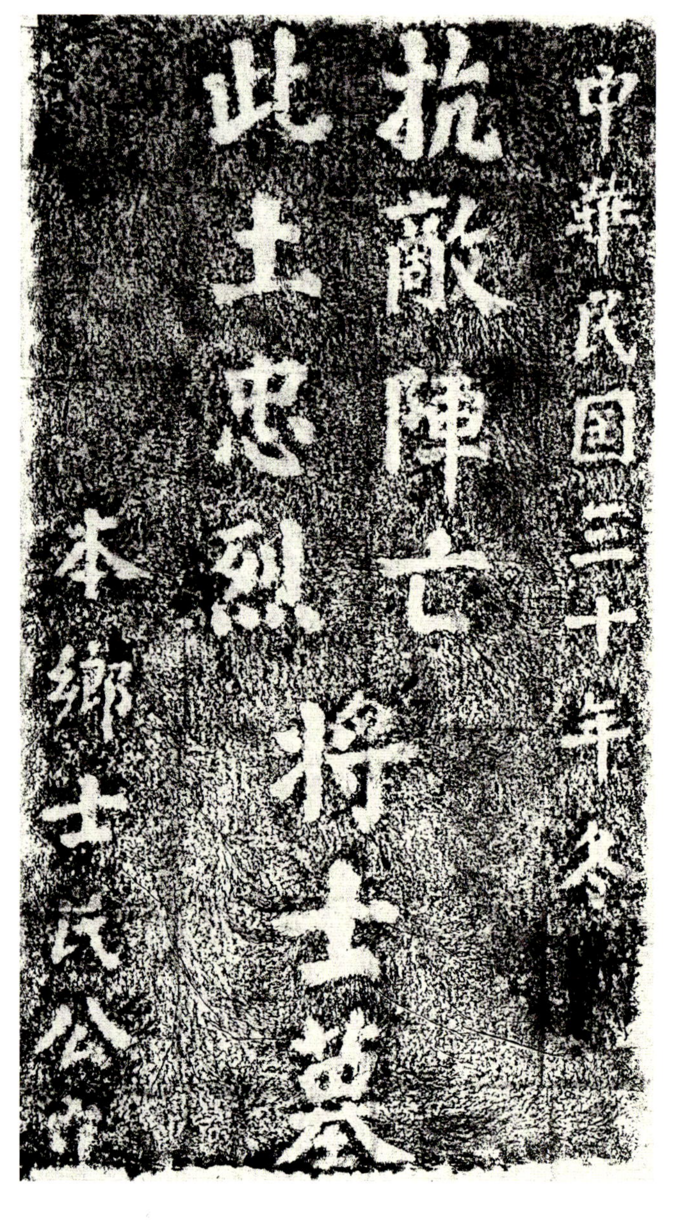

仙庾岭省龙少祖组碑

省龙少祖组碑，大理石质，通高100厘米，宽35厘米，现存株洲荷塘区仙庾岭古庙。省，即醒悟、觉悟的意思。加之功德名册碑和账务碑共计5块，构成组碑。碑文楷体阴刻，保存完好，2014年拓片。

碑　文

【碑一】

省龙少祖仙庾岭

女尊神灵显此地，初有庙在山之巅。年湮代远，碣断碑残。盖不知肇自何时矣！惟是声灵赫濯，祈祷者陟险披荆而栋宇摧残；峙立者风销雨蚀。至道光癸巳年[1]，都[2]人士感恩膏之溥博，悯登陟之艰难，遂募众襄资枚卜基趾。始改建于山之腰，此庙是也。越光绪丙子[3]岁，又经捐众修饰后堂增造前进。迩年来[4]，灵应益彰，朝谒益众。入庙骏奔，几于拜跪无地，侍立无方矣。爰商诸众，再行捐资。将后进推广墙壁前殿。升奉关帝、祝融、财神。庙前建立香亭一座，冬隅加造客堂房舍，以及更改装修，油漆粉饰，一律鼎新，庶望高瞻。庙貌壮整齐，严肃之观长荷！

神庥萃康乐，和平之福，申锡无疆，永垂不朽矣！谨叙颠末[5]于前，用勒名目于左。

计开捐资数目：

【碑二】

纠首凌世远、凌心田、凌伯太堂各捐钱六串募化钱一百一十七串四百文。大庆祀十五串；永庆祀六串文；喜庆祀六串文；同庆祀六串文；全福祀五串文；福庆祀六串文。新庆祀二串文；灯彩祀二串文；崇庆祀一串文；善庆祀一串文；长庆祀一串文；黄洪清三串文。黄翠楼三串文；刘兰轩二串五百；刘万宗裔二串；刘均礼裔二串；陈惟美二串文；黄福元二串文。凌宗般裔二串；周以敬二串文；施少卿二串文；合茂全厂二串；高裕顺堂一串；黄仁交堂一串。黄美章、同兴厂、凌若虚、凌元吉、刘顺堂各一串五百文。周六

省龍少祖仙洞嶺

女尊神靈顯此地初有廟在山之巔年湮代遠碣斷碑殘蓋不知肇自何時矣惟是

聲靈赫濯祈禱者陟險披荊而

棟宇摧殘峙立者風銷雨蝕至道光癸巳年都人士感

恩膏之溥博憫登陟之艱難遂募衆襄資枚卜基址始改建於山之腰此廟是也越光緒丙子岁

又經捐衆脩飾後堂增造前進邇年來

靈應益彰朝謁益衆入、廟駿奔幾於拜跪無地侍立無方矣爰商諸衆再行捐貲將後進推廣

牆壁前殿升奉

關帝祝融、財神廟前建立　香亭一座東隅加造客堂房舍以及更改裝修油漆粉飾一律鼎

新廟望高瞻

廟貌壯整齊嚴肅之觀長荷

神庥華康樂和平之福更錫無疆永垂不朽矣謹敘顛末於前用勒名目於左

計開捐貲數目

碑一

凌世達凌□西凌大佰堂各捐錢陸串募化錢壹百壹拾柒串肆百文

大慶祀拾伍串文　永慶祀陸串文　喜慶祀□□文　同慶祀陸串文　全福祀伍串文　福慶祀陸串文

新慶祀弍串文　燈彩祀弍串文　崇慶祀壹串文　善慶祀壹串文　長慶祀壹串文　黄洪清叁串文

黄學樓叁串文　劉蘭軒弍串五百　劉万宗裔弍串　劉均□裔弍串　陳惟美弍串文　黄福元弍串文

凌宗殷裔弍串　周以敬弍串文　施火卿弍串文　合茂全廠弍串　高裕順堂壹串　黄仁交堂壹串

黄美章　湯光炳串弍百　寔顯揚　凌德元　劉振楚　言春亭

同興廠壹　宋厰中　周萬亮　凌和六　劉楷芳　湯廣南

凌若虛各串文　戴尊山各壹串　施文太串　凌思和壹串　劉耀毅　湯蘭陵

凌元吉　師普亭　趙楚和　凌玉田　龍漢章　湯柏祥

劉順堂五百　凌裕源串文　趙國選文　凌朝魁文　龍貴和文　唐桂亭文

周合大堂壹串文　同盛廠壹串文　盛美軒　凌惠周　劉得亮　周益棠

凌江秀六百文　凌泰階六百文　施義益各五百　凌福慶各五百　唐家有各五百　周德華各五百

首事　周大福樸錫光各捐錢弍串募化錢叁拾玖串五百文

劉春華五串文　凌若虛叁串文　凌紫雲弍串文　蘇登科弍串文　黄篤显串五百　劉七存□□百

碑二

合堂一串文；凌江秀六百文。宋厥中、戴尊山、帅普廷、凌裕源各一串文。同盛厂一串文；凌泰阶六百文。宾显扬、周万亮、施文太、赵楚和、赵国选各一串文。盛美轩、施善益各五百；凌德元、凌和六、凌里和、凌玉田、凌朝钦各一串文。凌惠周、凌福庆各五百。刘振楚、刘橘芳、刘耀彩、龙汉章、龙贵和各一串文。刘得亮、唐家有各五百。言春亭、汤广南、汤兰陔、汤栢祥、唐桂亭各一串文。周益堂、周德华各五百。

纠首周大福、苏锡光各捐钱二串募化钱三十九串五百文。

刘春华五串文；凌若虚三串文；凌紫云二串文；苏登科二串文；黄万里串五百；刘三太裔串五百。

【碑三】

陈根南一串五百文；程锡汉一串文；凌万鸿一串文；徐贵三一串文；陈万□一串文；陈选仕一串文；黄浦仁一串文；黄仁立一串文；□□亭一串文；刘顺成一串文；董紫垣一串文；陈太源一串文；宾万丰一串文；符丽生一串文；何全昌一串文；潘开泰一串文；帅大庆一串文；曹开思一串文；周荣声一串文；周远行一串文；恒升行一串文；大盛行一串文；万利行一串文；协和行一串文。

纠首刘福荪、刘翊云各捐钱二串文募化钱二十串文。

刘永青堂十串；刘树德堂三串；黄

碑三

三槐堂二串；凌大受二串文；胡敬廷二串文；刘庆生一串文。

纠首刘华珊自捐钱三十串文募化钱四十三串文。

文明祀十串文；文莲祀三串文；王笛江一串文；凌聘农十串文；文辅廷二串文；郭觉初一串文；王寿泉二串文；汤必寿二串文；凌澍农一串文；凌华农二串文；杨莲壬二串文；刘维星一串文；曹耕心堂一串；刘寿臣裔一串；刘莲生一串文；黄子元一串文；刘詠生一串文；唐万兴一串文。

纠首周春阳、周采玉各捐钱一串文募化钱一十一串五百文。

汤锡龄一串文；唐克明一串文；谢万隆一串五百文；施光华一串文；帅德贵一串文；周承常一串文；周大祠裔一串；周佑清一串文；周兴藩一串文；周篤生一串文；刘汉珍五百文；程华明五百文。

纠首周之元、凌翰卿各捐钱一串文募化钱二十九串一百文。

【碑四】

凌春瑞五串文；凌紫垣二串文；欧阳六一堂二串；成庆祀二串文；凌益週一串五百文；周友山一串文；凌永宫一串文；凌振宣一串文；周在新裔一串；言宇洪裔一串；郭启后堂一串；唐桂兰堂一串；凌梓厚堂一串；凌庆馀堂一串；凌步贵堂一串；凌周大堂一串；凌启书一串文；倪德尊一串文；凌武辉一串文；唐瑞生六百文；凌云黄五百文；凌同春五百五文；易义亭五百文；凌梓善五百文。

纠首凌裕秀、凌玉隆各自捐钱一串文共募化钱二十八串一百文。

刘楚南三串文；刘如心三串文；刘东炅裔二串；刘正国二串文；易岳嵩一串五百文；唐正辅一串文；唐天福一串文；施上德一串文；刘然美一串文；刘以德一串文；陈开荣一串文；刘凤纯一串文；唐玉成一串文；凌近仁一串文；凌□山一串文；周东成一串文；李丙廉六百文；刘大谟五百文；刘和鸣五百文；黄映青五百文；施松茂五百文；刘钟岳五百文；周悦炳五百文；贺春和五百文；唐尊林五百文；凌善长五百文；聂楚仁五百文。

纠首黄玉祥自捐钱六串文黄广阶八串文杜紫亭四串文共募化钱二十二串一百文。

欧阳瑞吾二串；欧阳鹊堂二串；汤云锦堂二串；黄耀南一串文；黄三略堂一串；黄有力堂一串；凌文彬一串文；杜福堂一串文；徐福生一串文；杨白莹堂一串；黄清华一串文；凌笃邦一串文；周吉阶五百文；唐星德五百文；周惟大五百文；黄长益五百文；周长福五百文；清□□五百文。

【碑五】

以上共收捐钱九十四串五百文。

付木匠包神龛钱三十串文；付漆匠包金漆钱二十七串八百文；付神封神坐凳并漆香案钱三串文；付匾上加满金用钱一串二百文；付砌匠工钱二串一百六十文；付砖钱并力钱二串三百一十文；付安神座礼敬钱四百五十文；付铁柜并油漆钱五串

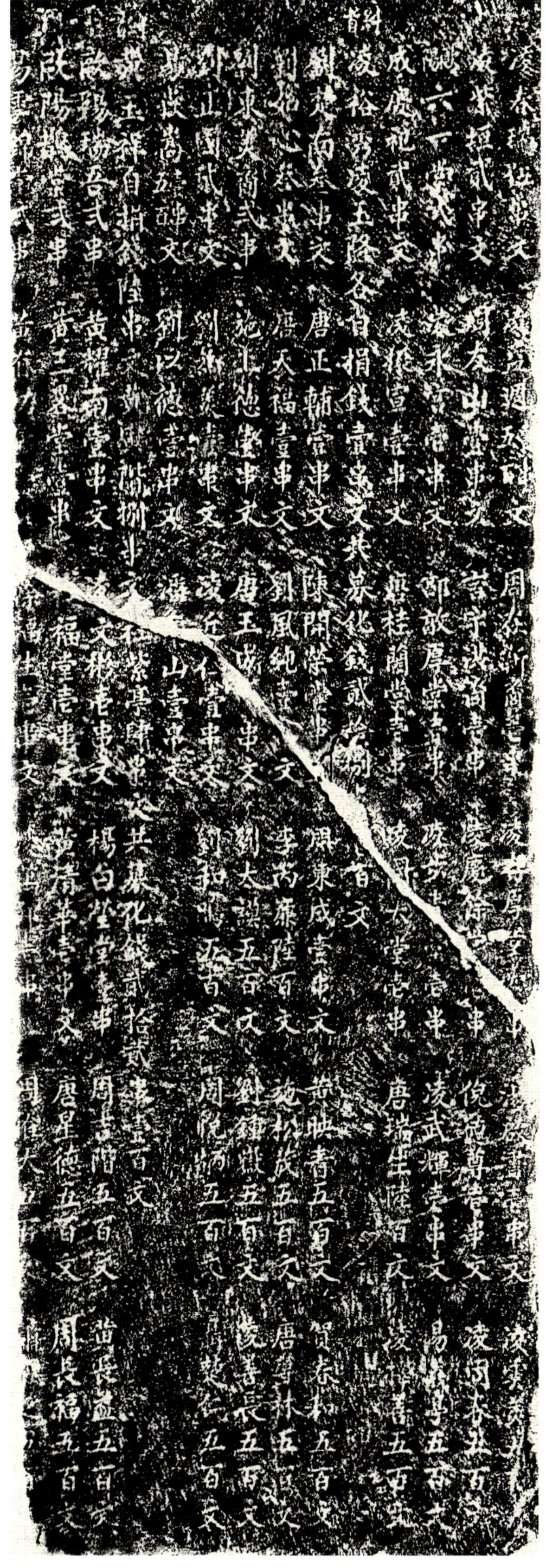
碑四

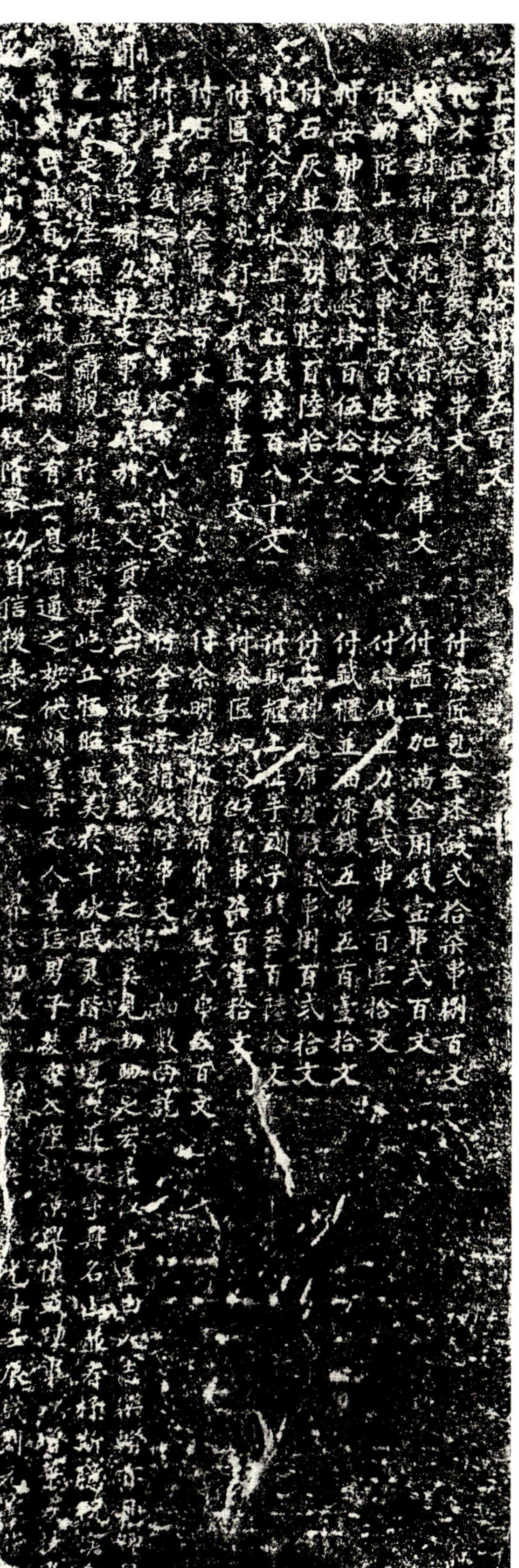
碑五

五百一十文；付石灰并脚力钱六百六十文；付安神龛席赏钱一串八百二十文；付买金申水并烟红钱七百八十文；付铁柜上扯手钏子钱三百六十文；付匾封吊线钉子钱一串一百文；付漆匠加漆钱一串七百一十文；付石碑钱三串六百文；付余明德□捐席费二串五百文；付刊字钱窖碑钱三串五百八十文；付全善堂捐钱六串文；如数两讫。

□□□力举独立难支，事虽成于一人，赀实出于众善。使非曜陈之备矣，见□□之宏鼎仪也。盖由人志乐输，亦见神思盛矣，□□于是宝座辉□，益肃观瞻于万姓乐碑。屹立恒昭，盛美于千秋，威灵偕胜境。长善妙字与名山并寿。抒斯臆况，实□钦耀无百年不敬之端。人有一息相通之势，伏愿慧业文人善信，男子焚香入座，揔景与怀或踵事以增华。或扶□祝敬相□而勒，后往咸宜斯叙修，举功自信后来之。居壬辰□岁界长，泐后记，□□□矣。

光绪壬辰岁[6]刘元善谨撰

注释

[1] 道光癸巳为公元1833年。

[2] 都，清代湘东一带县以下设都，都以下为甲。仙庾岭近湘潭县三都一甲。

[3] 光绪丙子岁为公元1876年。

[4] 迩年来，即近年来。

[5] 颠末，即事情自始至终的过程。

[6] 壬辰岁为光绪十八年即1891年。

附：仙庾岭的女尊神灵

开元末年，沈珍珠以良家子女的身份入选太子宫，被赐给当时为广平王的李豫为妾室。后来李豫继位为唐代宗，沈珍珠被封为睿真皇后。天宝元年（742），沈珍珠生下儿子李适（唐德宗）。

虽然年轻时就贵为郡王妾室，儿子后来还当上了皇帝，但是沈珍珠的生涯，并没有太多皇家贵族的奢华权势，更多的是寻求生存的颠沛流离和苦难。

当时的唐朝正处于由盛变衰的转折点。大唐天宝十五年（756），安禄山叛唐后进逼长安，唐玄宗带着杨贵妃及诸皇子皇孙仓皇出逃，沈珍珠的丈夫李豫、儿子李适都在其中，而诸皇子皇孙的妃妾及一大群皇亲国戚却被遗下未及逃走，被叛军俘获，从西京长安劫掠到东都洛阳，其中就有沈珍珠。

唐肃宗李亨在灵武称帝后，封李豫为天下兵马大元帅。至德二年（757），李豫收复东都洛阳，在掖庭中找到了已被关押一年多的沈氏。后来李豫被立为皇太子，但并没有明确沈珍珠的名分，也没有把她迎回长安，而是一直住在洛阳宫中。

乾元二年（759），史思明再次攻陷洛阳，沈珍珠从此失踪。直到安史之乱平定，也未能寻见其踪迹。

李豫死后，长子李适继承皇位，当上了皇帝的李适十分想念失踪在外的母亲，为此曾多次派人寻找，当时民间一些有心人纷纷假冒沈珍珠想当皇太后，但都被一一识破。唐德宗李适一生，也未能找到真正的沈太后。

相传，沈珍珠在安史之乱后辗转江南，隐居于株洲的仙庾岭，并在岭上建庙立塔，施救苦难，为人治病，为后世所景仰。当地百姓钦佩她的善良和功德，赞其为“仙女娘娘”。如今每年的农历九月九日，沈珍珠的生日当天，人们都会举办几天民间庙会来纪念这位“慈沾黎庶、惠及苍生”的仙女娘娘。

而又因其名为珍珠，仙庾岭又被称为古代散落在株洲荷塘的奇异珍珠。仙庾岭位于荷塘区东北方仙庾镇境内，沿仙庾岭主峰石阶而下300米便是仙庾庙，古庙正面石阶上有一块说明碑文，上面写着：仙庾庙建于唐，相传唐玄宗之孙李豫之妻沈珍珠，为避“安史之乱”，在此修行成仙故名古庙。

仙庾岭同庆祀碑

该碑大理石质，通长110厘米，宽44厘米，碑文楷体阴刻，保存完好。存株洲仙庾岭古庙。2014年拓片。

碑 文

同庆祀

吾乡仙女岭建立古刹，崇祀香火，越数百年。亏兹其间，筹运规模，经画久远，都人士咸犇[1]走焉！客□焚香，心绝尘想，吐纳奇气，罗本众山，出没殊形，朝夕异象，谓仙山必在海上，谁其信之！龛奉仙女三座，根其原始，莫闻其详。搜阅遗碑，阙而未备，父老谓：昔三仙女辟谷亏岭之颠，后遂馨香于山腰。此古刹所自昉，问其姓氏时代茫然莫畣。霖领之而来，未敢信归而求之。该岭志书惟萧氏织女三星之说，最近。夫织女，天女孙也，属牛宿，其星三，主人间蚕织。楚俗好祀，神因以祀之，固无不可。抑又闻之，凡有名山必有古刹，古刹必专祀一神，以主其祀而效其灵。况大江以南祀织女星者甚夥[2]。今缳三仙女之义，则织女三星之说，益信而有徵矣。说未竟适前，周丈鸣盛、刘君福荪沐恩邀集之同庆祀，经理□勒石问叙。亏霖不获谢，遂笔其辞以弁诸铭首，非敢自赽也！以俟考古之君子一证晓波。黄霖极谨撰志。

周鸣盛、杜福堂、刘四海、刘文尉堂、黄广春堂、刘太乙堂、言竹岩、周云阶、凌澍农、刘福荪、陈选仕、周星阶、帅乃亭、刘星台、赵海帆、黄山槐、刘邦山、刘樾生、刘翰珍、王瀚彰、杜紫亭、周大福、罗纯生、刘翊云。以上系起祀捐资；共二十四两。每年庆祝定期九月十七日。前买上石塘尾新大屋一契田六亩计十一坵。屋宇、山场、塘井、荫冥照契立册，名仙庾岭同庆祀。正饷银一钱二分四厘米。照饷科公议：此业永不出售、典卖、加佃租。

光绪二十年甲午[3]孟冬月甲子　经理刘寿堂谨志　治安刘泽恩敬书

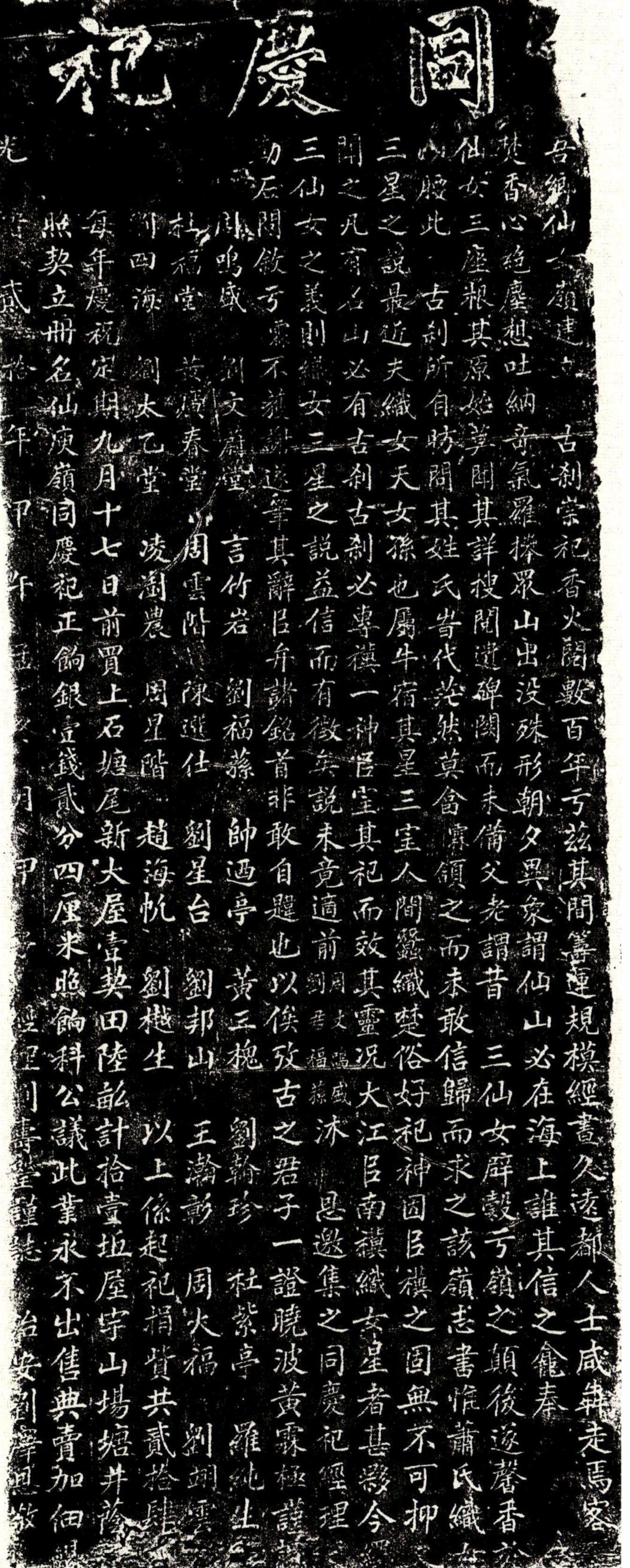

注 释

[1] 全都为修建古刹奔走。

[2] 夥即伙，很多的意思。

[3] 公元 1894 年。

仙庾岭藏书阁碑

该碑青石质，原置仙庾岭文昌阁，通高100厘米，宽40厘米，碑文楷体阴刻，留有空白待泐续捐芳名。作为藏书类功德碑，株洲罕见。现嵌置于株洲仙庾岭古庙。2014年拓片。

碑　文

藏书阁[1]

帅登辅公捐钱二十串[2]；黄、周集英公捐钱二十串；凌石农捐钱二十串；卜正璜公捐钱二十串；刘文信祀、刘东美祀、刘道礼祀、刘长庆祀共捐钱二十串。言道南祠捐钱十五串；苏锡立堂捐钱十二串；文明祀捐钱一十串；刘永青堂捐钱一十串；陈松亭 捐洋蚨[3]一十元；周秉仁祀捐钱一十串。

黄道巷星明祀捐钱一十串；龙潭寺钟鼓会捐钱一十串；施淮吾捐钱六串；苏兴公祀捐元银五两；郭翰臣裔捐钱五串；帅令中公捐钱五串；梁大银公捐钱五串；武石山文帝祀捐钱四串；余耀亭捐钱四串；文宗祠捐钱四串；文太和捐钱四串；周宗胜祠捐钱二串五百文。刘文蔚堂捐藏书十部；章勃生捐藏书二部。

光绪癸巳十九年[4]冬月谷旦　公立

注　释

[1] 藏书阁建于晚清，在株洲荷塘区仙庾岭山腰庙区文昌阁，具有民间图书馆性质。

[2] 一串为清朝制钱一千文，又称一贯。

[3] 蚨，为古代铜钱的别称。洋蚨应是清代机制铜板。

[4] 光绪十九年为公元1893年。

藏書閣

仙庾岭光绪二年碑

该碑大理石质，通高110厘米，宽37厘米，碑文楷体阴刻。现存株洲荷塘区仙庾岭古庙。2014年拓片。

碑　文

仙庾岭仙女庙，古名刹也。敕庙立于山之巅，不知始自何年？碑残碣断，纪载阙如。道光年间周公永年等，始改建于斯地。碑记朗然，迄今又有年矣。风侵雨蚀，栋宇摧残。况以灵应益彰，祈祷甚众，庆祝集以多人跪拜，几于无地。刘君邦山等爰邀同人捐资营建。增其式廊，新造前堂，于巅修建昌阁，旋亦告成。临其地而高瞻远瞩，层峦耸翠，俨然上出重霄。仰观日月光华，自著文明之象；俯视龙虎环抱，益增文炳之辉。从此人文蔚起，有必然者为纪其事，于前并泐芳名于左，以垂诸人远云。

光绪二年[1]丙子臈月谷旦　周鸿运撰

总首刘邦山自捐钱五十串文。

刘叙中一百串；刘增荣堂十串；刘增善堂十串；刘礼仁堂十串；刘明盛堂十串；刘明高堂十串。

纠首帅迺亭、周芝麟、凌墨香各自捐钱三串，募化钱二十四串文。

何禄生五串文；帅大众二串文；言汉臣一串文；周瑞麟一串文；袁桂山二串文；帅万明一串文；张其然一串文；帅楚堂五百文；宾云景裔一串；凌理安一串文；帅惟星裔五百文；杨昌运五百文；崇庆祀一串文；余春甫一串文；帅宪景五百文；何有成一串文；周锦臣一串文；帅秉端五百文；黄中亭一串文；宾云溪一串文；帅其中五百文。

注　释

[1] 光绪二年为1876年，臈月即腊月。

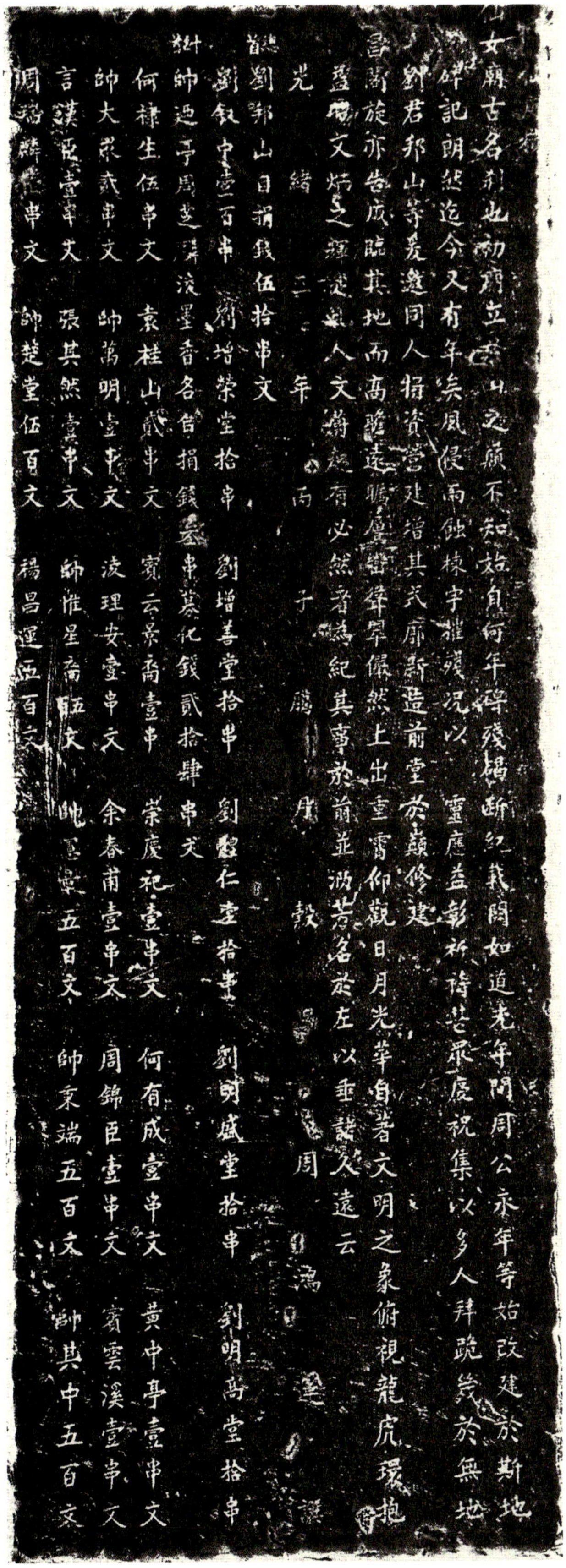

山女廟古名刹也刱立斯山之巔不知始自何年碑殘碣斷紀載闕如道光年間周公永年等始改建於斯地

碑記朗然迄今又有年矣風侵雨蝕棟宇摧殘況以靈應益彰祈禱甚眾慶祝集以多人拜跪幾於無地

劉君邦山等爰邀同人捐資營建增其式廓新造前堂於巔修建

[illegible]嗣旋亦告成臨其地而高曠遠瞻層巒聳翠儼然上出重霄仰觀日月光華自著文明之象俯視龍虎環抱

登[illegible]文炳之輝煌與人文蔚起有必然者爰紀其事於前並泐芳名於左以垂諸久遠云

光緒二年丙子臘月穀旦 周鴻[illegible]謨

總首 劉邦山自捐錢伍拾串文

劉敘中壹百串 劉增榮堂拾串 劉增善堂拾串 劉盤仁堂拾串 劉明盛堂拾串 劉明高堂拾串

糾首 帥迺亭周芝琛淩墨香各自捐錢叁串 募化錢貳拾肆串文

何祿生伍串文 袁桂山貳串文 竇云景喬壹串 崇慶祀壹串文 何有成壹串文 黃中亭壹串文

帥大衆貳串文 帥萬明壹串文 淩理安壹串文 余春甫壹串文 周錦臣壹串文 竇雲溪壹串文

言謨臣壹串文 張其煞壹串文 帥惟星喬[illegible]文 [illegible]五百文 帥秉端五百文 帥其中五百文

周瑞麟[illegible]串文 帥楚堂伍百文 楊昌運伍百文

仙庾岭光绪十五年功德组碑

该组碑计12块，大理石质，通高110厘米，宽40厘米，碑文楷体阴刻，字迹清晰，保存完好。现嵌置仙庾岭庙，2014年拓片。

碑　文

【碑一】

本庙，大庆祀三十串、成庆祀六串文、福寿祀五串文、同庆祀五串文、石仙祀四串、喜庆祀四串、嵩庆祀四串、积庆祀四串、全福祀四串、永庆祀四串、福庆祀三串八百、福寿祀三串、新庆祀三串、全庆祀二串、灯彩祀三串、乐庆祀一串、祝融祀二串、祥庆祀二串、长庆祀一串六百、善庆祀一串、大德祀一串、益寿祀一串。

纠首黄致忠，自捐并募化共钱四十四串五百文。

黄三略堂一串、刘三泰裔一串、黄达德堂一串、周大庆堂一串、凌有德裔一串、刘春华堂一串、黄仁交堂一串、黄汉公裔一串。陈海云一串、张永吉一串、凌子臣一串、周吉祥一串、陈达才一串、黄万里一串、卢逢春一串、黄致忠一串。黄质文六百、黄克明五百、胡有财五百、徐美堂五百、凌德贞五百、施合义五百、黄茂亭五百、周洪远裔五百。陶万山五百、凌竹生五百、黄文彩五百、周忠和五百、周万泰五百、周万佳五百、卜正华五百、黄云祥五百。周万象五百、施腾芳五百、贺建章五百、刘作成五百、陈荣泉五百、刘恒寿五百、刘孝之五百、周泽云五百。刘星照五百、黄荣耀五百、黄执礼五百、凌万明五百、周復泰五百、刘昌洪五百、黄金声五百、黄俊明五百。

【碑二】

陶作霖一串文、黄辅仁一串文、周翰章一串文、黄五凤堂一串。唐弼臣六百、黄有章六百、陈锡庭六百、左粹文六百。周泰明五百、黄望衡五百、周泰兴五百、周成业五百、周五美堂五百、周笃生五百、凌华山五百、施合益五百、王星垣五百、刘永茂五百、熊延生五百、刘新甫五百。

大慶祀叁拾串 石仙祀肆串 全福祀肆串 新慶祀叁串 祝融祀弍串 善慶祀壹[illegible]
成慶祀陸串文 喜慶祀肆串 永慶祀肆串 全慶祀弍串 祥慶祀弍串 大德祀壹串
福壽祀伍串文 嵩慶祀肆串 福慶祀叁串 燈彩祀叁串 長慶祀[illegible] 益壽祀壹串
同慶祀伍串文 積慶祀肆串 福壽祀叁串 樂慶祀壹串
黃致忠 自捐並募化共錢肆拾肆串五百文
黃三畧堂壹串 陳海雲壹串 黃賀文陸百 陶萬山五百 周萬象五百 劉星照伍百
劉山泰裔壹串 張永吉壹串 黃克明五百 凌竹生五百 施騰芳五百 黃榮耀五百
黃達德堂壹串 凌子臣壹串 胡有財五百 黃文彩五百 賀建章五百 黃執禮五百
周大慶堂壹串 周吉祥壹串 徐美堂五百 周忠和五百 劉作成五百 凌萬明五百
凌有德裔壹串 陳達才壹串 凌德貞五百 周萬泰五百 陳榮泉五百 周復泰五百
劉春華堂壹串 黃萬里壹串 施合義五百 周萬佳五百 劉恒壽五百 劉昌洪五百
黃仁文堂壹串 盧逢春壹串 黃茂亭五百 卜正華五百 劉孝之五百 黃金聲五百
黃漢公裔壹串 黃致忠壹串 周洪遠裔五百 黃雲祥五百 周樂雲五百 黃發明五[illegible]

碑一

陶作霖壹串文 唐弼臣陸百 周泰明五百 周成業五百 凌華山五百 劉永茂五[illegible]
黃輔仁壹串文 黃有章陸百 黃望衡五百 周五美堂五百 施合益五百 熊延仕五百
周翰章壹串文 陳錫庭陸百 周泰興五百 周篤生五百 王星垣五百 劉新甫五百
黃五鳳堂壹串 左梓文陸百
周芝麟 帥廼亭 凌作堂 賓璐生 自捐並募化共錢肆拾捌串伍百文
周芝麟弍串文 凌善長壹串 帥兩美堂 七星堂 各五百文 凌壽山五百 周世衿裔五百 楊蔚選五百
帥廼亭弍串文 賓崇高壹串 黃用亨五百 周錦成五百 帥順廷五百 賓奉璋五百
凌作堂弍串文 凌熙和壹串 凌敬孚五百 凌得仁五百 凌玉生五百 鄒青雲五百
劉得眾弍串文 賓璐生壹串 凌照書五百 賓國興五百 余耀亭五百 周松露堂五百
周瑞麟壹串文 凌石農壹串 凌松芝五百 胡國松五百 凌沛然五百 帥秉端裔
張漢卿壹串文 賀[illegible]堂弍串 凌耀彩五百 帥[illegible]明五百 賀壽光五百 帥仁善堂五百
凌鄭翊壹串文 袁桂山壹串 賓永飛五百 凌聲永五百 賓萬美五百 唐廾庭五百
帥洪申裔壹串 帥天成 春荻 共壹串 凌慶安五百 凌枚颿五百 湯焰南五百 帥惟洲裔五[illegible]

碑二

纠首周芝麟、帅乃亭、凌作堂、宾璐生，自捐并募化共钱四十八串五百文。

周芝麟二串文、帅乃亭二串文、凌作堂二串文、刘得众二串文、周瑞麟一串文、张汉卿一串文、凌郑翊一串文、帅洪申裔一串。凌善长一串、宾崇高一串、凌熙和一串、宾璐生一串、凌石农一串、贺朝光，耕堂共二串、袁桂山一串。帅春秋，天成共一串。帅两美，七星堂各五百文、黄用享五百、凌敬孚五百、凌照书五百、凌松芝五百、凌耀彩五百、宾永飞五百、凌履安五百。凌寿山五百、周锦成五百、凌得仁五百、宾国兴五百、宾国松五百、帅德明五百、凌声永五百、凌恢凤五百。周世柃裔五百、帅顺廷五百、凌玉生五百、余耀亭五百、凌沛然五百、贺寿光五百、宾万美五百、汤炤南五百。杨万选五百、宾奉璋五百、郝青云五百、周松露堂五百、帅秉端裔五百、帅仁善堂五百、唐升庭五百、帅惟洲裔五百。

【碑三】

凌万和一串文、帅楚堂一串文、杨友三一串文、宾月卿五百、凌汉皋五百、黄山週五百、郝曙亭五百、杨望青五百、凌韶美五百、张仁和五百、汤谏臣五百、凌读经堂五百、唐能神五百、凌训堂五百、帅重典，星阶各五百、宾正照公五百、帅象春裔五百、凌桂山五百。

纠首刘寿堂，自捐并募化共钱四十串文。

刘文蔚堂十串、汤辉山裔六串、杨楚善堂六串、周大福二串、凌松亭四串、唐崇阶二串、周三玉堂三串、刘樾生二串、易积厚堂一串、杨万和二串、唐自兴一串、王名芳一串。

纠首帅有典，自捐并募化共钱二十串文。

何荫兰堂十串、王金友堂四串、杨景星堂一串、汤三余堂五百、帅有典一串、宋可成五百、宾愈林堂五百、何德风五百、言芷生五百、彭运昌五百、何善修五百、陈春亭五百。

纠首黄玉祥，自捐并募化共钱一十二串文。

黄玉祥二串文、黄永泰裔五百、杨白莹堂五百、黄彩风一串、黄汉秋一串、黄福盛五百、黄洪发一串、周从善一串、黄文璋五百、黄松林一串、周崇典五百、周子松五百、周和林五百、何在廷五百、钟四福五百、黄茂林五百。

【碑四】

纠首汤国益自捐并募化共钱十二串一百文。

汤国益一串文；易永隆一串文；陈云峰一串文；易子云一串；凌凤麒二串；汤在上一串；黄献交六百；黄松林五百；张春亭五百；易贵庭五百；项芳来五百；唐瑞华五百；周致尊五百；凌云明五百；周运隆五百；倪仁才五百。

纠首宾亮臣自捐并募化共钱十一串文。

宾亮臣五串文；余新安一串文；宾鸿圃五百；宾玉笙五百；宾瑞森五百；余九

碑三

碑四

连二串；宾润生五百；宾桂栎五百；凌耀南五百。

纠首周象山自捐并募化共钱十一串一百文。

汤克顺一串文；汤广南一串文；凌元胜一串文；周芝礼六百；周春阳斋五百；周象山一串；周英华五百；易连甲五百；易菊斋五百；凌正文五百；汤净斋五百；周福田五百；胡忠德五百；汤经堂五百；周性本五百；刘文瑞五百；汤甫生五百；刘仁寿、厚共五百。

纠首刘梓嘉自捐并募化共钱十一串二百文。

刘东美祀一串；施文泰一串；刘梓嘉一串；刘春华六百；易择週六百；凌中和五百。

【碑五】

刘辅轩祀一串；宾云峰五百文；凌择善五百；易有根五百；周国辰五百；周宗阳五百；凌南山五百；贺金泰五百；刘茂林五百；刘勇泉五百；刘玉光五百；凌紫华五百；

纠首余明德自捐并募化共钱五十六串八百文。

陈义训堂二串文；刘忠安堂二串文；张兰桂堂一串五百；周承达一串文；刘于成一串五百；刘建业一串文；汤在廷一串文；卜功成一串文；董性全堂一串文；金耀亭一串文。夏大孚一串；刘昌椿一串；陈常荣一串；张甫臣一串；吴吉祥一串；张鸣盛一串；张晓村一串；言復初一串五百；何光明一串；□制成一串。余明德一串；王福生堂八百；陈绍前六百；唐安官六百；凌至游六百；陈云泉六百；袁克成六百；黄登榜六百；沈德发六百；凌东垣六百。万云程五百；尹復兴五百；张继祥五百；陈丰聚五百；易辑瑞五百；张正太堂六百；周德高五百；刘天启五百；苏上元五百；周成正五百。郭云生五百；唐春亭五百；郭丹庭五百；宋春和五百；张上台五百；张世恩五百；赵善庄五百；张祖贻五百；吴义盛五百；何德福五百。黄春华五百；刘达成五百；刘光翰五百；潘成琨五百；项星垣五百；周万和五百；黄达耀五百；袁星吾五百；汤作钊五百；涂席贵五百。

【碑六】

黄汉云二串文；黄大钦、山岐共一串；黄文林一串；无名氏二串；黄寿松一串；黄致祥、高照共一串；黄祥和五百；天復泰五百；张万高五百；黄松林五百；唐有馀五百；黄甫杜五百。

纠首周茂华自捐并募化共钱一十二串七百文。

周徽烈祀一串；黄三贵堂一串；郭三祝堂五百；唐必贵五百文；黄翠楼一串；朱市吴中和一串；王恒泰一串；杨信廷八百；杨云垣八百；沈云衢六百；罗沛生五百；周心言五百；董心田五百；晏碧泉五百；杨有堂五百；杨东阁五百；人和斋五百；张汉庭五百；陈永隆五百。

纠首林紫亭自捐并募化共钱二十串文。

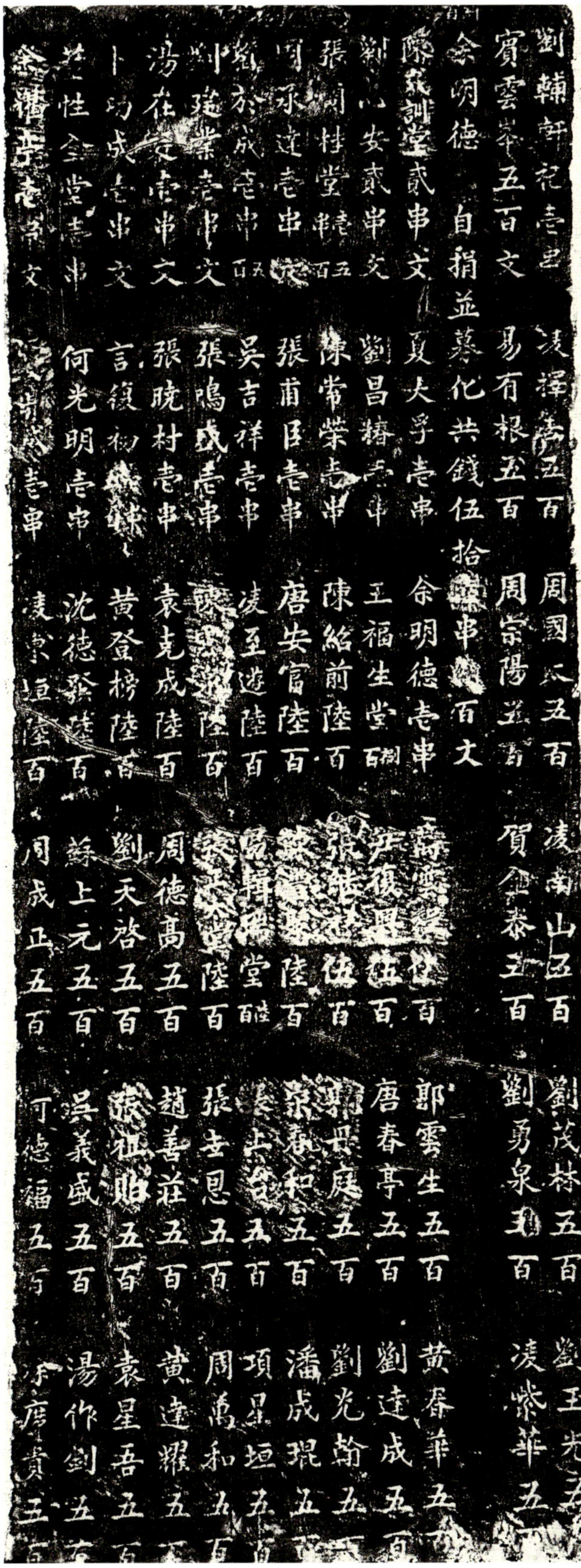

碑五

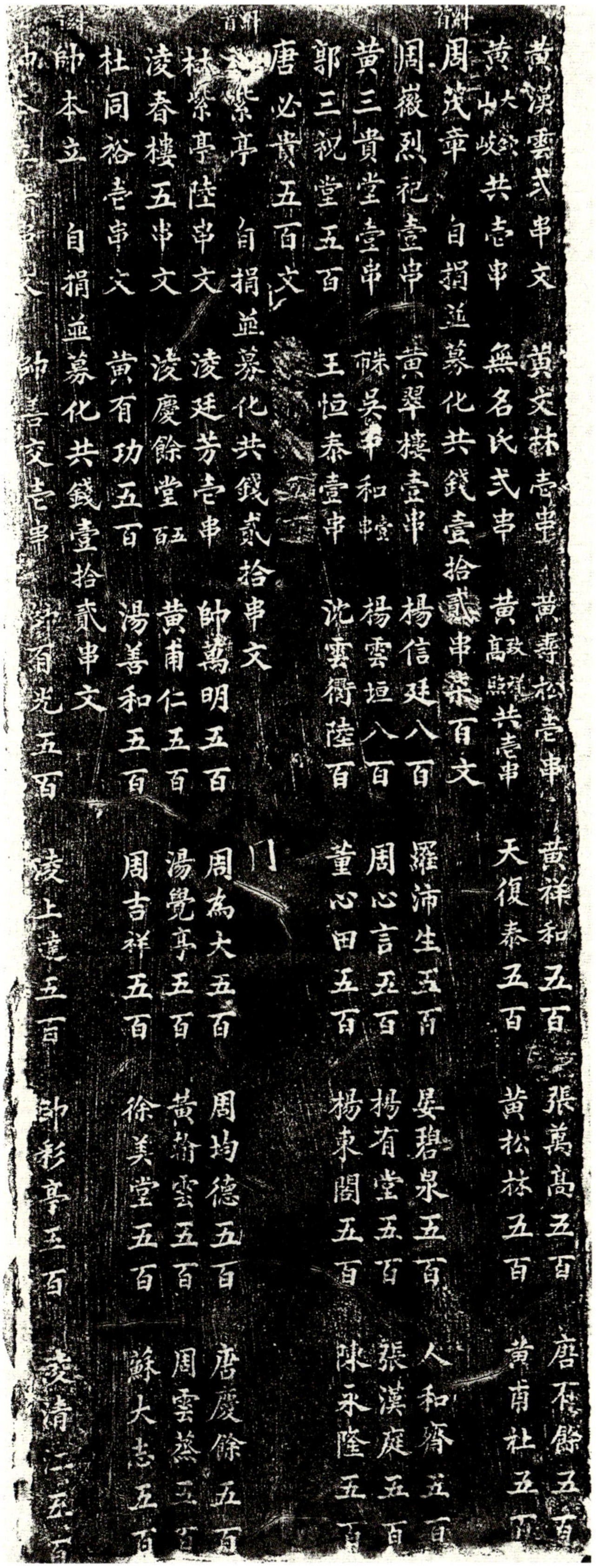

碑六

林紫亭六串文；凌春楼五串文；杜同裕一串文；凌廷芳一串；凌庆馀堂五百；黄有功五百；帅万明五百；黄甫仁五百；汤善和五百；周为大五百；汤觉亭五百；周吉祥五百；周均德五百；黄翰云五百；徐美堂五百；唐庆馀五百；周云蒸五百；苏大志五百。

纠首帅本立自捐并募化共钱一十二串文。

帅本立七串文；帅善交一串；帅有光五百；凌上逵五百；帅彩亭五百；凌清江五百。

【碑七】

帅德高裔五百；宾玉堂五百；言庆馀五百；汤兰增五百。

纠首刘翊云、刘莲生、刘詠生自捐并募化共钱三十六串二百文。

黄四福堂二串；汤义方一串五百；倪三元一串五百；黄金玉堂一串五百；凌在南裔一串；梁永怡堂一串；刘攀桂堂一串；汤廷范一串；唐成名、合三共一串；刘翊云一串；倪振海一串；陈晓山一串；倪其忠一串；倪以德一串；唐时明一串；唐中立一串；刘莲生一串；汤云峰一串；刘援生一串；刘鹤生一串；刘詠生一串；唐为质一串；唐尧春一串；唐礼週六百；刘云鹤堂六百；倪明高六百；欧阳画荻堂六百；帅万泉六百；凌德芝六百；帅拔元六百；刘有馀六百；倪春和六百；刘治安六百；倪长林六百；倪之林六百；刘楚云五百；刘立邦五百；刘贵卿五百；刘万胜五百；贺尊三五百；杨柳溪五百；熊玉楼五百。

纠首欧阳盈庭、周有常自捐并募化共钱二十二串八百文。

凌万财裔一串；凌万川裔一串；刘万宗裔一串五百；周俊德堂一串；周丽堂一串；周心四一串；欧阳盈庭一串；周有常一串；龚泰垣一串；凌果毅六百；欧阳省吾六百；凌福庆堂六百；周祺祥五百；陈德谦五百；罗镜朝五百；文三茵五百；凌显名五百；杨其义五百。

【碑八】

周世典裔一串；唐三贵堂一串；唐遐昌公一串；唐澍林一串；凌云美五百；凌楚中五百；汤顺德五百；刘正芳、为善共一串；凌弼臣五百；唐朗轩五百；周佐臣五百；福顺厂五百。

纠首周振辉自捐并募化共钱二十八串六百文。

宝善作新堂八串；唐佐朝二串文；恒益厂二串文；合盛棚一串五百；周振辉二串；黄西照一串；凌北海一串；言佑林一串；文俊杰一串；易如心堂一串；周茂青八百；泰盛棚二串；卜道生六百；周月伦六百；帅名显五百；周有三裔六百；徐子馀五百；周于德五百；言有章五百；帅久照五百；唐钰鑪五百；凌桂文五百。

纠首凌鸥生自捐并募化共钱一十四串七百文。

凌清远堂二串；朱市吴中和二串；唐桂宇裔一串；凌义兴堂一串；凌春瑞一串；凌心田一串；凌凤岐六百；凌朝钦六百；

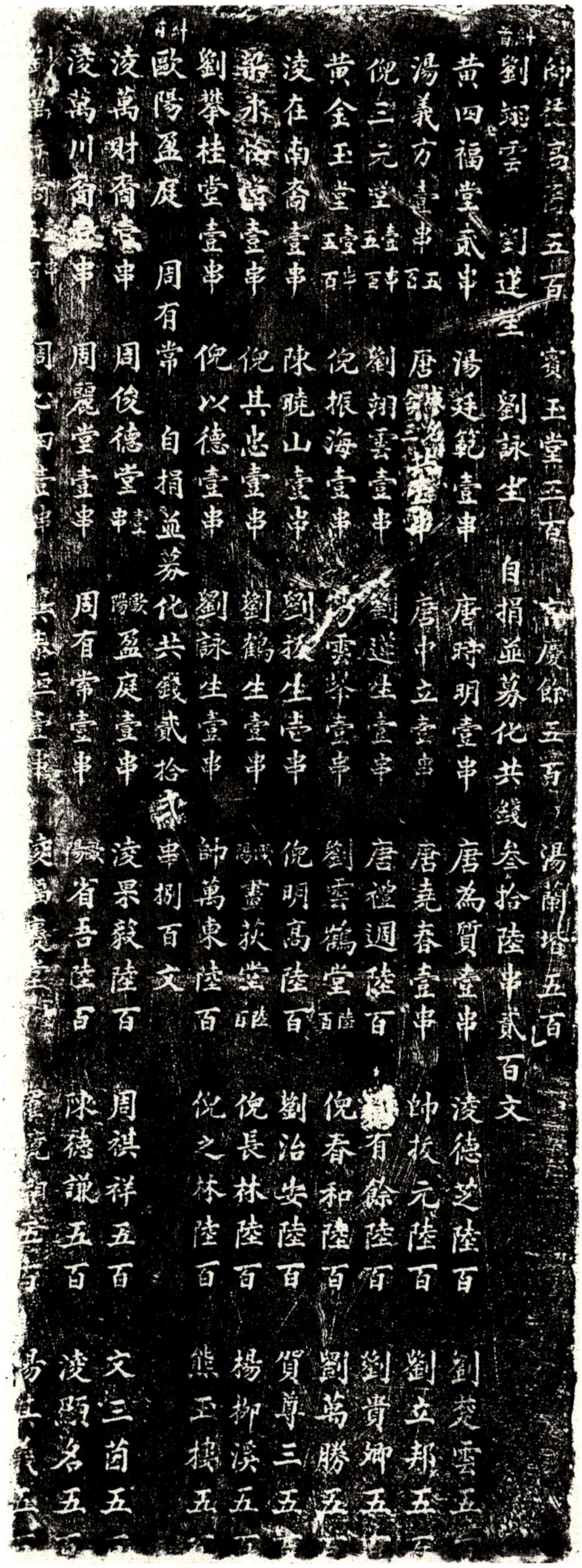

碑七

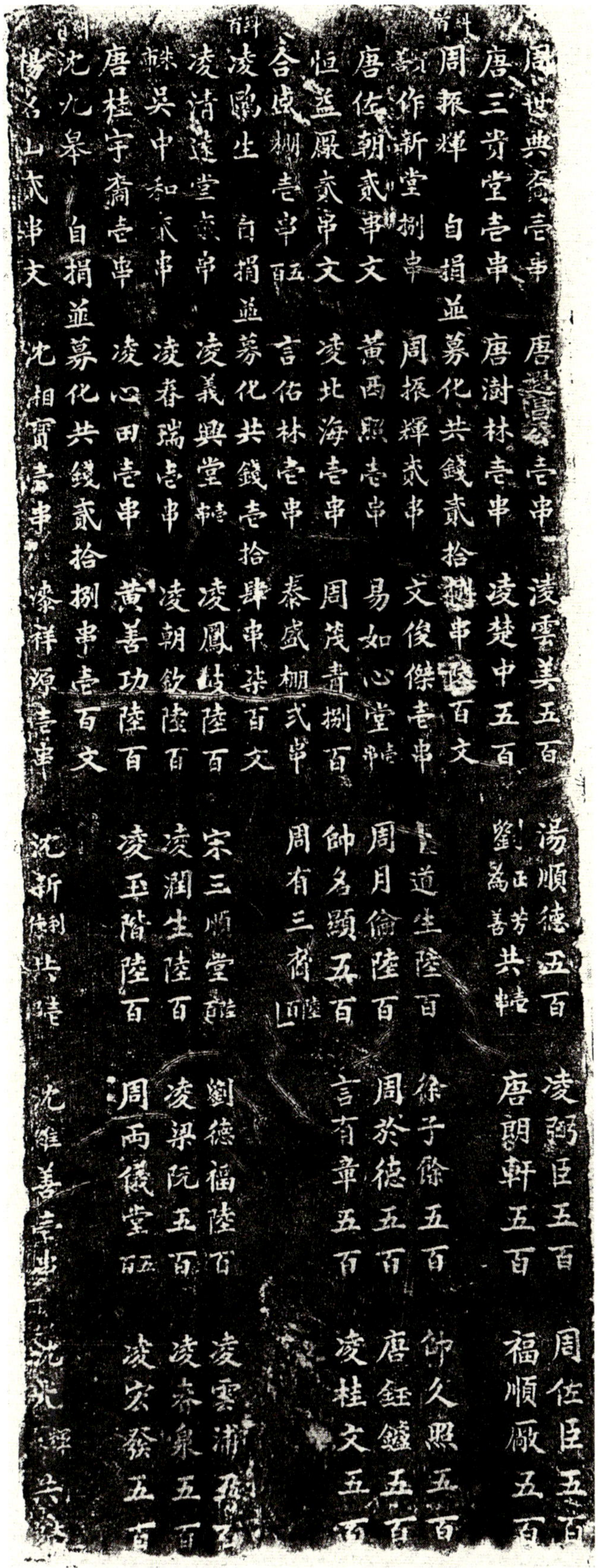

碑八

黄善功六百；宋三顺堂六百；凌润生六百；凌玉阶六百；刘德福六百；凌梁阮五百；周两仪堂五百；凌云浦五百；凌春泉五百；凌宏发五百。

纠首沈九皋自捐并募化共钱二十八串一百文。

杨名山二串文；沈湘宝一串；漆祥源一串；沈新利、德共一串；沈维善一串；沈光辉、泰共一串。

【碑九】

沈雨美堂一串；沈三宗公一串；沈尔昌公一串；沈白鸾公一串；沈龄寿堂一串。杨梓乡一串；贺配珍一串；沈九皋一串；沈立元一串；沈隆佑一串。沈三秀一串；沈月甫六百；沈逢年、廷海共一串；沈新常五百；沈玉林五百。沈桂忠五百；沈以明五百；沈春亮五百；沈上达五百；沈华廷五百。沈九龄五百；沈瑶阶五百；沈徽典五百；叶彩传五百；贺山辉五百。沈隆春五百；沈光告五百；沈望楚五百；张尊贤五百；尹鸣岐五百。

纠首徐希周自捐并募化共钱一十六串五百文。

徐希周六串文；唐五桂堂一串；李荣茂二串；黄寿松二串；唐华舟一串；周伯仲一串；李谷生一串；徐泰阶一串；龚燮臣一串；凌岳生五百。

纠首余德高自捐并募化共钱一十二串六百文。

宋七星堂二串八百；刘五美堂二串五百；施桂林一串；张清益堂一串；肖玉成一串；黄五凤堂一串；施上得一串；刘在上六百；李得财八百；郑振兴六百；周万太五百。

纠首姜梅林自捐并募化共钱一十五串六文。

正臣运堂二串；姜梅林一串；汤印潭五百；言月棠五百；凌若廷五百；赵泰福五百。

【碑十】

凌敬交一串文；张玉海一串文；晏先桥一串文；帅春田一串；刘洪太一串；杨官有五百；黄春福五百；姜桂华五百；黄心田五百；余传和五百；周云汉五百；唐仁和五百；周彩亮五百；宋钦亭五百；刘寿椿五百。

纠首易万成自捐并募化共钱三十二串七百文。

高介生一串文；易万成一串文；贺同盛一串文；贺成家一串文；凌元吉一串文；黄书惠一串文；贺庆祥一串文；易天赐、堂高共一串文；帅明德一串文；熊五荣堂一串；唐临深一串；唐永福六百；熊自慎六百；杨五桂堂六百；黄正明六百；凌裕堂六百；贺广成堂六百；唐玉田五百；周高年五百；刘立邦加五百；易桂有五百；张达员五百；周春田五百；周道隆五百；言云秀五百；杜立成五百；陈子谦五百；凌德生五百；黄南洲五百；熊致和五百；唐见青五百；李华山五百；易六合堂五百；凌德成五百；凌春瑞加五百；倪履泰五百；唐萃林五百；周吉祥加五百；汤觉亭加

碑九

碑十

五百；陈三顺堂五百；宾桂山五百；唐福章五百；何树东五百；凌其华五百；帅春发五百；王丙章五百；熊丹桂五百；易久成五百；刘克生五百；凌和美五百；周云登五百；唐有文五百；黄有章五百；孙春华五百。

【碑十一】

纠首刘虎臣刘万生，自捐并募化共钱三十四千四百文。

刘四海二串文、刘三顺堂一串、刘寿成裔一串、宾和亲堂一串、周五顺堂一串、盛美轩一串文、邹迪吉堂一串、唐德三一串、刘虎臣一串、刘长龄一串、凌辅週一串、凌惠周一串、黄镜秋一串、谭清云一串、章舒农一串、郭晓江一串、文太和一串、周以敬一串、凌清辉一串、凌玉溪一串、镇市同升号一串、文为有一串、郭诒孙一串、何阳升一串、刘楚沄一串、周崇阳六百、王纫香堂六百、凌翰斋六百、郭鲁斋六百、凌福亭五百、刘福田五百、刘有德五百、周禄荫堂五百、贺东海五百、郭守理五百、张万兴五百、黄福廷五百、陈南山五百、刘太名五百、周万山五百、凌玉田五百。

纠首凌玉书，自捐并募化共钱十五串文。

凌保太堂十串、苏大本堂一串、苏华远裔一串、凌中颜一串、凌晓波五百、杨伟臣五百、杨兰生五百、唐济美五百。

纠首黄寅阶，自捐并募化共钱二十五串文。

黄寅阶八串文、徐周氏二串、周福田，云喜共一串、凌森廷，国轩共一串、言明哲，佑林共一串、合茂隆，益窑共一串。

【碑十二】

潘汉广一串文；沈山后裔一串；凌恢政一串文；刘国隆一串；唐明席一串；张玉山一串；汤廷魁六百；宾中和六百；宾梅森六百；张照祯五百；张晓山五百；龙尹刁五百；易先照五百；李自福堂五百。

纠首谭吉生自捐并募化共钱十一串六百文。

汤馀常一串文；汤丙甲一串文；谢三祝堂一串；谭吉生一串；周润生六百；汤篠楼堂一串；余青云五百；汤在论五百；汤五益堂五百；盛仪亭五百；汤高望五百；谢贵明五百；李怡福堂五百；陈裕美五百；陈逢盛五百；凌有臣五百；宋首年五百；周禄高五百。

以上共捐钱六百九十九串七百文。

丁亥年[1]付改造装修，前后两进正殿正房及新起东边公私厨房、客房、杂屋，并开地盘砌围墙。共用钱三百八十串零四百五十文；付岁修经理杜紫堂等，两年整修加瓦，并上年开缘簿，并交事算账，酒席钱二十三串五百文；付会缘□□□火食共钱一十九串文；付缘簿收条并贴套钱二串文；戊子年新修客堂用钱一百五十七串九百五十文；付碑石钱一十五串六百文；付会缘并议事酒席钱六串七百文；付匾并封联钱二串六百四十文；付买办工三人心赀钱六千文；己丑年

首事劉虎臣 劉萬生 自捐並募化共錢叁拾肆千肆百文
劉四海貳串文 唐德三壹串 華舒農壹串 文爲有壹串 郭魯齋六百 張萬興五百
劉三順堂壹串 劉虎臣壹串 郭曉江壹串 郭詒孫壹串 凌福亭五百 黃福廷五百
劉壽成裔壹串 劉長齡壹串 文太和壹串 何陽生壹串 劉福田五百 陳南山五百
賓和親堂壹串 凌輔週壹串 周以敬壹串 劉楚澐壹串 劉有德五百 劉太名五百
周五順堂壹串 凌惠周壹串 凌清輝壹串 周崇陽六百 周祿蔭堂五百 周萬山五百
盛美軒壹串文 黃鏡秋壹串 凌玉溪壹串 王絢香堂六百 賀東海五百 凌玉田五百
鄒迪吉堂壹串 譚清雲壹串 鎮市同升號壹串 凌翰齋六百 郭守理五百
首事凌玉書 自捐並募化共錢拾伍串文
凌保太堂拾串 蘇華遠裔壹串 凌競波五百 楊偉臣五百 楊蘭生五百 唐濟美五百
蘇大本堂壹串 凌正顏壹串
首事黃寅階 自捐並募化共錢貳拾五串文
黃寅階捌串文 徐周氏貳串 周福田 雲華 共壹串 凌森廷 國軒 共壹串 言明哲 佑林 共壹串 合盛 鄧 共壹串

碑十一

沈[illegible]壹串文 劉國隆壹串 湯廷芳陸百 張[illegible]五百 龍升春五百 易先[illegible]五百
沈山後壹串 唐明席壹串 賓中和陸百 張曉山五百 楊貞祿五百 李自福[illegible]
沈恢政壹串文 張玉山壹串 賓梅森陸百 劉漱珊五百
譚吉生自捐並募化共錢拾壹串[illegible]百文
湯篠常壹串文 譚吉生壹串 [illegible]清雲五百 盛儀亭五百 李怡福堂五百 凌有臣五[illegible]
湯丙甲壹串文 周潤生陸百 湯在淵五百 湯高望五百 陳裕美五百 宋首芳五[illegible]
譙三説堂壹串 湯篠溪[illegible] 湯五益堂五百 譙貴明五百 陳逢盛堂五百 周祿高五[illegible]
以上共捐錢陸百玖拾玖串柒百文
丁亥年付錢造廣佛前後兩進正殿正房及新起東邊公私廚房客房雜屋並周地盤砌圍墻共用錢叁百捌拾串零四百五十文付嵗修經理[illegible]
丙年整修加丸進上下間緣簿並文事算賬酒席錢貳拾叁串五百文付[illegible]火食共錢[illegible]拾玖串文付緣簿收條並帖套錢弍串六[illegible]戊子年
[illegible]修客堂用錢壹百五拾七串九百五十文付碑石錢壹拾五串陸百文付會緣並議事酒席錢陸串七百文付匾並對聯錢貳串六百四十文付買[illegible]
上三人心貲錢陸千文 己丑年付刻字錢壹拾壹千文付雨次桐油並工錢玖千陸百文付會緣並寫碑算賬數次共用錢拾千零五百陸拾[illegible]
付三年催收捐項点工錢五千文付借用利錢壹拾捌千文付易萬嵗包起進香亭錢叁拾壹千七[illegible]文大共用錢陸百玖拾玖千七百文如數肖訖
光緒十五年嵗次己丑仲夏月 穀旦 董事公[illegible]

碑十二

付刻字钱一十一千文；付两次桐油并工钱九千六百文；付会缘并写碑算账数次共用钱十千零五百六十；付三年催收捐项点工钱五千文；付借用利钱一十八千文；付易万成包起进香亭钱三十一千七百文；大共用钱六百九十九千七百文，如数两讫[2]。

光绪十五年[3]岁次己丑仲夏月谷旦

董事　公立

注释

[1] 丁亥为光绪十三年，即1887年。

[2] 该组碑涉及22个祀会、26名纠首，合计捐款699.7串文。

[3] 光绪十五年为公元1889年。

仙庾岭积庆会碑

该碑大理石质，通长101厘米，宽37厘米，碑文楷体阴刻。现置于株洲仙庾岭古庙。2014年拓片。

碑　文

积庆会碑

盖闻圣母[1]之栖于舆岭也，与山川并秀，与日月并悠，而且恩周赤子，泽遍苍生。是以仰救度者，叩之即应；祈霖澍者，祷之则灵。爰集同人，会名积庆。兹蒙护荫，已置祀业。所有租谷余资，公择殷实老成，轮流领放生息，毋许闻贪恋。探以为瑞诞之期，聊效樽开北海，共祝寿比南山矣。所集芳名，均列于后。

卜元吉、周有高、言西田、凌受祥、宾长清、杨万章、凌南山、周服其、周之美、周焕珍、周顺章、周中和、宾之美、周桂林、贺向云、宾成章。

大清光绪十年[2]甲申冬月立

注　释

[1] 圣母，即仙庾岭信奉的仙女娘娘，传说为沈珍珠。唐代宗封其为睿真皇后。其子李适即唐德宗。

[2] 光绪十年为公元1884年。

積慶會碑

盖聞 聖母之棲於衡嶽也與山川並秀與日月並悠而且恩周赤子澤徧蒼生是以仰
救度者叩之即應祈霖澍者禱之則豐爰集同人會名積慶茲蒙護蔭已置祀業所有租
穀餘貲公控殷實老成輪流領放生息毋許閒貪恋探以爲瑞誕之期聊設樽開北海共
祝壽比南山矣所集芳名均列於後

卜元吉 周之美
周有高 周煥珍
言西田 周順有
凌受祥 周中和
賓長清 賓之美
楊萬章 周桂林
凌南山 賀向雲
周服其 賓成章

大清光緒十年甲申冬月立

仙庾岭岁修堂界碑

该碑大理石质，字面高103厘米，宽36厘米，碑文楷体阴刻。现嵌株洲仙庾岭古庙墙体。2014年拓片，因碑底横排字被墙遮盖，无法拓片，用□替代。该碑为旧时古庙范围提供了依据。

碑　文

计开庙山抵界

仙庾岭文阁，山界照前仙女老庙旧界。今仙女庙山界，前抵坡下横路外山脚，后抵顶仑旧界，左边□以崎仑分水，右边上节抵周人古壕，下节由坡心泉井旋右，照水坑斜出田塝，由田塝边直至岭下，□垇横路外止。查阅各契，概属明晰。兹特节录，以便庙祝照管。其庙基地系周公永年微赀买捐；庙前□系道光廿五年刘公声扬捐。契载庙前坡山左齐崎仑，直至木鱼岭山一侧。右齐庙侧崎仑，直至股腊□至塘上，横路为界坡内两岸。听其蓄，禁施为。同治年间，伊孙不知乃祖捐归入庙，又随田出售周兴顺管。光绪三年，周亦书捐契。惟左岸祇载，下以挖坑为界，凭众议定，作两姓公捐，永无反悔。庙后山□陈姓作四股管。光绪二年，陈惟美兄弟叔侄捐二股，陈自和捐一股卖一股，均立契。据载：上齐顶仑山界，下抵周永裔捐山。转至田边，左以崎仑分水，右边抵周人古壕。由坡心旋右斜出田塝，又接连庙□外边山一侧，系周公永年裔捐。契载：上齐崎仑，下抵仙女坑。田塝左至岭下软垇大檨树下大路，外□黄人山界。以上片连无间，竹木杂树成林，概归岁修堂董事及老董事周永裔暨众姓。公同严禁侵□。契据：公择殷实老成收掌注明，岁修堂簿内毋得遗失。事已告成，章程永定，爰寿诸石，以垂不朽。

甲申年[1]冬月岁修堂董事刘邦山、帅乃亭、周大福、黄晓亭、凌心田、刘寿珊等会同老董事后裔周彩玉等及各董事公立

注　释

[1] 甲申年为光绪十年即1884年。

訂開廟山抵界

仙庾嶺交閣山界照前仙女老廟舊界今仙女廟山界前抵坡下横路外山脚後抵頂崙舊界左邊

以嵜崙分水右邊上節抵周人古壕下節由坡心泉井旋右照水坑斜出田塍由田塍邊直至嶺下

廟横路外止查閱各契概屬明晰茲特節錄以便廟祝照管其廟基地係周公永年微貲買捐廟前

係道光廿五年劉公聲揚捐契載廟前坡山左齊嵜崙直至木魚嶺山一側右齊廟側嵜崙直至股

[illegible]至塘上横路為界坡內兩岸聽其蓄禁施為同治年間伊孫不知乃祖捐歸入廟又隨田出售周

[illegible]管光緒三年周亦耆捐契惟左岸祇載下以挖坑為界憑眾議定作兩姓公捐永無反悔廟后山

陳姓作四股管光緒二年陳惟美兄弟叔侄捐貳股陳自和捐壹股賣壹股均立契據載上齊頂崙

界下抵周永裔捐山特至田邊左以嵜崙分水右邊抵周人古壕由坡心旋右斜出田塍又接連廟

外邊山一側係周公永年裔捐契載上齊嵜崙下抵仙女坑田塍左至嶺下軟坳大樣樹下大路外

貲人山界以上片連無間竹木雜樹成林概歸歲修堂董事及老董事周永裔暨眾姓公同嚴禁侵

契據公擇殷實老成收掌注明歲修堂簿內毋得遺失事已告成章程永定爰壽諸石以垂不朽

甲申年冬月歲修堂董事劉邦山 周大福 淩心田 郎廷亨 黃曉亭 劉壽珊等會同老董事後裔周彩玉等及各董事公

仙庾岭新庆祀碑

该碑大理石质，通高109厘米，宽40厘米，碑文楷体阴刻。嵌置于仙庾岭古庙碑墙。2014年拓片。

碑　文

新庆祀碑记

仙庾岭县邑治[1]东南八十里，蜿蜒特起矣。兀天际其半有庙，历载仙娘凤著灵异。祈祷两日踵为接应不欢呼显耀美，其故□乡先辈为经久计名，捐赀立会，逢神诞日上山祀事，以达民情。以曜神凝洵于食而息，美之我新庆祀。从而行之于光绪丁亥[2]冬，接运石塘上李子采水□□□计五坵，另佃耕作派会内人，每年转管岁入租息，为庆祀宴席之卖，属则实集，只为馨春祀毕。序少□□几建食德，饮和共邀，神□□其事，既开之于先，尤必慎之于后。凡我同人，尚其一律奉行，以致积久矣。生将□□引月长，俾神庙之明禋，得与名山而并。养食报讵有汇，即若夫扩充其旧制，增益其规模矣。在后起之贤岩，神依人而行，当必然为之同爽也。

计开芳名列后：

凌少美、凌秉正、凌授廷、凌自和、凌建鸿、凌郑翊、凌正文、凌乐堂、贺成章、刘四海、贺廷秀、文裕成、周学顺、周佳东、周宗阳、黄高照、周自昭。

光绪十五年己丑岁[3]仲冬月谷旦　泐石

注　释

[1] 县邑治即晚清善化县（长沙县）衙门处。

[2] 光绪丁亥为1887年。

[3] 己丑岁为1889年。

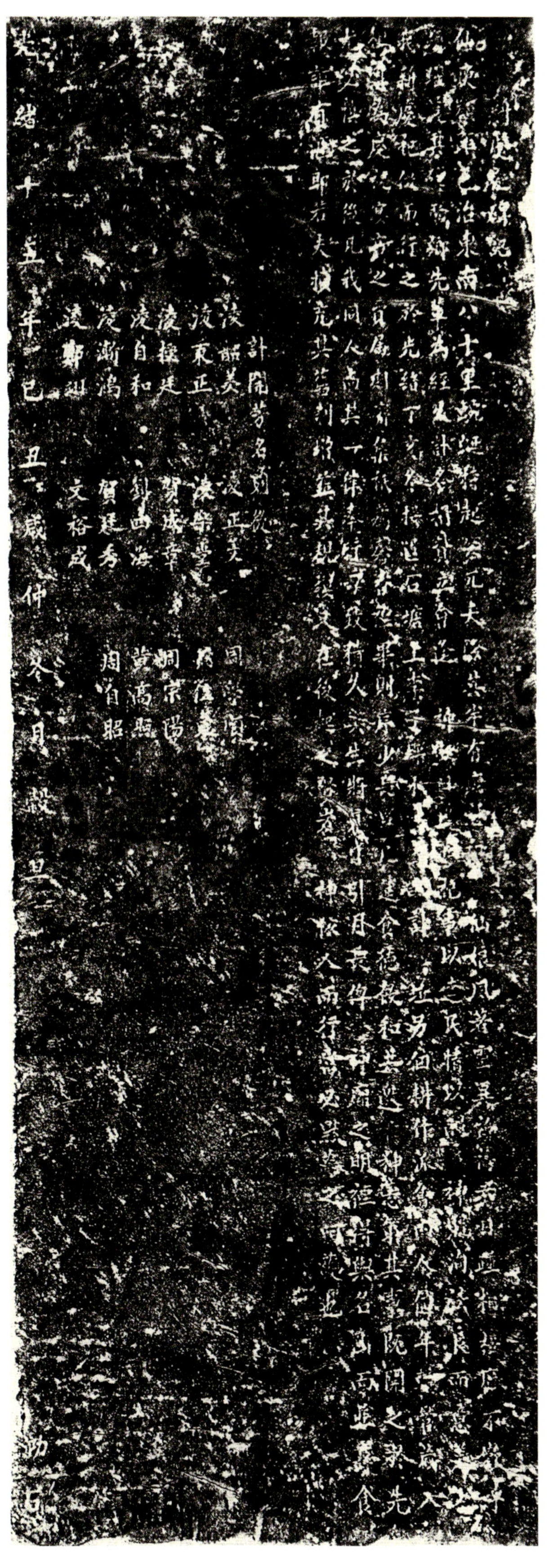

仙庾岭重修神龛碑

该碑为仙庾岭晚清功德组碑之一，应有余碑有待发现。现嵌置在仙庾岭古庙碑墙。大理石质，通高110厘米，宽43厘米，碑文楷体阴刻，2014年拓片。

碑　文

重修神龛碑记

庾巅古庙家，称为省龙少祖山也，背浏面善[1]，耸立云端。其山腰历祀仙娘庙，灵应最著，一龛之香火连云□□□□□光绪乙亥岁[2]，乡人士重修庙宇。规模宏适，增扩前荣。凡达近朝谒者，无不蹩跄瞻仰，道扬渼盛。□见香龛□就朽□不□之。恢□□□鼎新然，何以祀妥声灵？亦何以□斯人之礼？群呼比商同志，各发净赀，鸠工庀材，制成宝座。雕金镂丹漆熏，然莫□□神，择吉安置，功□□特以□□泐贞珉，所有乐捐芳名，例得并书。昭兹来许，则庙貌长昭，盛迹远扬，历久而必换□息，历久而逾荣德起。有人当知，有许必答，神赐者□。

纠首刘德昌自捐并劝捐共钱二十二串文。文□堂捐钱一串文；宋海□捐钱二串文。喜庆祀捐钱三串文；福庆祀捐钱二串文；万庆祀捐钱一串文；新庆祀捐钱一串文；刘礼仁堂捐钱二串文；刘恒全捐钱一串文；刘肖氏捐钱一串文；凌福庆堂捐钱五百文；荣庆祀捐钱五百文；祥庆祀捐钱五百文；周碧山捐钱五百文；唐庭馀捐钱五百文，周国泰捐钱五百文。

纠首凌棣生自捐并劝捐共钱一十五串六百文。

尤庆祀捐钱三串文；永庆祀捐钱二串文；凌鹏九捐钱一串文；凌春瑞捐钱一串五百文；凌厥岐捐钱一串五百文；杜紫亭捐钱一串文；黄宗瀚捐钱一串文；凌济生堂捐钱一串文；凌玉溪捐钱一串文；杜同裕捐钱一串文；黄昔照捐钱五百文；周四凤堂捐钱六百文。

纠首刘万生自捐并劝捐共钱九串六百二十文。

注释

[1] 庙背后为浏阳县，庙前为善化县（长沙县）。仙庾岭 1950 年前后属长沙县，1959 年划归株洲市郊区。

[2] 光绪乙亥为光绪元年即 1875 年，也是神龛重修期间。

新佩公祀产碑

该碑青石质，通高120厘米，宽39厘米，厚5厘米，碑文楷体阴刻，发现于荷塘区明照乡某农户菜园，已断裂成数块。2013年被湖湘文化志愿者协会征集。该碑揭示了民国时期无后人士遗产处置的一种方式。

碑　文

新佩公祀产碑

尝思人生，欲为身后久远之计，曷若作先人□□□□□□□□□□□□□把断弦之惨，久应伯道之悲[1]。今，年近六旬，老已将至。虽择继有人，尚需□□□□□□□□。余兄弟三，两弟皆出嗣伯叔，承先人，后者惟余一人。深恐先人血食终至□□□。是请凭族戚，将昔年已分接买船形嘴上蓝田丘田一丘，计种八分，立为先考新佩公、先妣宾孺人祀产。岁以该业之收入，供二老祭祀之开支。但翼后之人好为护持，持庶该田产可以永久保存。先人祭典千载犹新，是即为久远计。抑余之深幸而窃祷焉！用勒诸石，以垂千古。诞期：新佩公十月二十一日；宾孺人十一月十一日。

凭族戚：郝　先辉、春六、在田、力田、瑞安，郝瑞云、聂载福、宾松奋、郝迪初、郝仁初

中华民国三十年[2]辛巳岁仲秋吉日

郝定见字瑞祥谨刊

注　释

[1] 伯道即邓伯道，晋武帝时人。因义而无子。后来“伯道无儿”作为成语留下，即可怜他人没有子嗣；而“伯道之悲”就是没有子嗣的悲哀。

[2] 公元1941年。

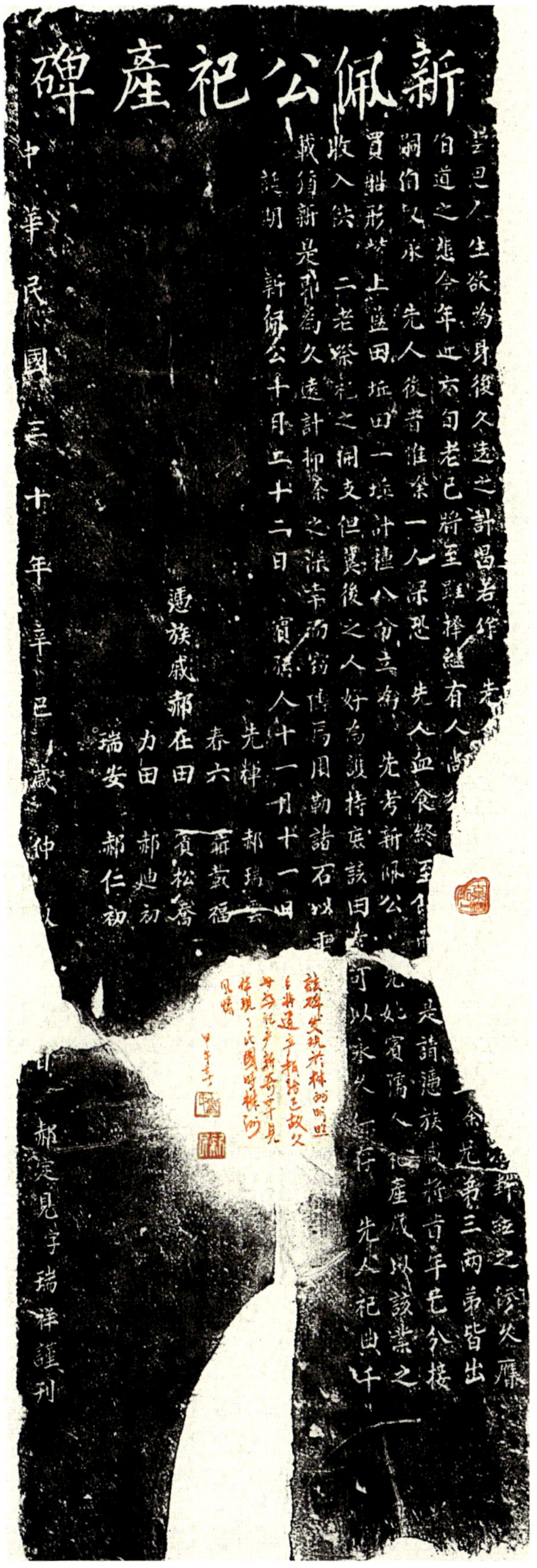
新佩公祀產碑

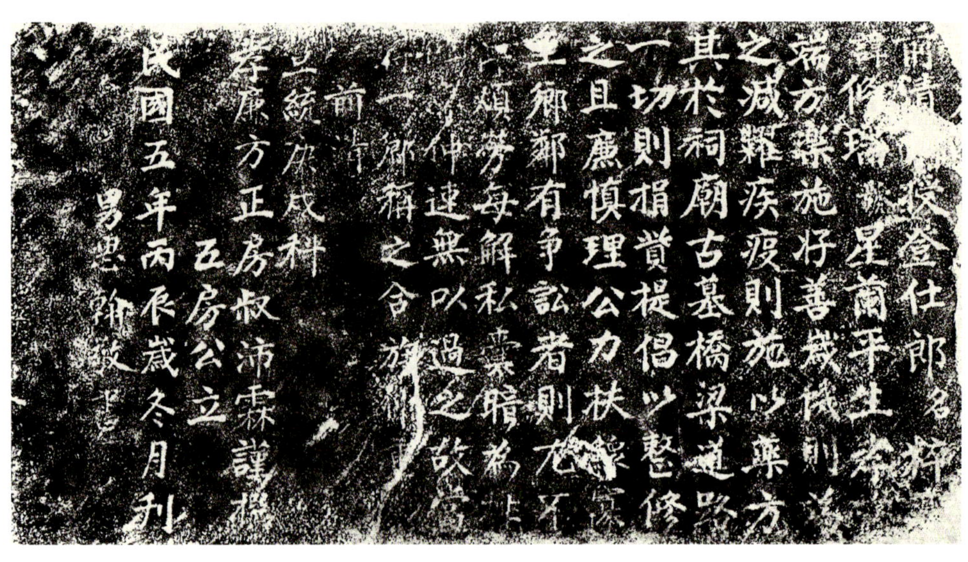

前清[illegible]授登仕郎名梓
詳修瑞[illegible]星蘭平生矜[illegible]
端方樂施好善歲饑則[illegible]
之減羅疾疫則施以藥方
其於祠廟古墓橋梁道路
一切則捐貲提倡少整修
之且應慎理公力扶[illegible]家
里鄉鄰有爭訟者則尤不
[illegible]煩勞每解私囊贍為[illegible]
[illegible]仲連無以過之啟[illegible]
[illegible]一鄉稱之今族[illegible]
前清
宣統庚戌科
孝廉方正房叔沛霖謹撰
五房公立
民國五年丙辰歲冬月刊
男思翰敬書

古碑遗韵

石峰区

庚款铭文梁

株洲田心机厂原为粤汉铁路株洲总机厂。其联合厂房是1936年民国政府利用英国退回的中英庚子赔款建成的，所以钢铁梁架有“中英庚款”铭文。该厂房的工程设计方案由英国提供，由中国营建商建成。钢材均从英国凡尔康结构厂定制，然后漂洋过海，再通过火车运回株洲，就地拼装而成。厂房设计造型体现了英式建筑特点，厂房两端为凸字形山墙，屋顶呈双脊形，高大挺拔，采光通风良好。

庚款为何用在株洲？缘由如下：1900年（清光绪二十六年庚子年）八国联军攻陷北京，强迫清政府于次年9月7日签订了《辛丑条约》，其中规定付给美、英、俄、德、日、奥、法、意、西、荷、比等11国赔偿银4亿5000万两，年息4厘，分39年付清。英国政府1922年12月宣言“以后中国应付逐期庚款预备悉数退回”，但又附加条件规定要“作为两国互有利益之用”。后经多次交涉，中英庚款董事会1931年4月8日在南京成立。主要规定有：全部退回之庚款，设置基金，借充建筑铁路及经营其他生产事业，再以所得利息兴办教育文化事业。这笔基金的大部分在抗战前已陆续借出，主要投资于铁路、公路、电讯等交通运输事业。当时的津浦、胶济、陇海、北宁、平汉、京沪、沪杭甬、京赣、浙赣、粤汉、湘桂铁路、南京的轮渡以及叙昆、滇缅公路的兴建与整理均使用了庚款。尤其是粤汉路投资最大的株洲至韶关新建工程，湘鄂段、广韶段的整理，全部依靠庚款完成。故此，民国时田心机厂之设立，其费用来源中英庚款基金。

白马垄道仙山碑

该碑大理石质，长 89 厘米，宽 30 厘米，厚 8 厘米，原嵌置道仙庙。1958 年拆庙取材建集体猪场，其碑留存于石峰区白马村道仙冲居民程良清住宅。碑文楷体阴刻，共计 273 字，碑题“永垂不朽”于正文两侧各刻二字，2017 年 9 月 14 日拓片。该地原属湘潭县白马垄，因有道仙庙而有道仙冲，光绪年湘潭县志有载。

碑 文

永垂不朽

道仙山[1]者神灵荣著。凡有祈祷，无不应响。神之为灵可谓昭昭矣。凡等乔居境内，其得神之庇荫者尤多。因此纠集同人捐成银十两整，设立长明灯会。一以答神庥，一以昭诚敬也。但沿流日久，司是事者不无侵蚀之虞。因将所捐银项勒石立碑，存袁姓祀田生息，计每年所收利谷可得一石二斗，即交庙祝，以作灯油费用。庶事垂久远，利溥无穷焉。所有乐捐者目谨列于后：

袁祥明公、彩文公、永仕公各捐钱一串文；花萼公捐钱六百文；于然捐钱二串；本杨、太山、声和、桂钜、锦文各捐钱一串文；锡珍、以德、善友、登木、维贵各捐钱五百文；光明、了吾各捐钱六百文。

同治八年己巳岁[2]孟春月　袁逆凡识刊

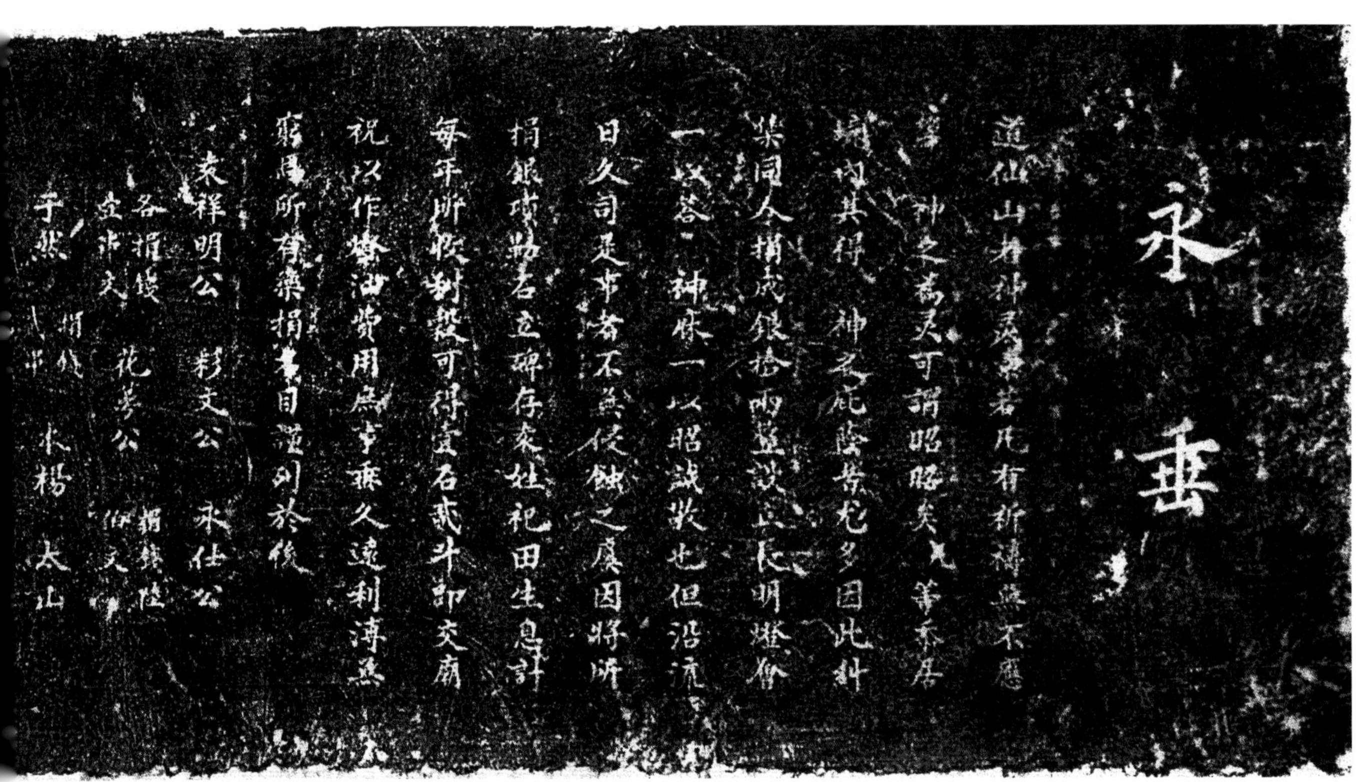

注释

[1] 道仙山现为石峰区清水塘办事处白马村八组。

[2] 己巳岁即公元 1869 年。

皆不忍堂地界碑

该碑麻石质，通长90厘米，其中桩脚段长30厘米，宽15厘米，厚10厘米。碑文“皆不忍堂地界”楷体阴刻。置立于石峰区清水塘老街东端屋后山坡。坡地坐北朝南，原为山地。皆不忍堂是清代湘潭地邑著名的慈善组织。该堂侧重救援孤寡，收埋客死在外无人收埋的尸体，帮助贫苦无钱葬人者进行安葬，还积极参加育婴资助和义仓管理。皆不忍堂创建时，有士绅捐地一百四十余亩、房屋六所、白银一千七百两，从而奠定了堂会基础。清嘉庆年间，皆不忍堂发动社会各界人士捐款350两银子买下湘潭河东宝塔岭占地300亩的山地，充作义坟山，供贫苦百姓和客死者埋葬之用。株洲清水塘老街旧称湘潭县一都四甲，据说临山坡地的半边街是皆不忍堂的，实则该山坡是又一处义坟山。道光二十九年“己酉大荒”之后，皆不忍堂为湘潭县三大慈善组织之一（另外两个为育婴堂、宾兴堂）参与义仓建设，还负责湘潭县南路的义仓管理，其首领称司事。在湘潭县官绅合办的积谷局领导下，皆不忍堂一直保留到民国。清末著名联家，光绪五年湘潭拔优贡生吴熙（1840—1922）曾为皆不忍堂撰联“是可忍也，必其人为木石心肠，秦越肥瘠；登斯堂者，当到处免孤寒失所，漂没无归。”是对皆不忍堂的真实写照。

老屋塘嘉庆碑

该碑大理石质，残碑。原为当地古庙功德组碑的末块，2014 年发现并拓片时，嵌置在龙头铺大坝桥老屋塘隘口为基石。

碑 文

□□□□□□□□□□□□十两五钱七分。□买碑石并及刊字錾屋墈，共银一十九两七钱二分。去装修神像，银五十四两五钱一。去铁货，银一十二两零三分。请乐捐者及□匠□一切酒席共用去银三十八两四钱三分。去零用银三十八两一钱八分。上总共用去银五百一十六两零四分。

潭邑钟文炳　住持僧荣升

嘉庆十六年[1]辛未岁冬月谷旦

注 释

[1] 嘉庆十六年为公元 1811 年。

老屋塘同治年碑

该碑大理石质，长95厘米，宽29厘米。2014年拓片时为云龙区龙头铺大坝桥老屋塘隘口基石。碑文楷体阴刻，共计297字，简载韦驮尊神经历，有利了解当地佛教俗习。

碑文

韦驮[1]尊神，粤自周与辅助尚父[2]以来，本拨乱反正之心，名扬千古。怀护国佑民之念，勇冠三军□□。韦驮成功皈依法教矣。迨至唐代，体证童贞。头顶金盔争日月，手持宝杵镇乾坤。护佛法于灵山三洲，感应礼慈悲于南海。四大钦崇，因谕众生。以回头故临，参赞之法座也。我等均居刹下，多沐帡幪[3]。爰集同人，捐谷生息。修崇祀典，永答鸿庥[4]。行见神灵，万古长瞻。法相于青云，享祀千秋。晋施恩膏于仁里，因将捐资泐石，以垂不朽云尔！

贺金万、易镇楚、贺长春、唐高庭、宋美贤、贺德玉、周美贵、唐耀彩、言德盛、孙登云、唐荣华、言在新、言尊荣、黄永寿以上各捐谷一石[5]，唐全如、贺金洪、刘升华、周永盛各捐谷两斗。

皇清同治九年[6]岁次庚午仲夏月谷旦　敬泐

注释

[1] 韦驮菩萨，又称韦陀天，梵名音译为私建陀提婆，意为阴天，原是印度婆罗门教的天神，后来归化为佛教的护法天神。

[2] 尚父指周朝吕望，即姜子牙。

[3] 帡幪本指古代帐幕之类的物品，这里引申为庇荫，庇护。

[4] 鸿庥，犹鸿荫也。

[5] 石，旧时计量单位，约60公斤。

[6] 同治九年即公元1870年。

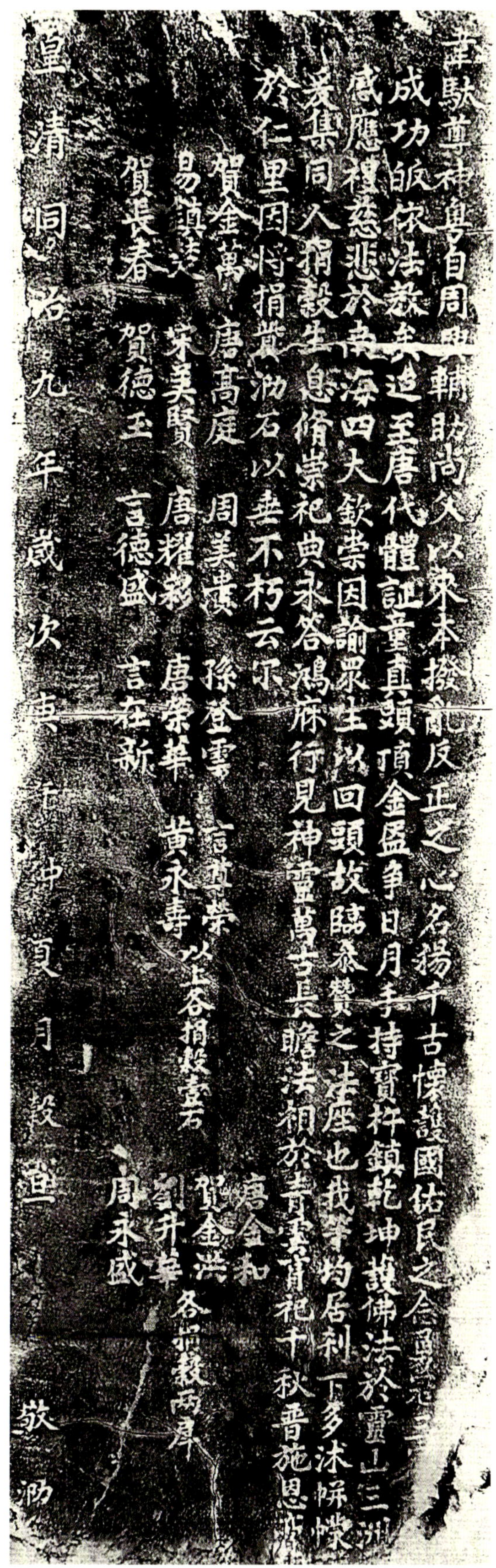

抗日阵亡将士墓碑

该碑麻石质，地面高130厘米，宽51厘米，厚17厘米。位于株洲市云龙示范区龙头铺镇烟墩村，墓地占地面积120平方米，坐东朝西，墓冢碑阳阴刻楷书“抗日阵亡将士公墓，中华民国三十年辛巳八月刻，乙酉冬长潭深仁堂建”，碑背阴刻“墓穴葬官兵骸骨四百八十二具，龙头塘各业主捐地界，自公墓茔心起，上三丈五尺，下抵大路边，左三丈五尺，均以裁尺量，界内毋许进葬。”2013年划为株洲市市级文物保护单位。

据现场走访调查，民国时深仁堂为龙头铺有名药铺，业主为郎中杨干泉（1958年病逝），平时乐施好善。第二次长沙会战期，这里军民死伤惨烈。事后，杨干泉纠首龙头铺各业主捐资捐钱，将龙头铺周边沿驿道善化湘潭两县484具尸骨（含2名当地百姓，被后人认领私葬）收葬于此。墓地旧称善化县九都七甲龙头铺石鸡坡，紧靠南昌至长沙驿道。与此同时，深仁堂还在株洲仙庾镇碟屏村大观塘组洋鸭嘴建有抗日阵亡将士公墓。

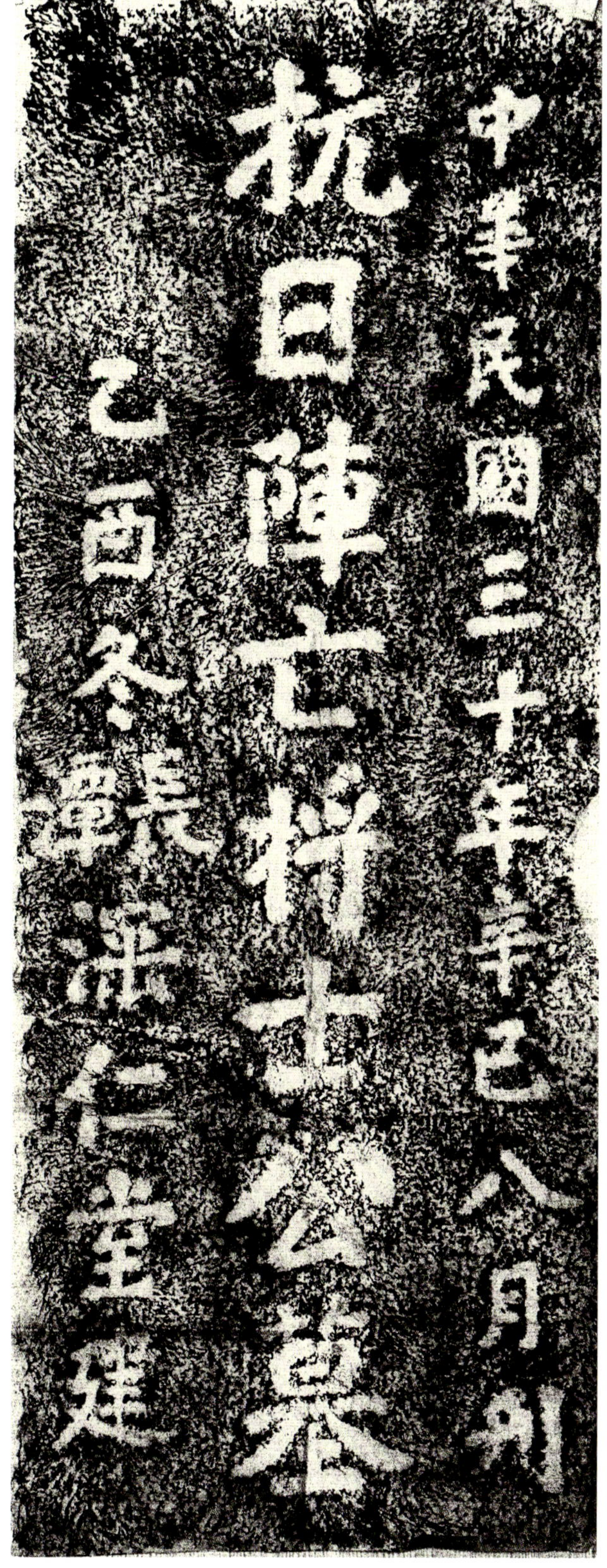
中華民國三十年辛巳八月刋
抗日陣亡將士公墓

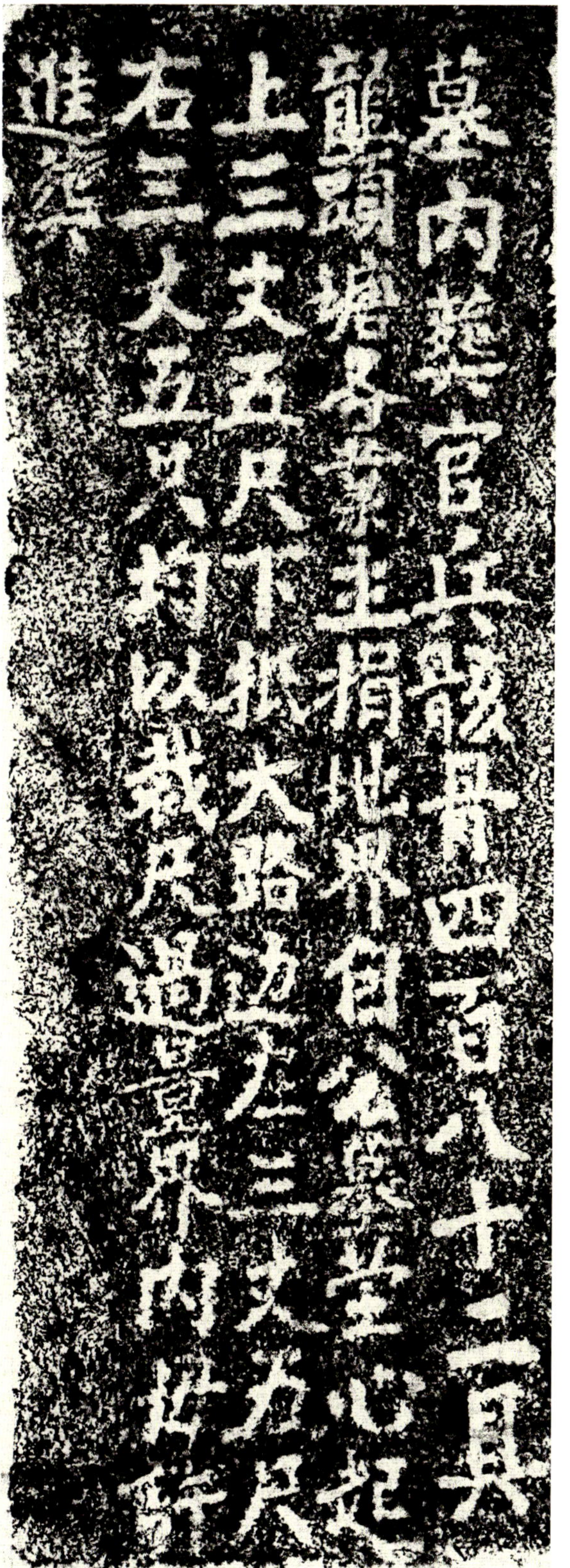
墓內葬官兵骸骨四百八十一具
龍頭塘各業主捐地界自公墓堂心起
上三丈五尺下抵大路边左三丈五尺
右三丈五尺均以裁尺過量界內毋許
進葬

龙头铺杨家祠堂碑

该碑青石质，长100厘米，宽48厘米，厚5厘米，右下角稍有残缺。截至2019年5月，其碑仍嵌置在株洲龙头铺老街杨家祠堂即将坍塌的土墙中。该碑成于光绪七年（1881）。碑文楷体阴刻，计382字，记叙杨氏家族修建祠堂之功德。2019年5月8日拓片。

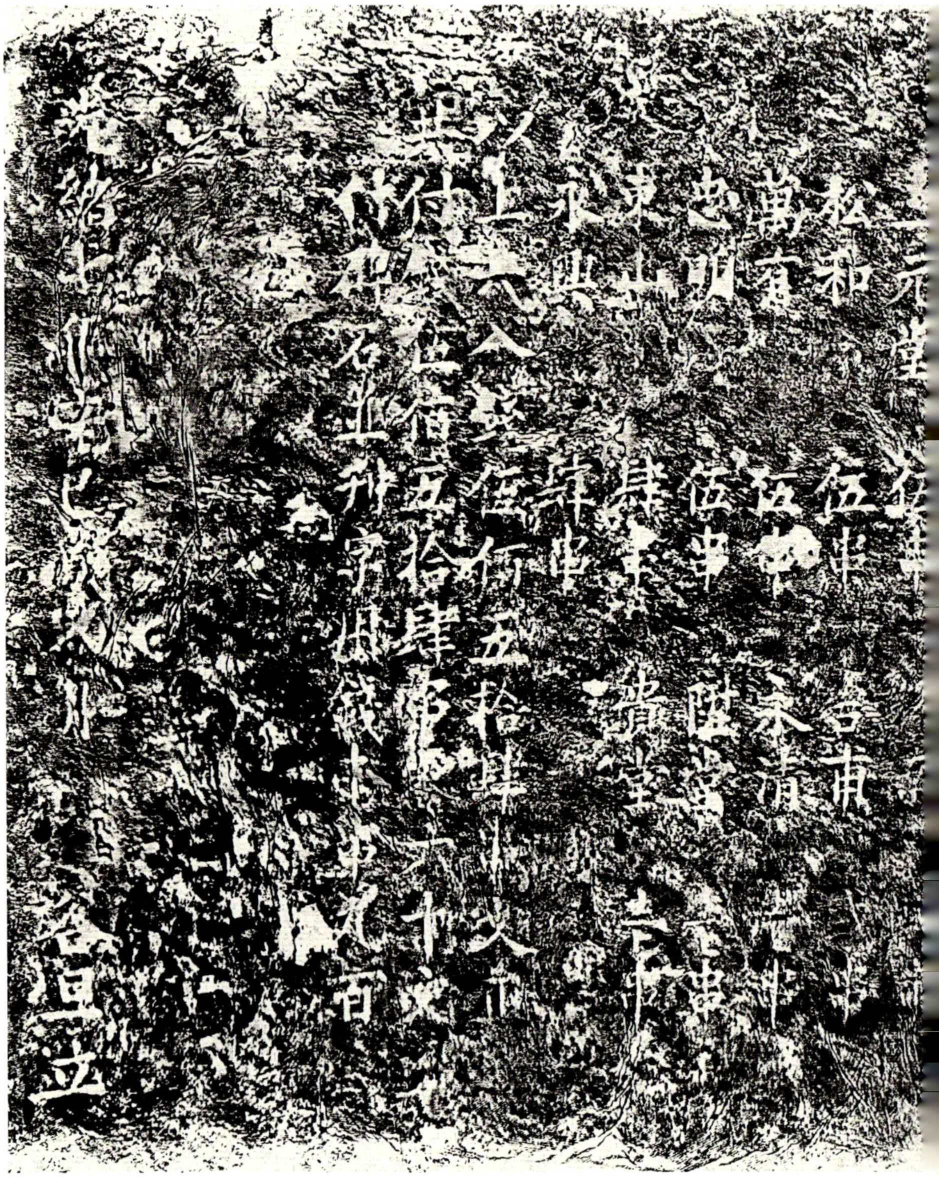

碑 文

盖闻君子之营，宫室宗庙为□□支，自端公建祠于此。迄今代远年□□楹欹栋朽，理合重新祠宇，以□□先灵。商之各房均有同志，自是建筑。既立堂，构粗葳。原非一木能支，专赖众伟其举。所捐各款用，泐诸碑示，聊以志不朽云。

昊公，合置大生朝田十亩。声和公，捐荷叶塘田，计十亩。孔宣公，捐油铺冲田，五亩半。星若公，捐荷叶塘田，计二亩。昊公，捐钱二百八十五串。典臣，捐钱九十六串文正。声和公，四十串。孔宣公，四十串。福堂公，九串。贵山，十七串。萃贤公，八串。五贵堂，五串。三元堂，五串。松和，五串。万有，五串。忠明，五串。东山，四串。永兴，四串。田川，三串。克琴，三串。海亭，三串。华丰，二串。万胜，二串。里和，四串。耀南，四串。吉甫，二串。永清，一串。陛堂，一串。贵堂，一串。

以上共入钱五百五十四串文正；共付钱五百五十四串零六十文；付碑石并刊字用钱一串九百。

光绪七年辛巳岁冬月　谷旦立

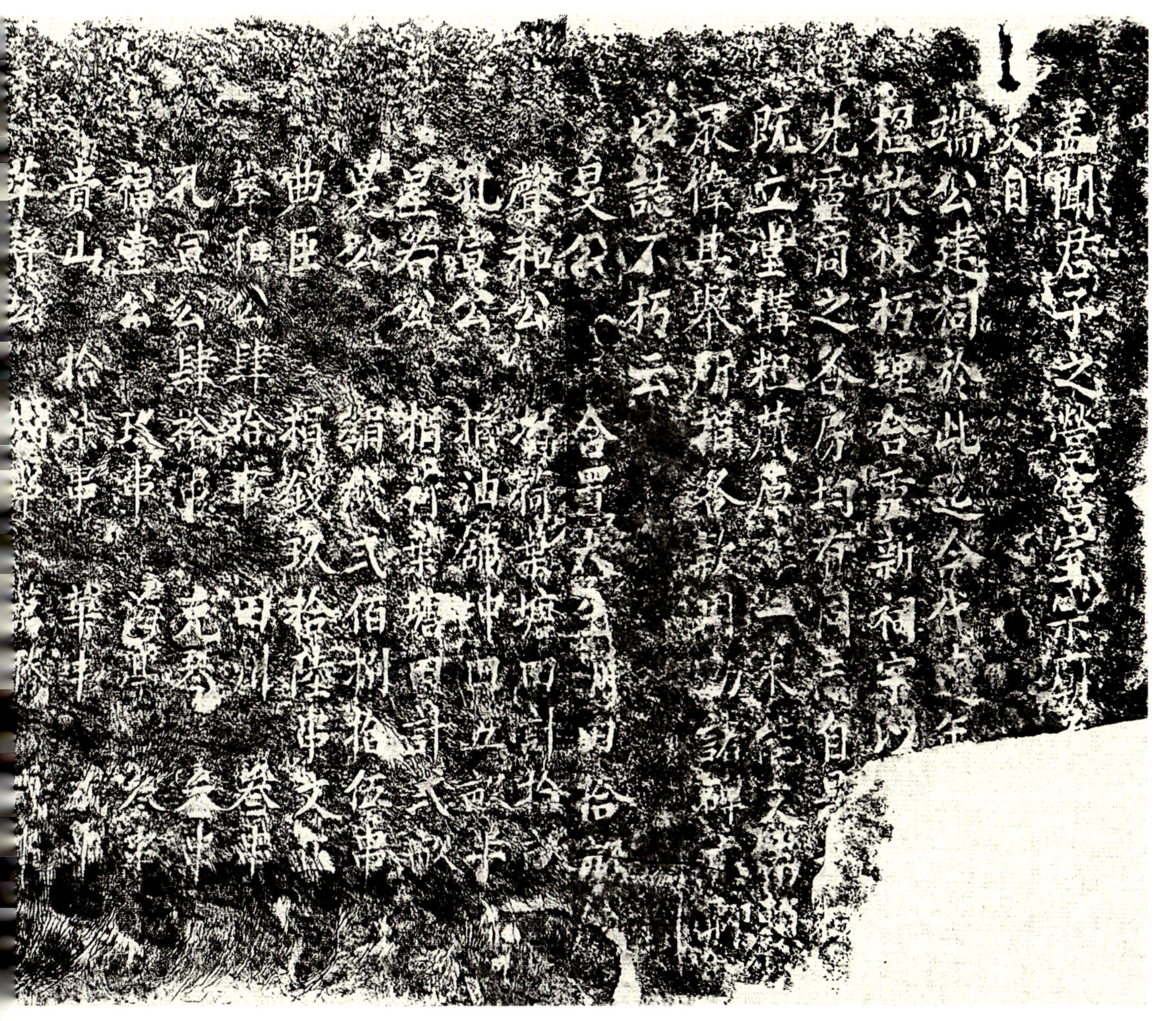

龙头铺义桥碑

该碑麻石质，长175厘米，宽54厘米，厚10厘米，因作沟桥，碑面中段磨损严重。2014年拓片时为龙头铺大坝桥村新屋塘隘口便桥。

碑　文

大坝桥白竹桥碑[1]

纠首：凌孔彰二十两[2]；凌万九十两；黄真舍十两；罗汝绳十两；黄德龙五两；凌承周五两；凌次冯三两；喻绵吉一两；黄枸秋一两；凌锦云一两；戴敬斋一两；陈鼎华一两；万干迎一两；凌树万一两。

乾隆五十四年[3]凌术年书　周惟信泐石

注　释

[1] 大坝桥、白竹桥位于株洲云龙区龙头铺大坝桥村。龙头铺至黄塘、浏阳方向公路由此经过。其桥建于龙母河支流上，旧时为官路通过处。

[2] 两，指对当时流通的白银计重，而铜钱一般计数“文”。

[3] 乾隆五十四年即公元1789年。

汽车总厂界碑

该碑有两块，麻石质。碑一：呈长方体形，通长158.5厘米，面宽23厘米，背宽21厘米，厚15厘米；碑上部正面磨平，长60厘米，楷体阴刻“中国汽车制造公司总厂界石”，由右至左竖向排列，字迹工整有力，清晰可辨，碑体其余各面粗糙，人工凿痕清晰可见。碑二：底座残缺，残长92.3厘米，面宽23厘米，背宽22厘米，厚10.5厘米。其他特征相同。

据株洲市博物馆资料介绍：2013年5月，株洲市文物局在群众协助下发现了中国汽车总厂在株洲的旧址，并征集到两块厂址界碑，从而揭开了民国时株洲筹建中国汽车总厂鲜为人知的一幕。

民国时的中国汽车总厂于1937年2月开始筹建，位于株洲市石峰区井龙街道办事处九郎山村。其东接三三六处国家储备物资局，南临京广铁路，西接吴家大岭，北距320国道约200米，东经113°05′28.8″，北纬27°54′50.5″。旧址占地面积200余亩。基本布局分总厂部办公房、厂房车间、发电厂、宿舍、食堂和防空洞等。曾在美国、德国学习过的工程师张德庆为总厂厂长。1937年8月13日，日本侵略军大举进攻上海，上海汽车分厂只好将大部分技术人员和设备搬迁到了株洲总厂。1938年日军打进湖南，株洲总厂多次被日军飞机轰炸，被迫向广西、香港等地转移。曾计划五年内在株洲实现柴油汽车国产化的愿景不得不泡汤。佐证株洲汽车工业起点的两块厂址界碑现存株洲博物馆。

株洲汽车总厂厂长张德庆

中國汽車製造
公司總廠界石

田心殷光万墓表

该碑大理石质，长 93 厘米，宽 32 厘米，厚 8 厘米，厝置于殷氏合葬墓主碑左侧。位于株洲石峰区田心塅麻塘尾，清代隶属湘潭县三都二甲，现为株洲市石峰区井龙街道时代社区谭家冲组。墓碑因 2017 年 2 月 21 日征地拆迁而搬移并拓片。现由墓主第五代后人保管。该碑对了解株洲田心晚清时风土人情有所帮助。

碑　文

公，讳光万，如意其字也，与予为姻娅亲。素知公矢勤俭，谦恭接物，浑浑噩灵，饶有古人风。生于嘉庆十三年[1]戊辰五月初三寅时；殁于同治十三年[2]甲戌七月初四日巳时；享寿七十有七。针定子山午向。德配刘孺人，复以令德亦兴之，齐洵佳偶耳。于嘉庆十三年戊辰三月初九日丑时生；光绪十五年[3]己丑四月三十日酉时殁。寿享八旬有二。针定子午兼癸丁向，阴阳家卜此邱为吉壤，遂葬于斯。

厥后，季男绍善，字福田，恢宏光绪，绰有父风。道光二十五年[4]乙巳七月十四日戌时生；光绪二十二年[5]丙申四月二十八日亥时殁；享寿五旬有二。针定丑山未向，亦附葬焉。公之孙曾继继绵绳，皆由其德足以昌。厥后，兹因荣修佳城，特撰微词，勒诸贞珉，以表其梗概云尔。赞曰：合葬自古终允藏焉，下云其吉，远绍牛眠[6]。簪缨瓜秩，绵延佳城。巩固于万斯年。

姻晚：刘庆升敬撰并书

皇清光绪二十二年丙申岁季冬月谷旦　刊

注　释

[1] 嘉庆十三年为 1808 年。

[2] 同治十三年为 1874 年。

[3] 光绪十五年为 1889 年。

[4] 道光二十五年为 1845 年。

[5] 光绪二十二年为 1896 年。

[6] 古人认为“牛眠地”乃风水吉地，相信将坟地建于此处便会使后代升官发财。

公諱光萬如意其字也與予為姻亞親素知公矢勤儉謙恭接物渾渾噩噩有古人
風生於嘉慶十三年戊辰五月初三日寅時歿於同治十三年甲戌七月初十日巳時
特享壽七十有七針定子山午向德配劉孺人復以令德而母之齊洵任姒耳[illegible]
慶十三年戊辰三月初九日丑時生光緒十五年己丑四月三十日酉時歿享壽八
旬有二針定子午兼癸丁向陰陽家卜此邱為吉壤遂葬於斯厥後季男綸嘉守福
田俟安先緒緯有父風道光二十五年乙巳七月十四日戌時生光緒二十二年丙
申四月二十八日亥時歿享壽五旬有二針定丑山未向亦附葬焉公之孫曾紹繼
[illegible]皆由其德足以昌厥後茲因榮修佳城特撰徵詞勒諸貞珉以表其梗概云爾
贊曰
合葬於古牧丸藏焉下云其吉遠紹牛眠譬纓絡罩於綿延佳城鞏固于萬斯年
姻晚 劉慶昇敬撰 并書
皇清光緒二十二年丙申歲季冬月 谷旦 刻

易氏乡贤褒奖碑

该碑大理石质，长54厘米，宽29厘米，厚8厘米，应为易氏宗祠碑刻。2014年春由文化义工发现于龙头铺太平桥村某屋场，碑文楷体阴刻，仅167字，记叙了一个乐善好施的人物，至今仍有传承意义。其碑现存湖湘文化志愿者协会展室。

碑　文

前清列授登仕郎[1]，名粹亭，讳修瑞，号星兰[2]。平生孝意端方，乐善好施。岁饥则为之减籴；疾疫则施以药方。其于祠庙、古墓、桥梁、道路一切则捐资。提倡以整修之。且廉慎理公，力扶鳏寡。重乡邻有争讼者，则尤不辞烦劳，每解私囊，暗为排患。鲁仲连[3]无以过之。故当得一乡称之，合族敬重。

前清宣统庚戌科孝廉方正[4]房叔沛霖敬撰

五房公立

民国五年丙辰岁冬月刊

男思翰[5]敬书

注 释

[1] 登仕郎系清代正九品，文官类散官，即荣誉职位。相当现代科员级别。

[2] 查株洲易氏七修族谱。易星兰：清道光六年（1826）生；光绪十三年（1887）殁；享寿61岁。因乐善好施，乡族咸仰重。

[3] 鲁仲连，战国末期齐国人。崇尚“能替人排除祸患，消释灾难，解决纠纷而不取报酬”。

[4] 孝廉方正系清代特诏举行的制科之一。自雍正时起，新帝嗣位，诏直省府、州、县、卫各举“孝廉方正”，赐六品章服，备召用。

[5] 思翰：为易星兰三子，太学生。清咸丰二年（1852）生；民国三十一年（1942）殁。

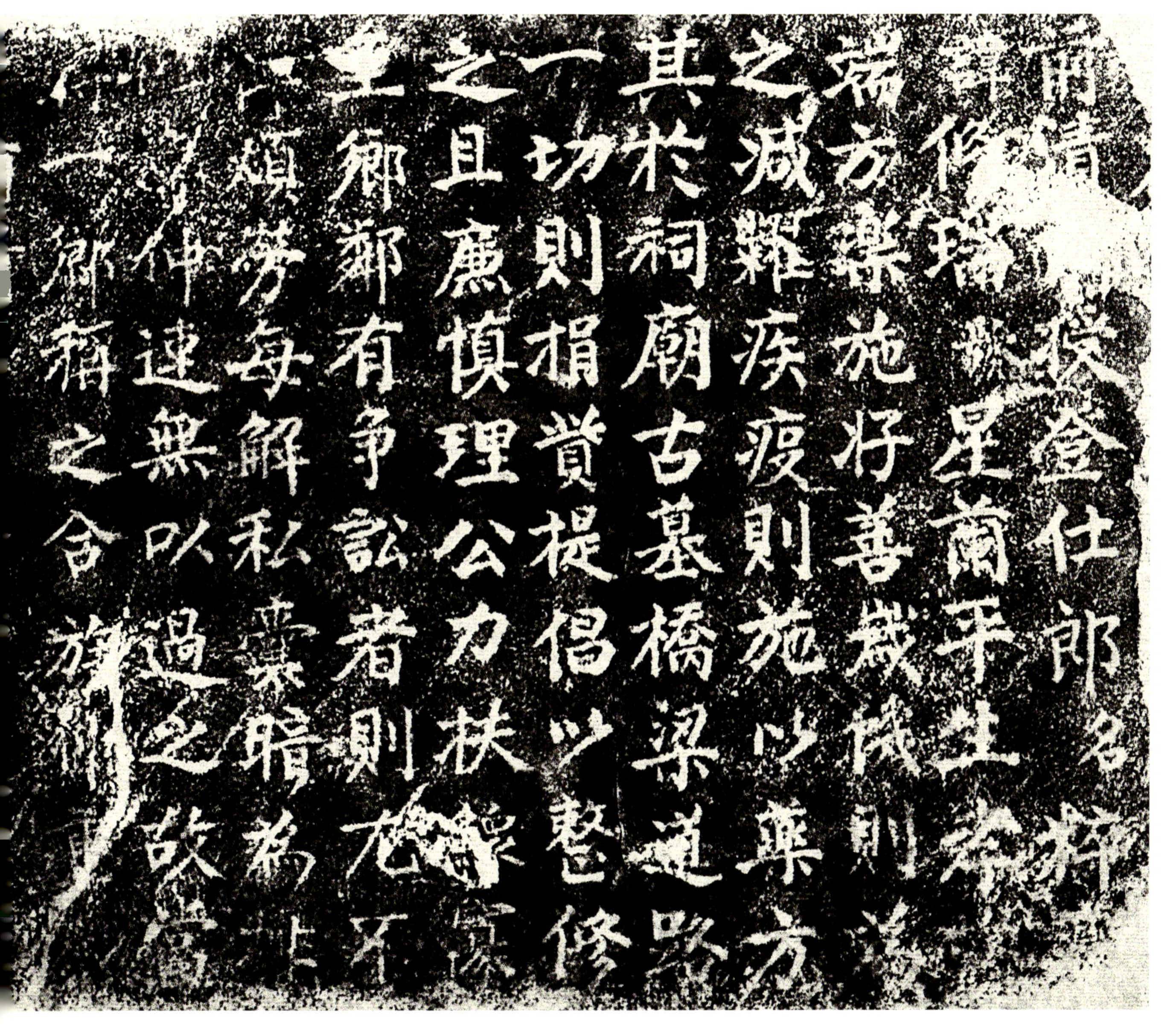

言子祠匾石刻

言子祠于2012年列为株洲市级文物保护单位，位于石峰区云龙示范区龙头铺太平桥，石匾刻于清代，安置在言子祠堂正门上方。株洲龙头铺言氏为江南唯一先贤言子之后裔，族祠红墙黑瓦，甚是壮观。石匾大理石质，高167厘米，宽70厘米，厚14厘米，竖式阴刻榜书“先贤言子祠”五字。石匾上框长113厘米，宽30厘米，厚20厘米，阳面浮雕如意龙纹，正中龙头凸显。石匾两侧边框均长164厘米，宽30厘米，厚20厘米，阳面浮雕如意龙纹。另有素面底座承接石匾，均为大理石料。该匾于2006年被盗，一直下落不明。经言氏后裔不懈努力走访以及公安部门立案侦查，于2017年在永州发现踪迹，是年8月17日被追回，2017年9月25日拓片。

先賢言子祠

先賢言子祠

走沙港义渡碑

该碑汉白玉质，由四块拼接。每块高124厘米，宽41厘米，阴刻正楷。从右至左，一二块为义渡记碑文；三四块为捐款人姓名，因资料缺失未录入。该碑原嵌置明照乡大峰村走沙港东桥头义渡亭墙壁上，株洲相关志书有载。1992年后其碑下落不明。

碑　文

走沙港义渡记（碑额）

关粮碧渡，王政所详，即几港绝潢，人事宜备。兹走沙港，固小溪也，而衢通乡里实为扼要，顾横据上游，会埠接下游两处，皆建桥设渡，利济兴肷，惟此港阙然。经其地址将上朔恒石，曲径三三，欲下循无埠，湾几六六，顺流彳亍，寨裳为之。乾隆丙辰[1]先君子蓝田书，钟公圣谟先生曾共购舟，不久旋毁。厥后，毋后屡里复修，临没犹淳淳致祝，乃延言在耳。方期患免假白发足坠，躯竟有殃遭灭顶，目击心伤，倡举佥迫。岁壬申[2]，因偕族福田，邀同志湘，公共劝厥。事越一岁，一叶之舟驾；又越一岁，十亩之田置；更越一岁，前椽之亭建，两岸之厕修。由是招招舟子桨双枚，穰穰行人群登彼岸。春涛夏涨，总盗一笔之杭，苦雨凄风，亦得片时之憩。则是举也，余兄弟因人成事，虽非若巨川舟楫，普济无遗，而于先人未终之志，实籍诸君子之力，得有所□之。

皇清嘉庆二十年乙亥[3]夏月谷旦公立　石师刘代朝刻

注　释

[1] 乾隆丙辰为公元1736年。

[2] 岁壬申为公元1812年。

[3] 嘉庆二十年为公元1815年。

走沙港义渡旧址

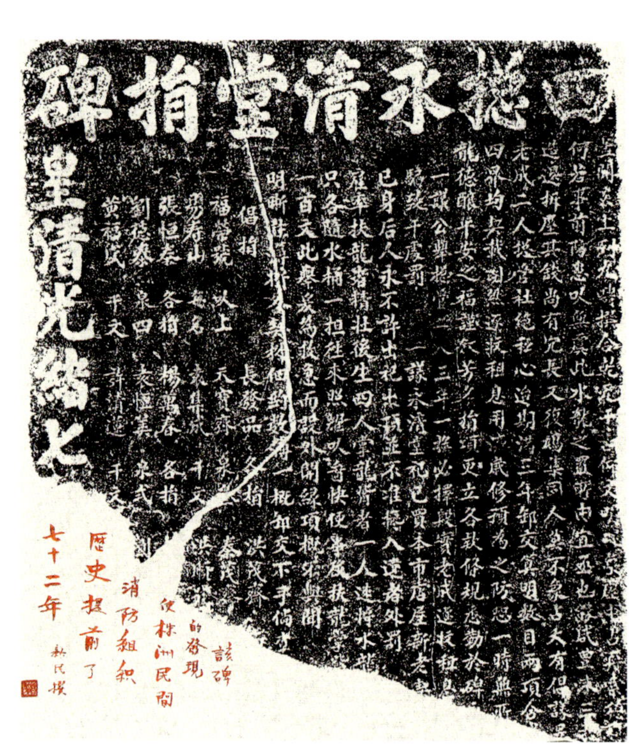
四總永清堂捐碑
皇清光緒七
該碑的發現使株洲民間消防組織歷史提前了七十二年
秋民撰

古碑遗韵

渌口区

隆坊画像石刻图

该画像系清代石刻，青石质，长32厘米，宽21厘米，厚4厘米。板面为人物正面坐像，右上角有隆坊二字，据传，隆坊为历史神医，旧时一般放置药堂祭祀。源于株洲旧时民间药店，现由株洲古玩爱好者周某收藏。2014年拓片。

渌口关圣庙碑

该碑大理石质，长170厘米，宽67厘米，厚13厘米。碑文楷体阴刻，全文1376字基本完好，记叙了当地敬祀关帝的由来经过以及功德名册中的店铺、商会、乡民等。厝置于株洲渌口镇关圣庙。其庙数次原地重建，其碑一直留存，2017年7月15日首次拓片。

碑　文

重修关圣庙碑

盖闻神为□□□神，九年□□衡发之。□□神游天下，天下孰敢不敬。自庙省州县以及市镇关津遂处建庙宇，以崇□□置□渌口，系醴北隅，醴水绕过醴湘流口，前滨大河名关口[1]，历有关帝神像。而庙则木架茅茨，倾颓日甚。迨乾隆五十九年[2]张帝荣等倡议募修，易木架而墙垣，易茅茨而椽瓦，左右略存园土以供香灯之费。虽不能敌厅堂峻陛级，而庙貌之巍然焕然，足令樯帆上下通客往来，罔不瞻礼和敬畏焉。越嘉庆五年[3]，复资众力而重整修之，是诚谋久远之计也。虽然醴水湘流春涨频发，而基地适当其卫，迩来又十年矣，其浸蚀溃损滋多。又倡同人弥缝补葺，所余就围土。造船厂以逐年租税为庙费，兹已告竣，汇缘清果，泐石纪成。书曰：鬼神无常，享享于克。诚诗云：敬慕明神，宜无悔怒。帝固聪明，正直而一者也。有能竭情尽慎，朝夕致敬而不歆焉，洞鉴者乎。夫天理之在人心，不可一日而欺。如帝之神，人皆夙夜惟寅天也，理也。倘谓春秋之间，推牛击承，吾侪小民，何敢望乎！此也。

湖南长沙协醴陵县驻防加五级纪录十次刘进忠捐银五两整。合汛兵丁邓辉武、龙开榜、雷春等捐银三两。

纠首：张帝荣捐银十二两整；张垂恭捐银二两六钱；赵云发捐银一两六钱五分。

首士：李东晓捐银五两；张大鲲捐银四两；肖光华捐银五两。刘正国捐银四两；曹洪声捐银四两；龚文海捐银二两。黄世清捐银一两；刘世洪捐银二两；赵楚成七钱。

夏明和、刘明意各捐银四、三两；樊

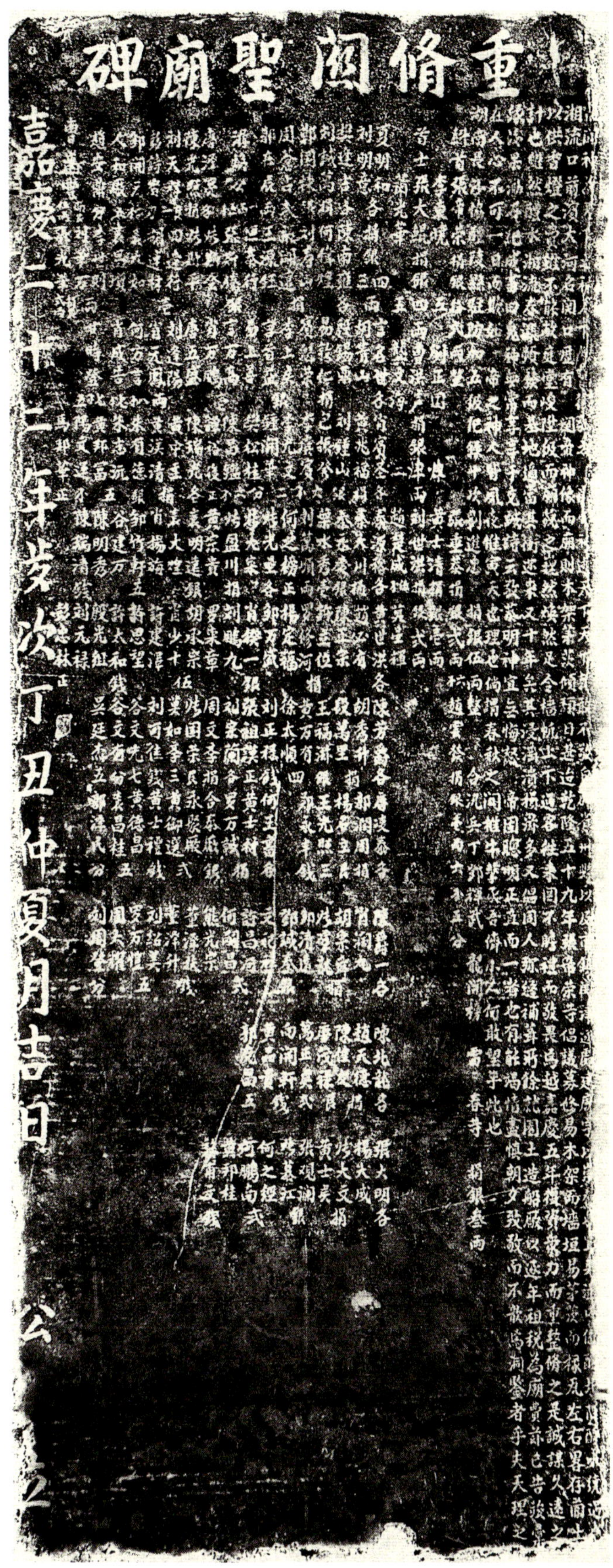

重修關聖廟碑

嘉慶二十二年歲次丁丑仲夏月吉日 公立

逢吉、刘识万、郑国栋、周苍占、郭在辰各捐银二两。海焕公一两五钱；唐泽亮、陈光照、刘天祥、彭诗宝宾各捐银一钱。邹开元、人和厂、赵安鼎二钱五分。曹万丰折银五两。陈南雍、何伟煌、刘寿山、张湖远、王源钰、恒泰行、张斯腾、张斯会、张斯平、四达行、胡连材、义九如、袁昌环、李世则、刘华万各捐银一两。张光华捐银二两。言名世、胡青山、殷锡东、易敦仁、宾归荣、李上庆、言首益、易上善、言万高、肖万鹏、唐五盛、刘逢阳、肖元凤各捐银一两。何方言八钱；肖成告七钱；甘时登七钱五。肖宝圣、黄兆福、刘钟山、包振发、李广宾、李光文、钟开华、樊松桂各捐银六钱二分。陈昌监、谭裕福六钱正。陈瑞光、黄中主、黄汉清、朱有德、朱志沅、黄邦福、阳文运、马邦华各捐银五钱正。泰源裕、秦天川、秦永庆、叶水秀、刘万顺、何之榜各捐银一两正。张光垒、张大寀、张盈川、黄宗贵、袁明远、袁大煌、肖扬旂、邹竹轩、谷建万、陈明秀、陈瑞清各捐银五钱正。莫星辉、黄世洪、赵必有、陈正宗、许立位、罗修河、扬定福、邹万盛、肖揆一、刘鹏九、罗来章、胡承宗、肖少十、许建泽、许思望、许太和、殷光组、刘元禄、彭忠林各捐银五钱正。陈芳爵、胡秀升、段万里、王福滋、黄万有、徐太顺、刘正禄、张祖漢各捐银四钱正。刘宗兰、周文李、张国荣、莫如李、刘可佳、谷文先、谷文有、吴廷杰各捐银三钱七分五。唐凌泰、郭润周、扬名立、王光照、郑永丰各捐银三钱。

何玉书、黄士材、罗万诚、合泰厂、永聚厂、黄御选、黄士礼、黄德昌、袁昌桂、郭泽民各捐银二钱五分。陈爵一、肖润九、胡宗舜、张群就、邹清远、邓诚泰、文记祥、许昌河、何嗣昌、熊光宗、董泽扶、董泽升、刘绍美、罗万愷、周太燿、刘周登各捐银二钱五分。

陈白龙、赵天德、陈佳友、唐茂禄、万正埃、向开轩、黄品贵、郭克昌各捐银二钱五。张大明、杨大成、张大文、黄士埃、张观澜、张慕江、何之经、何鹏南、黄邦桂、黎甫文各捐银二钱。

嘉庆二十二年岁次丁丑[4]夏月吉日公立

注释

[1] 关口在湘江与渌江的交汇处。

[2] 乾隆五十九年即公元 1794 年。

[3] 嘉庆五年即公元 1800 年。

[4] 岁次丁丑即公元 1817 年。

渌口接龙桥石刻

接龙桥位于渌口架香岭下老街连接处，桥面与街道已连为一体，系单孔拱形石桥，拱孔正上方嵌置桥名石刻。其为麻石质，长约150厘米，宽约60厘米。碑阳有框边装饰，阴刻楷体榜书“接龍礄”三字，尾款竖行阴刻小楷“光绪卅年重修”六字。当地传言为湘军将领彭玉麟[1]所书，但不实，其时彭已故。

注释

[1] 彭玉麟（1816年12月14日—1890年3月6日），字雪琴，号退省庵主人，吟香外史，祖籍衡州府衡阳县（今衡阳市衡阳县渣江），生于安徽省安庆府（今安庆市内）。清朝著名政治家、军事家、书画家，人称雪帅。与曾国藩、左宗棠并称大清三杰，与曾国藩、左宗棠、胡林翼并称中兴四大名臣，湘军水师创建者、中国近代海军奠基人。官至两江总督兼南洋通商大臣，兵部尚书，封一等轻车都尉。1890年（光绪十六年）三月，病卒于衡州湘江东岸退省庵。赐太子太保，谥刚直，并建专祠。

赤山村摩崖石刻

该处摩崖石刻位于渌口区王十万乡赤山村湘江岸红砂岩处，其长约300厘米，宽60厘米。榜书行楷阴刻“南无阿弥陀佛”六字，每字约0.5平方米。据传晚清道光年间，由地邑文姓商人聘请高人泐置。其目的为护佑湘江河道往来船只安全。2013年9月株洲县文物局在普查中发现，并纳入文物保护名录。

五谷殿禁碑

该碑麻石质，字面高 105 厘米，宽 31 厘米，厚 11 厘米。碑底无文字处高 35 厘米，属碑桩部分。碑文楷体阴刻“庙外余坪公地，永禁堆集粪草。五谷殿公立”，说明了渌口先人的公共管理和环保理念。2014 年发现于渌口老街上首财神庙原址，五谷殿一般为当地粮食行业公会所建，称作活动场所。其碑现为原址居民作地沟盖板使用。2014 年拓片。

焚字炉碑

该碑大理石质，通长136厘米，宽47厘米，厚10厘米。碑额设框格阳刻“焚字炉碑”四字，正文楷体阴刻，计711字，基本完好。其原厝置在渌口区古岳峰乡翟家村宝塔组，原株洲县文物局于2013年10月获悉后征集并珍藏。2018年元月拓片。焚字炉又称敬字炉、字库塔、惜字宫、敬字亭、惜字塔等，是古人因崇敬文字而专门用来焚烧处理字纸的建筑。据史料记载，该类塔始于宋代，至明清时已相当普及。时至今日，株洲辖境有关焚字炉的碑刻罕见，该碑的发现，弥补了相关资料的不足。

焚字炉塔

碑　文

焚字炉碑

岁丙寅[1]，予等倡议修建石炉，盖为惜字起见，而环居同志者众，怂恿兴工，不期未旬工竣。壁立数十仞，宛有凌霄之势，石炉也，仿成石塔[2]。过而目者咸谓，自古岳峰劈脉蜿蜒数十里，且清流一线直抵湘江。此地力争上流，踞中扼要，得兹塔眼界一新，不独笔墨幻为云烟，文章归于化境，即山水气象通足补培。信斯言也。他日人文蔚起，此地之瑰异日新者亦曷有艾。同志剧费鸿名，爰勒诸左，以志不朽。

纠首：吴中和、陈南英、吴玉堂。

劝捐：吴仙槎、彭述古、吴大皋、陈晋山、吴兰台、殷约之、曹成斋、马椅泉、谭中桂、吴金堂、龙有成、吴作舟。

吴中和捐钱十四千文；吴济时捐钱十六千文；吴万福堂捐钱六千文；吴正廷公捐钱四千文；吴长三堂捐钱四千文；殷立喜捐钱三千文；陈南英捐钱三千

文；彭述古捐钱二千五百文；胡源山公捐钱二千五百文；陈于周公捐钱一千六百文；殷□□捐钱一千四百文；易□□捐钱一千四百文。易光华、文则民、龙泰周、尹日新、龙泰文、阳东升、吴朝郁、马国光，各捐钱一千文。易大材、龙传福、吴三元、尹金堂，各捐钱八百文。侯禄卿、吴朝光、谭学谦、吴亭汉、文镜堂、唐新发、殷朝隆、马廷爵，各捐钱六百文。曹罗云、曹成济、李叙乐、吴道五，各捐钱二百文。唐光盛、阳大和、聂两仪堂、刘香山、刘吉祥、刘迎祥，各捐钱六百文。吴中惠、易得益，各捐钱五百文。吴朝祖、唐景云、唐端生、唐廷怀，各捐钱四百文。吴朝贤、陈如九、刘正林、吴□□、刘□宫、戴□□、刘□卿、谭泉发、□丹平、谭学轩、倪隆乔、谭学进，各捐钱四百文。阳安秀、易世进、李万成、刘明镜、刘天佑、刘英黄、刘正南、刘桂武、刘□谟、谭璧珍、马桥泉，各捐钱四百文。谭大启、谭英贤，各捐钱一千文。谭福临堂捐钱八百文。

同治五年丙寅季冬月谷旦立

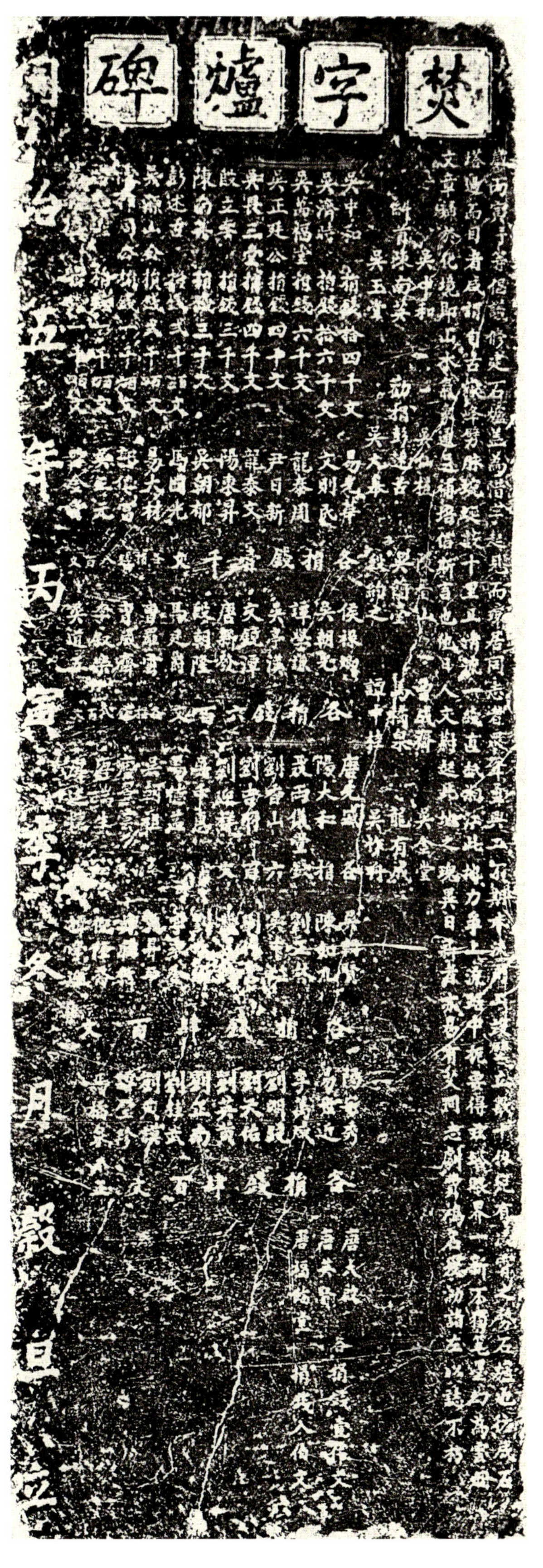

注释

[1] 丙寅，即清同治五年，公元1866年。

[2] 石塔，因焚字炉形为石塔，当地村民俗称宝塔，毁于1966年。但因塔而有“宝塔冲、宝塔生产队、宝塔组”等地名。

渌口伏波碑记

伏波，即伏波庙，坐落在株洲渌口镇渌江右岸的伏波岭上。其历史悠久。据《后汉书·马援传》记载，东汉建武十七年（41年）马援南征往返途经渌口，历时三载，均屯兵于岭上，后人感其勋德，便将此岭以“伏波”名之，沿用至今。1927年2月3日，毛泽东同志考察湖南农民运动，驻庙召开农运骨干会议，伏波岭遂成为渌口周边地区农运中心。1944年9月，日军飞机轰炸渌口时，伏波古庙被毁。现存之庙，为1968年秋按原式样制图重建。1999年，被株洲市人民政府定为市级文物保护单位。该碑系伏波庙迄今发现的唯一古碑。大理石质，底部应有五分之一缺失。现存部分高91厘米，宽53厘米，厚11厘米。现藏株洲渌口伏波庙。2014年拓片。

碑　文

伏波碑记

……[1] 以上大共付钱一千六百六十八千文；大共收入各姓捐项钱一千五百五十三千文；品兑除收，实亏钱一百一十五千文[2]。

大清同治四年[3]岁官……[4]

注　释

[1] ……为小字，即捐资使用的明细账目，字迹模糊，无法辨认成句，故省略。

[2] 泐石公布修复伏波庙的收支及亏损的明细账目。

[3] 同治四年为公元1865年。

[4] 残碑缺失部分。

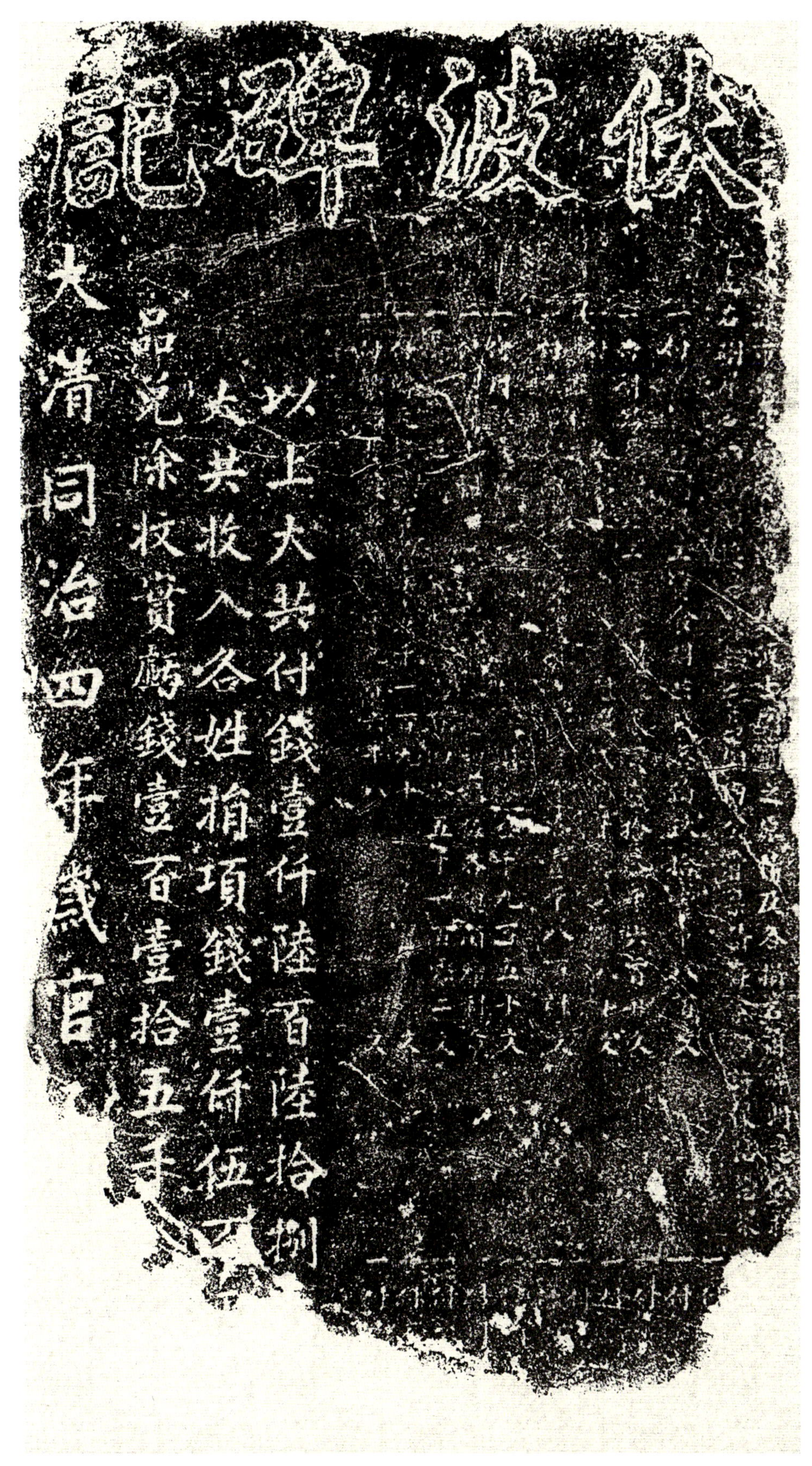
伏波碑記
以上大共付錢壹仟陸百陸拾捌
丈共收入各姓捐項錢壹仟伍百
品兑除收實虧錢壹百壹拾五千
大清同治四年歲官

谢氏福祖桥功德碑

该碑大理石质，长87厘米，宽46厘米，厚10厘米。碑文楷体阴刻，内容并不完整，但所涉个人捐银上千两或九百两，在古株洲民间公共工程中极为罕见。其碑仅为福祖桥功德组碑之一，现存朱亭镇福祖桥村，其他功德组碑下落不明。2014年拓片。

碑文

玉敵，字召远；玉露，字待明；一总理[1]：树槐，字重三。

宗祠宝树堂[2]，捐银六百两；一清，捐银一千两；慕孺，捐银九百两；治平，捐银五百两；与上，捐银三百两；明级，捐银二百两；西园，捐银一百七十两；行本，捐银一百六十两；泰祥，捐银一百五十两；观鳌，捐银一百四十两；盛华，捐银一百零四两；重三，捐银一百两；阿陈（男，学位，兄弟）捐银九十两；治江，捐银三十二两；念士，捐银三十两；起奉（兄弟），捐银三十二两；（君先次子）若器，捐银二十五两；光范，捐银二十五两；□□，捐银□□两五钱。

注释

[1] 据谢氏族谱“福祖桥碑记”，该碑系嘉庆戊寅（1818）重修福祖桥时泐刊。

[2] 宝树堂为当地谢氏家族祠堂。

祖橋

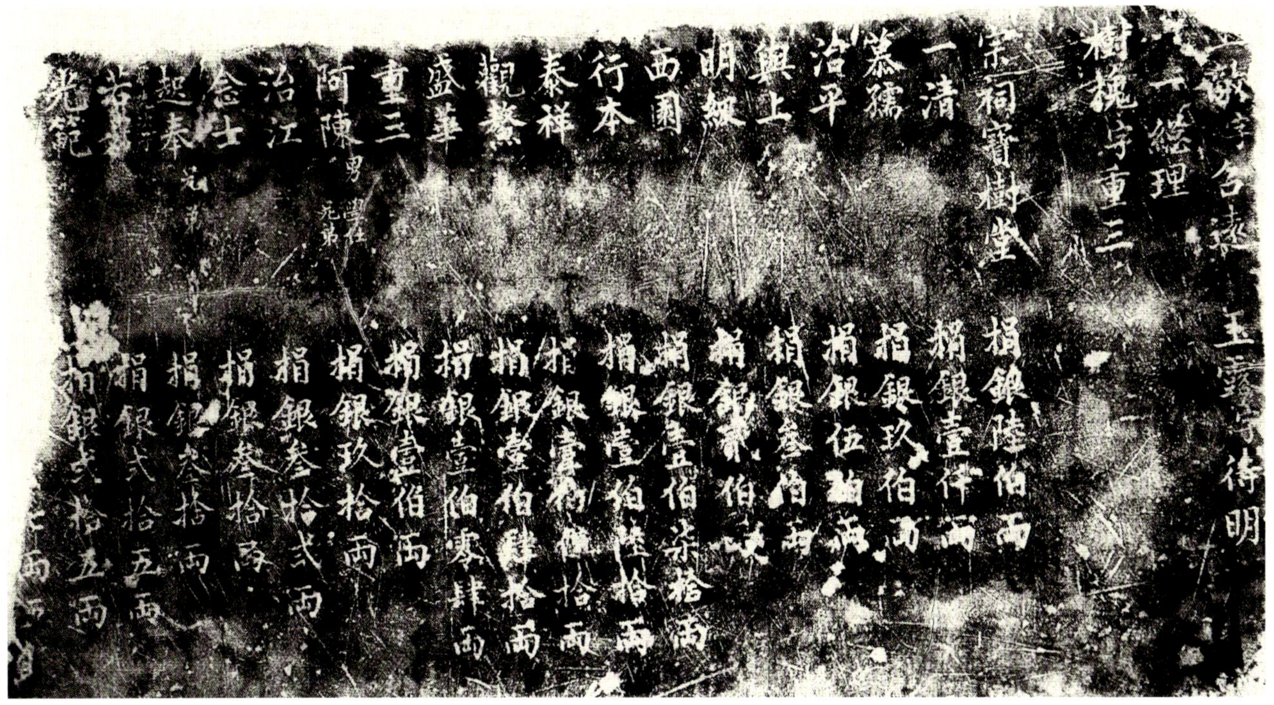

福祖桥石刻匾

福祖桥为原株洲县朱亭镇谢氏家族所建。位于朱亭镇至龙凤、衡东公路的溪水连接处。桥匾为大理石质，榜书阴刻“福祖桥”三字并阴刻小楷款“道光甲申岁孟秋谷旦”。其碑已经残破，现由当地谢氏后裔保管。道光甲申年即公元1824年。2014年拓片

另有“谢氏福祖桥志铭”。2013年政府改建扩建福祖桥时发现此碑，大理石质，长宽约40厘米，桥面完工时，当地村民将其重新埋入桥体。碑文云“福祖桥，盛始祖荣甫，明初落籍于兹，派衍镇、贤两房。爰建石墩木桥，卌修勿替。先年盛祖母、王兴伯祖母、罗、刘叔祖母、徐、何捐产入祠，为永远修架费。越后，盛父秉侯翁与族香岩、玉振、石崙诸翁，纠族于南岸，建石穴一穴。嘉庆戊寅岁，盛兄弟与族兄弟叔侄等，仍合族捐资。将老穴重修，新增三穴计四穴。其桥高二丈许，长二十丈许，宽一丈八尺。桥上刊碑用五十余金，爰志以垂久远。铭曰：兹桥重建，磐石康庄。子孙千亿，源远流长”。

謝氏福祖橋誌銘 福祖橋盛始祖
初落籍於茲派衍鎮賢兩房
木橋世修勿替先年盛祖母
祖母 叔祖母 捐產入祠
修 後 父秉 翁與族 正
建石圖一圖
戊寅歲盛兄弟與族 叔姪等仍合族
捐貲將老圖重修新增三圖共四圖其橋
丈許長二十丈許寬一丈八尺橋上
兩邊欄杆石獅麒麟橋成
餘金爰誌以垂久遠銘曰
橋重建 子孫千億源遠流長

祭田捐银碑

该碑大理石质，通长120厘米，宽46厘米，厚12厘米，为地邑唐氏家族功德碑，泐于公元1797年。碑额楷体阴刻“鸿公房计祭田捐银碑记”10字，正文楷体阴刻，计14行，共665字，字迹大部能辨。2013年10月，原株洲县文物局获悉其碑在古岳峰乡翟家村宝塔组某水塘，随即征集，并藏于原株洲县文物局。2019年7月3日拓片。

碑　文

鸿公房计祭田捐银碑记

从来记载当传实，而不当传疑。不知其真，因影响而书之误也。知其非真，故凭物而书之，□□祀祠，我先人之实源所出赣行，高谊而不缕悉详。明以来，后人乎吾族由唐迄□□已□□□□□□祖，则忠公生前行谊，彰以可考。忠公克孝建奉亲堂予此处。业鸿、澄渊、湧海、五公、湍公等济□□祀□年，服济潭、衡、攸、醴四县，贫乏又济永州。奉旌表义，门坊于此。范庐公任武陵儒学，孙克拙祀乎，兴事其时，英豪俊杰，代有轩晁。今我房得以永居于斯，聚建祠宇，皆公之孝义积众也。乾隆五十一年，荣封公、东山公等倡集阖房。成盛、省方、远声、克绳、登庸、汉周、紫学、紫霖、传旺各公等，高建祠祭。□祠宇告成，拟捐祭田未勒噫！孝成凋谢，越今丁巳，历年十三矣！房长玉章、观宣等除峁捐登。□□□□□□并坵田，田亩为祠祭费，永祀蒸尝。所以承先人之志，并所以祀先人之实也。证祭田捐银以志百两。惠申、惠丙、光容、如凤、人言、文远、相五、啻臣、盛章、盛晓、载书、准圭、树周、常得、定远、映奇，以上各出银一两。远声、盛明、二章，各二两五。冠宁，三两。尚仁、尚桂，各银二两。俊方，八钱。尧盛、则民、添爵，各银六钱。冠湘、冠林、冠朝，共银二两。建选、林陆、传祖、方正、松美，各银五钱。良友、尧赞、九疏、皇占、华栋、五廷、树文、芳桂、芳桃、茂汉、芳明，各银四钱。顺德四钱。盛龙、章龙各银五钱。知正银四钱。盛武

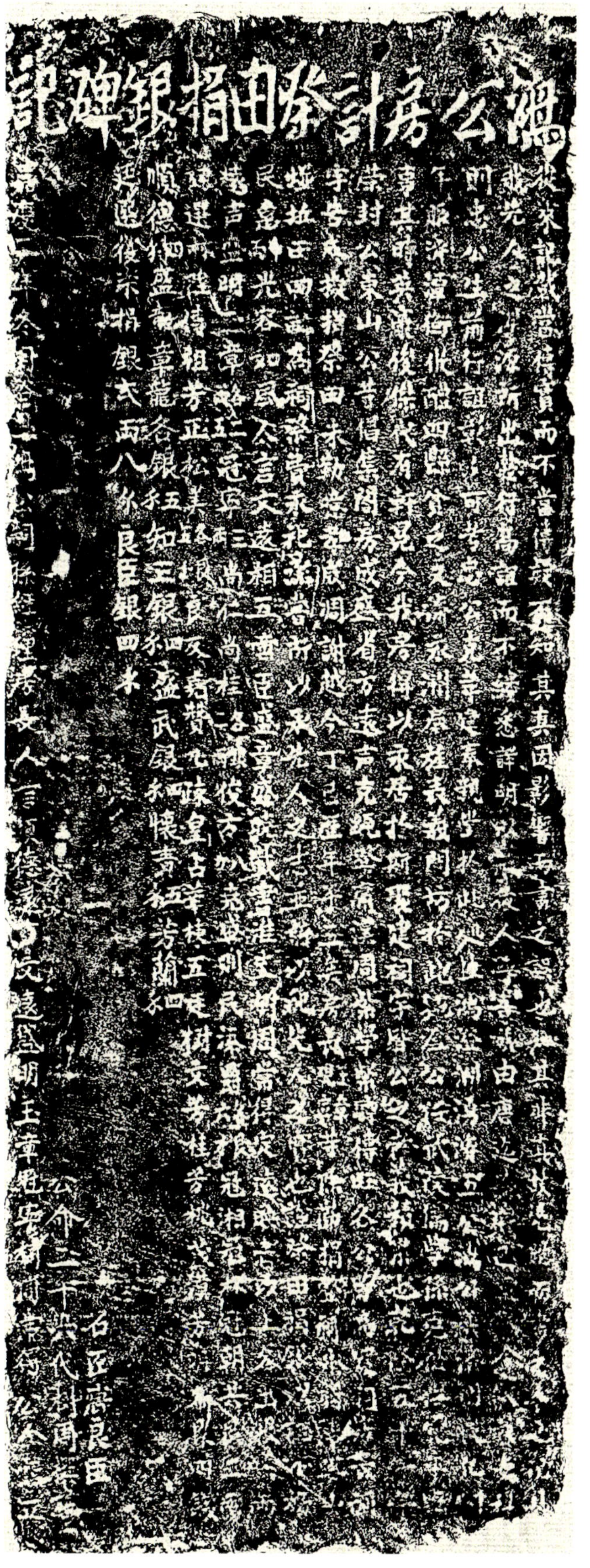

银四钱。怀青五钱。芳兰四钱。廷选復乐捐银二两八钱。良臣银四钱。

嘉庆二年冬月谷旦，鸿公祠孙经理房长：人言、须德、远声、文远、盛明、玉章、冠宁、树周、常得，公仝立。

公命二十六代树周撰文

石匠唐良臣

渌口永积崇庆碑

该碑大理石质，通高132厘米，宽46厘米，厚10厘米，已断裂成数截。近10年又有损毁，原置李公庙，后回收存渌口伏波岭庙内。碑文楷体阴刻，共计794字，为渌口道教李公庙功德碑。2014年拓片。

碑　文

永积崇庆

李公真君[1]显灵于渌市，历数百年矣。□□□□□□□，惟河帮为最。诸老成崇美□之，兴于道光廿一年[2]。合同总四十三名，各解囊金乐捐。一祀□□永积崇庆，择贤掌放，子母□□道光二十二年，契接刘姓渌市五总[3]河岸铺屋一栋，召佃征租。嗣是岁逢九月初一，值真君仙寿之期祀，众毕集公祠，以伸庆祝又□□□□孙，有轮值充当船户者，之年祀内帮差费钱五千文，幸神灵之默相祀。众□□心，善佈亦克，善成有举，果然莫废。今将原捐芳名泐石共珉，以垂永久。

黄永发、黄凤林、易明显、易光德、易胜彩、尹发富、雷洪元、周泽安、陈方春、甘中和、余德顺、肖开春、钟□□、刘□□、刘□□、刘□□、刘世基、许光猷、刘世本、左丙云、钟光太、张南周、易占发、陈加和、易新贵、董有元、刘开清、田芳明、胡自秀、邓桂华、龚大定、张开太、赖春华、黄凤荣、李大文、李宗其、李在清、伍惠南、刘世裕、陈天卓、李宗胡、张元善、刘世远。

接买刘姓铺屋契文列后：立大卖基地铺屋等业，契人刘清兰存自己手接，卖渌市五总河岸木架瓦盖铺屋一栋。雨缘一进三间，上逢独管，下逢共管，基地前至官街[4]后齐河水；左右齐逢脚；为界前□楼板墙间横铺柜一只。屋内窗户包边，门壁达后砖石，阶基剥岸，桁条楼栿，屋树搡磤，等项俱全。以上契内之业，概行出售，尽问亲房人等，俱称不受。凭中陈松泉、许昌远等召到□□永积祀，向前承接。三面言定，时值价钱九十八串文正，并包老业画字在内。比日亲手领足。领书契尾其业未实之，先并□□□□□，准

折谋勒等情，既买之后，任受主出佃自居，百为无阻。倘有外生枝节，出笔人理落□干。受主之事，一卖千休，永无异。官□□□□□□□太卖文契一纸，与受主永远收执为据。

咸丰二年[5]十月十五日立大卖基地铺屋等业。契人刘清兰本笔立押。

今日领到契内屋价钱九十八串文正。中间契证，所领是实，此据。……本笔批。

李宗龙、许昌远、刘班廷、刘笛仙、陈芳春、陈松泉；均押。

光绪十八年[6]壬辰……崇庆祀众姓公立

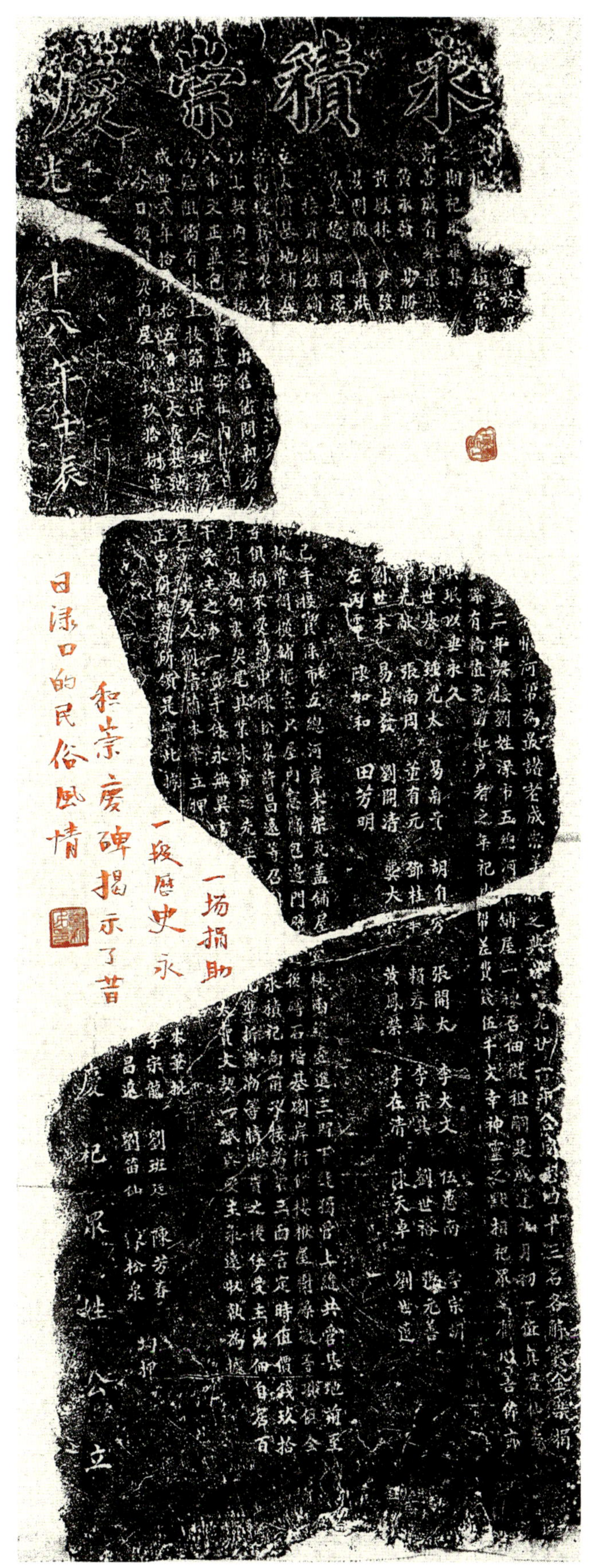

注 释

[1] 渌口有李公庙，敬李公真人为神，传说为河帮木客化身。

[2] 道光廿一年为 1841 年

[3] 渌市五总为渌口物质集散码头之一。旧时称一至八总在渌口，九至十八总在湘潭。

[4] 官街为渌口镇沿渌水的主街。

[5] 咸丰二年为 1852 年。

[6] 光绪十八年为 1892 年。

溧口育婴堂界碑石刻

该碑麻石质，通高 78 厘米，宽 34 厘米，厚 15 厘米。位于溧口镇老街接龙桥上首临河一侧，即晚清民国时溧口育婴堂房产。碑文楷体阴刻“溧口育婴堂自建”七字，因路面加厚，“建”字已埋入地下。溧口育婴堂旧宅基本保存完好，左右青砖外墙临街均有“溧口育婴堂自建”的界碑石。

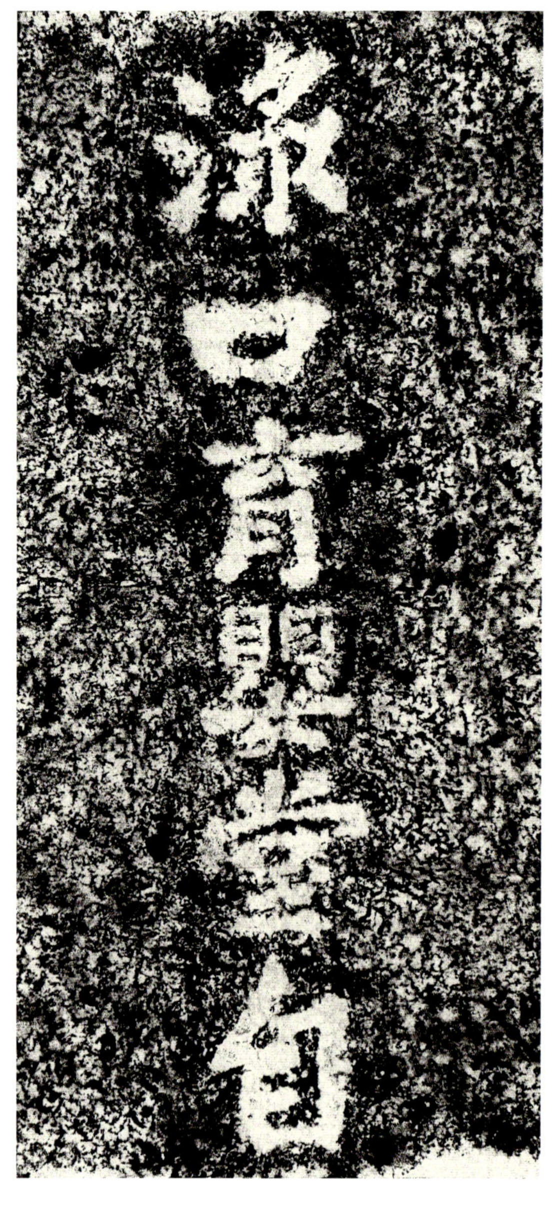

神龛石刻

该浮雕拓片源自原株洲县文化局所征集的神龛，现藏伏波岭展览馆。神龛为大理石质，长方多边形，高三十厘米。其平面一方靠壁，约占外围三分之一。朝外方有五面分三层，底层五面为整体突出，由凤尾花纹和波形纹构成。中层内凹，有花草浮雕。上层左右各有三格动物图像，正面有微型台阶。顶部有一方形孔，估计是安放菩萨的。神龛雕刻精致，体现了庙堂风情，疑明末清初物品。

渌口重修剥岸碑

该碑大理石质，通长120厘米，宽52厘米，厚11厘米。底部残缺。据碑文分析，应属双碑中第一块。原立渌口镇李公庙码头，后回收至渌口镇伏波岭庙。2014年拓片。

碑　文

重修剥岸

我渌市[1]众姓崇祀。

李公真人[2]，功德在民，虽已言□□□问庙道河滨，易遭水淹。至道光时，前贤修砌剥岸，更建庙宇。越光绪七年，合市捐……屋宇乃入继成祀。捐田又乐捐长明灯。神光普照，庙貌辉煌。可谓画美矣！所可灵老，三门面前，余地阶两尺许。□……地福仄门偏□弯曲，不便□□□江河，酬恩者由庙前而来求码头。高地势威，也无□淌步为艰。而且春水泛涨，……撞忧之患。爰是纠集同人募化，众姓乐善捐泉。择日兴工，就庙前现成石砌剥岸[3]，加高帮宽，功□□善后之。仁人……钟鼓之皇□堂基之庙，如非劳曰，壮观瞻已也。亦□祭法崇，德□拔之意，应当如是耳！

谨将众姓乐捐芳名泐石，永垂不朽！

渌口分司陈友督尉局并□□□□捐泉[4]六千二百文；

乐永济祀捐泉二十千；乐升平祀捐泉十四千；刘世定捐泉十六千文；刘学喻斋捐泉十二千文；崇和福号捐泉四千文；付寿林斋捐泉四千文；邓宪桂斋捐泉四千文；姚四和厂捐泉四千文；廷新长庆捐泉三千文；刘义成斋捐泉三千文；同福永号捐泉三千文。

李茂孙、祥顺坊、朱绍荣、欧阳得（儿泉）、刘维纲、林秉甲、陈（和太）台，各捐泉二千文正。黄仁泰、长发品、胡（□□）斋、李记斋，各捐泉一千六百文正。陈裕盛、朱秦顺、黄文震、付一元、荣泰行、付源泰、鸿昌福、张德生、彭仝兴、张青叶……以上二十八名……李福申、刘维吾、渔顺号、张元亮、何世俊斋、大昌坊、两仪生、朱崇喜、高云斗、周凤祥、□□□，以上二十八名……义利

昌、刘义和、吴维顺、张启恒、谢天荣、张世丰、廖开初、刘兴其、黄德章、洪成□、蔡云寿、廖谦益，以上每名各捐钱一千文。冯宗富、邱光元、袁恒美、万昌号、万盛冬、文义和、胡玉□、段俊臣、苏怀山、谭并盛、段泉山，以上二十七名……张光湘、张福顺、吴三与、高新祥、吕大春，共收□□□□□□□

注释

[1] 渌市即原株洲县渌口镇，旧属醴陵县。

[2] 李公真人为渌口民众传说的水上木工，死后漂浮渌江不腐。尊为神，建庙侍奉。

[3] 剎岸即石质的河岸。“剎”字本应左或下有“石”为偏旁。现为异体字淘汰。

[4] 泉，即钱。

日新祀捐碑

该碑大理石质，已断裂成三截，通长108厘米，宽40厘米，厚9厘米。原置李公庙，现存株洲渌口镇伏波岭。碑文楷体阴刻计461字。2014年拓片。

碑文

日新祀捐碑

昔有商，先后作盤铭曰：苟日日日□□者[1]，以习新乃可新天□□□□□□□心。不啻盤之沐浴其身耳！帝王有然，圣神何独不然。我渌李公真人由来久矣。贸迁于市者，荣枯得失于焉，卜之水火□□□□辙，赖以驱之。考其诞辰，为菊月朔市[2]。众倡为庆祀。备肴馔酒醴以祀之。□不一其人迨。光绪辛巳年[3]□□□同志十八名，各备钱二串，另立祀会颜曰日新。遵仿先正崇祀旧章，每岁沐浴一次。诞辰先夕，虔备□□香烛酒果，恭请真人降座。为之沐德澡身，更袍换服。亦汤盤沐浴自新。普天下之意云尔，其自士庶□下相传一世再世，以至世世籍以答神，麻而拜神。赐者于是乎，在光绪十八年壬辰岁[4]，颇堆积接，买陈式贵田业一。契系地名三望冲漏塘下，田种五斗二升二合二勺陆，抄正大小八坵。契价一百四十三串[5]正。岁收渌库额租：十二硕正，粮立屯都日新祀。

特此缕刊，以便久远查核。谨将乐捐原名列左。亦李氏付宗因敬撰。

张青珩、罗祖炽、李茂齐、刘世雯、黄澍棠、龚晓亭、张世丰、甘立庸、漆礼征、傅寿林、黄福寿、黄云谷、袁巨源、刘以文、张德建、傅一元、晏裔旦、彭映典。

光绪二十四年戊戌岁[6]孟夏　日新祀公立

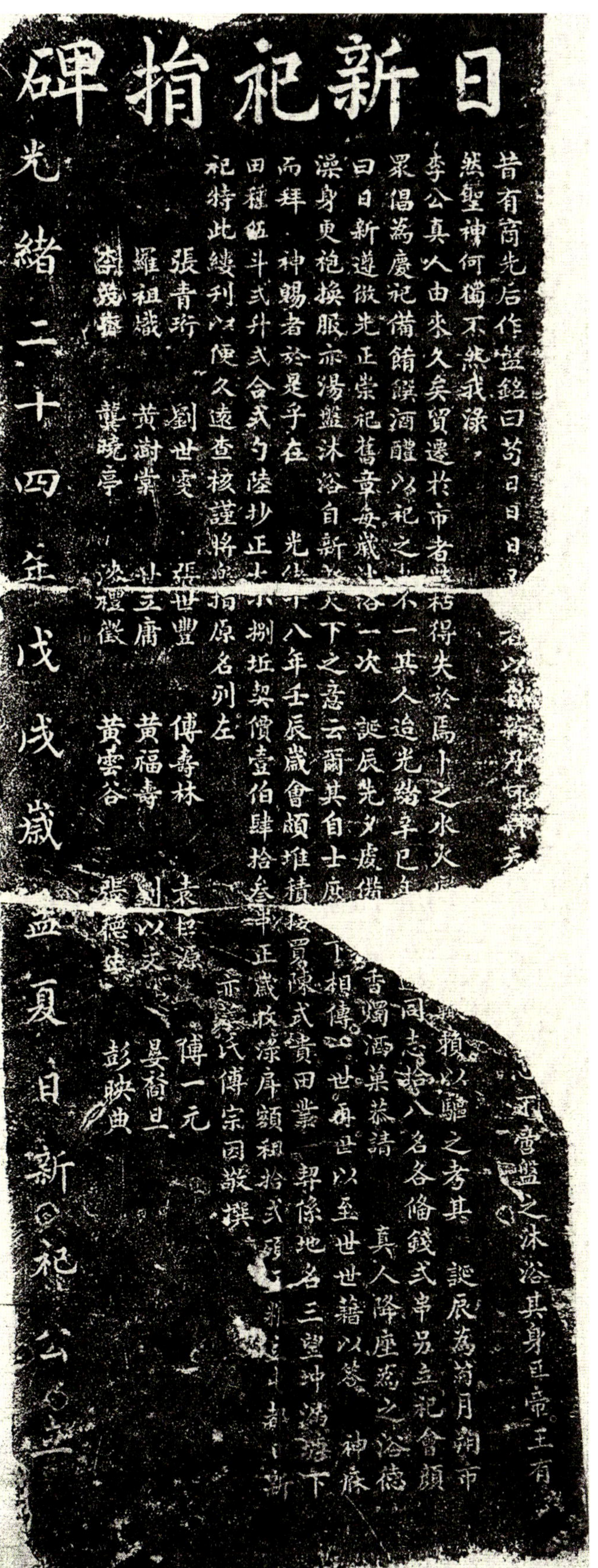

注 释

[1]《易经》有“苟日新，又日新，日日新”之言。

[2] 菊月即农历九月，朔，初一也。

[3] 光绪辛巳年即公元 1881 年。

[4] 壬辰岁为公元 1892 年。

[5] 串为清朝制钱一千文，又称一贯。

[6] 戊戌岁公元 1898 年。

四总永清堂捐碑

该碑大理石质，为原碑上半部分，残存高67厘米，宽56厘米，厚11厘米。现收藏于渌口伏波岭庙。碑文楷体阴刻，计463字。大致内容可辨。涉及当地民间消防组织的管理、建设和捐助。光绪七年为公元1881年，咸丰末为1861年，即组织水龙队已经20年。距株洲《消防志》所载1933年株洲最早消防组织提前了72年。2014年拓片。

碑 文

四总[1]永清堂捐碑

盖闻表上列九踸，撰合乾元刊碑。仰文明之象，历中召议索德……[2]何。若事前防患以无虞。此水龙[3]之置，所由宜亟也！缘咸丰末三……造选，折屋其钱尚有，冗长又复鸠染，同人莫不象占，大有倡议。……老成二人总管社。绝私心，迨期满三年卸交。算明数目，两项合符。……四界均契载现照。逐收租息，用济岁修，预为之防。恕一时无所……龙德酿平安之福。谨叙芳名捐项，更立各款条规，悉勒于碑。……

一议公举总管两人。三年一换，必择殷实老成，逐收租息。……骗，致于处罚。一议永清堂祀已买本市店屋，新老……巳身后人，永不许出祀出项，并不准概入。违者处罚。……雇率扶龙者，精壮后生四人，掌龙背者一人；速将水龙……只，各随水桶一担，往来照耀，以图快便。事后扶龙掌背……一百文。此举爰为救急而设，外开缘项，概不兴闻。……明晰注簿，将各契抒佃、约数簿一概卸交下手。倘查……

倡捐：福荣号、易寿山、张恒泰、刘德泰、黄福盛；以上每名各捐泉四千文。长发品、天宝斋、袁集成；各捐泉三千文。杨万春、袁恒美、许清莲各捐泉二千文。洪茂斋、秦茂斋、洪晰号……

皇清光绪七年……

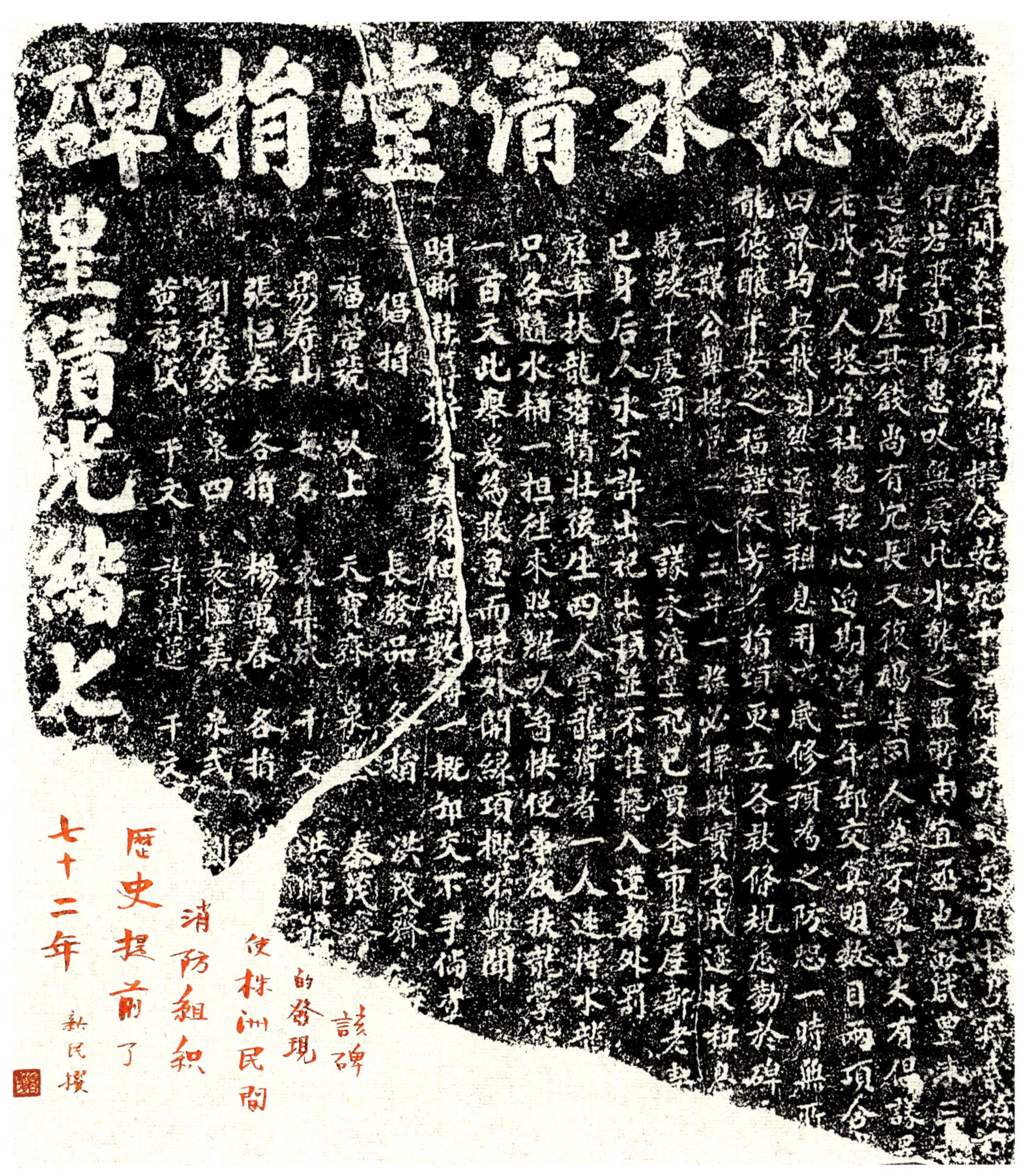

注 释

[1] 四总为旧时渌口的码头及镇中心地段。

[2] ……为文字不详，系该碑遗失部分。

[3] 水龙即晚清、民国使用的一种人力消防车。利用杠杆，人力上下摇动加压，使两个压缩缸交替工作，形成连续水柱灭火。

附：永清堂的消防善举

株洲县渌口镇，旧时隶属醴陵，镇市一至八总，四总为镇中心。是重要的物资集散地。然而，沿江岸陡坡排列的篱笆屋、吊脚楼火险严重。据此，早在清晚期，亦称醴陵渌口司的这地方，就建立了义勇消防队伍，添置了消防设施。光绪七年（1881），永清堂捐款重建消防组织和消防设施，确保水龙应急。理由“若事前防患以无虞”“此水龙之置，所由宜亟也”。制度上“更立各款条规，勤悉于碑”。人员上“公举总管二人，三年一换”“雇扶龙者精壮后生，四人掌龙背，一人速将水龙……”“各随水桶一担，往来照耀，以图快便”等。

据碑文分析，渌口的义勇消防至少建于光绪七年（1881 年），位置在天符庙。距今已有 130 余年。

该碑为大理石质，收藏于伏波岭。可惜碑残，无法见其全面目。《株洲消防志·大事记》载：民国 22 年（1933）株洲始有义勇消防组织。咸丰末为 1861 年。该碑的发现，将株洲组建民间消防组织有据可查的时间，整整提前了七十二年。

易仕俊墓志铭

墓志铭于2007年出土于原株洲县南洲镇竹园冲村苦竹组凤形山清墓。其墓泐刻天然摩崖为碑，被列为省级文物保护单位。墓曾被盗，仅发现墓志铭。兹大理石质，由两碑榫卯合面而形成匣体。两碑通长宽69厘米，分别厚约13厘米。泐于清代嘉庆二年即丁巳岁（1797）。【碑一】墓志铭文为凸面。【碑二】墓志铭文为凹面。【碑二】背面为壳，阴刻楷体“内藏墓志铭记”竖行6字。凹凸两面碑文形成全篇墓志铭，楷体阴刻，计30行共597字。其字迹清晰，基本完好。现藏于原株洲县文物局。2019年7月3日拓片。

碑 文

【碑一】

岁进士[1]候选伝学训导易公墓志铭

公讳清，字仕俊，号荃邨，邑之西乡人，系出山西太原。自忠愍殉难后避乱迁浏，才公由浏徙醴东山，历十三世。届公始卜筑泉溪。父君帝，有隐德，生子四，公居三，性孝友，重然诺，不可以非礼相干。先是君帝公不善治生产，不及中人，十一公扩而大之，比于素封。然见义勇为，耻与守望钱者伍，故建桥梁。修文庙书院取怀而予无吝也。易氏迁醴未建祠，公倡修之，并置产为合族祭祀费。星沙忠愍公祠久圮，各属纠议重建，众有难色，公慷慨捐重资，立碑以为倡，始得竣事。其生平事多类此。公生于康熙癸巳[2]正月二十一巳时，殁于嘉庆丁巳四月初三巳时，寿八十有五。元配系刘公斐臣女，继配系刘公云从女。子四，长世楷，吏员，先公卒，娶刘公振省女，再娶张公槐荣之女。次世恭，早殀未娶。次世伟，吏员，亦早世，娶马氏之女。俱元配出。次世珍，例授州同，娶府庠曰公恭观女，继配出。孙四：德荣，娶国学生。

【碑二】

孙公七峰女，楷出。德茂、德惠、德恕，珍出。曾孙六：光炤、光灼、光杰、光烺、光煓、光烈，荣出。孙女三，长适汤世周长媳，刘出。次适张际佳次媳，张出。次适邑庠刘公大发子粹菴，伟

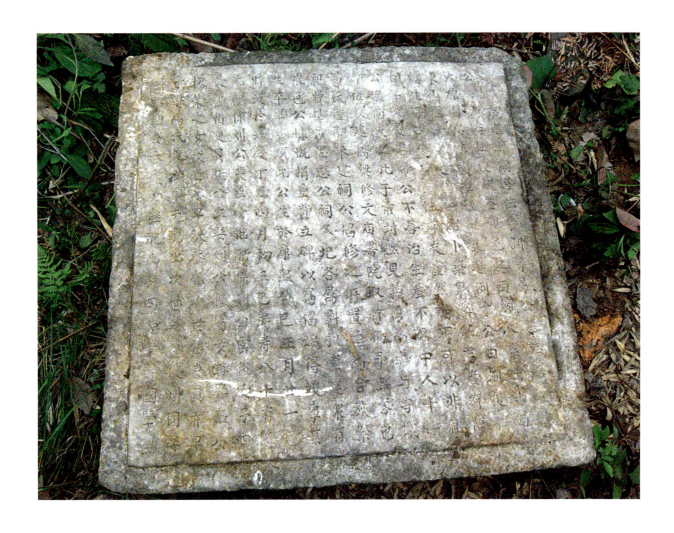

出。以戊午二月十四日附葬竹园冲凤形山之阳，辰山戌向兼乙辛分金，元配右，继配左，公墓居中，盖亦鲁人合之之意也。珍以状丐，铭不或牢，辞爰志之，而檕以铭，铭曰：

醴之西，有哲人，崇实黜华，返本还淳，睹佳城之郁郁兮，应奕叶之嶙峋。钦赐进士知醴陵县事年家眷弟齐弼顿首拜撰。

注 释

[1] 岁进士不是殿试进士，是对于“岁贡（生）”的一种雅化的别称。真正的进士为钦赐。

[2] 康熙癸巳，为康熙五十二年即公元 1713 年。

内藏墓誌銘記

内藏墓誌銘記

孫公七□女曾出德茂德薰德忠珍出曾孫六
光焰燮炟光杰光焕光端光烈荣出孫女三長
適馮也周長媳刘出次適張霽雄次媳張出次
適邑庠刘公大發子梓菴偉出以戊午二月十
四日卜葬竹園坤鳳形山之陽張山戌向兼乙
辛之分金元配右繼配左公葬居中孟爾晉合金
之之意也珍以狀丐銘不獲辭爰誌之而系
以銘銘曰
郎之西有吉人崇實黜華返本还淳規佳城
之麓兮令真實業之峰峒
欽賜進士知醴陵縣事年家眷弟
舜雨頓首拜譔

渌口“重修庙貌”碑

该碑由两块大理石组成。均通高180厘米，宽65厘米，厚10厘米，重约640市斤，刻于1940年，计余存3071字。为目前所知株洲市县较大碑刻之一。碑一有240人捐款银洋2676元。其中广济堂1150元、日新祀150元、渌口箩业100元；捐50元有3人、20元6人、15元2人、10元30人、8元2人、6元2人、5元65人、4元12人、3元45人、2元70人。碑二全部由乐捐芳名组成。由四块残碑拼凑后，仍不失民国渌口花名册功能，许多当地居民能从中找到先祖的名姓。2014年拓片。

碑文

重修庙貌

【碑一】

盖闻李公真人[1]，传为木客。化身飞仙于渚岭山下，托影于渌水江头漂流不去，异香勃来，令人闻之，疑乎之神。举之于行台祀之，以香仪感灵，赫濯遐迩。景仰昔前辈，捐资购地于四总[2]河畔，建筑庙宇码头。灿烂辉煌，乃升霞于庙堂，共视千秋。第以年深月易，风雨飘摇。鸟鼠剥落，木则朽而少全；石虽坚多而离动，形将顷颓。遂于民国庚辰年[3]冬会议重修。内之廊柱、鼓楼、栏杆则用砖石，外之亭子则依旧更新；始勤垣墉，终涂丹护，以期巩固而壮大观。经营数月才告完成，用费之金计三千有奇。幸解腰缠而踊跃，咸翰将肯首而云，从刊之于石，庶后之热心好事，规其烛肥，继续修葺庙宇重新，则神灵呵护，锡福无疆。俾斯庙永垂不朽！名兴功偕！刘国轩敬撰 张瑾瑜敬书

谨将众姓乐捐芳衔列后。

广济堂捐洋[4]一千一百五十元；日新祀捐洋一百五十元；渌口箩业捐洋一百元；厚崇堂捐洋五十元；黄锡藩捐洋五十元；永济升平捐洋五十元；刘盛公祀捐洋二十元；春分祀捐洋二十元；醴陵航运捐洋二十元；天顺祥捐洋二十元；朱德贵孙氏捐洋二十元；肖义廷捐洋二十元；德裕厚捐洋十五元；甘梅生捐洋十五元；渌口慈善堂捐洋一十元；吕秀山捐洋一十

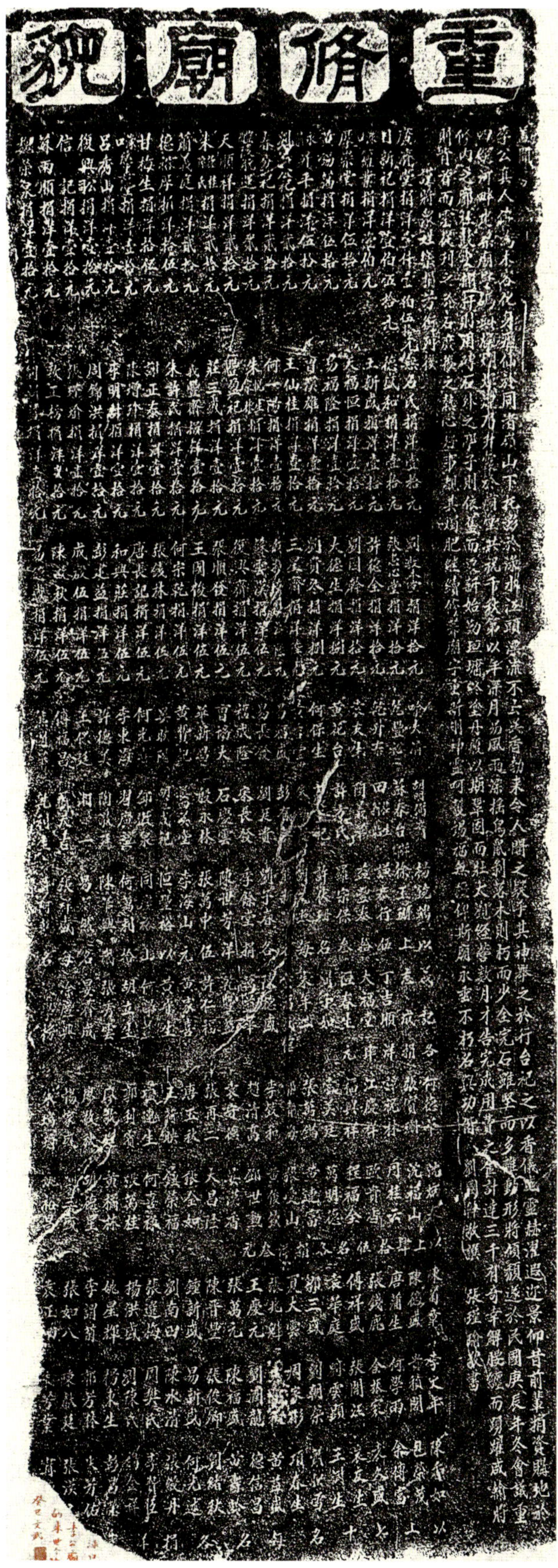

元；复兴公司捐洋一十元；信记捐洋一十元；苏雨顺捐洋一十元；魏崇泉捐洋一十元；无名氏捐洋一十元；德盛和捐洋一十元；王新盛捐洋一十元；天福恒捐洋一十元；易福隆捐洋一十元；曹汉雄捐洋一十元；王仙桂捐洋一十元；何一阳捐洋一十元；朱悦生家栋捐洋一十元；丰盈祀捐洋一十元；庄三盛捐洋一十元；义丰斋捐洋一十元；朱许氏捐洋一十元；谢正泰捐洋一十元；陈增瑜捐洋一十元；李明计捐洋一十元；周锦洪捐洋一十元；张瑾瑜捐洋一十元；欧正榜捐洋一十元；刘新益捐洋一十元。

刘发本堂[5]捐洋十元；张忠心堂捐洋十元；许德全捐洋十元；刘国榦捐洋十元。大德生捐洋八元；刘贵冬捐洋八元。三星斋捐洋六元；向提南捐洋六元。苏云汉捐洋五元；复兴斋捐洋五元；张顺发捐洋五元；王国俊捐洋五元；何宗乾捐洋五元；张钱林捐洋五元；唐长记捐洋五元；和兴庄捐洋五元；彭建益捐洋五元；成启伍捐洋五元；陈启秋捐洋五元；易德胜捐洋五元。

喻大斋、乾丰裕、范升泰、袁友生、黄花台、何保生、黄吉堂、易福盛、易长发、福成隆、曹协大、华新昌、黄货记、晏映阶、何光喜、李东海、许德美、王保廷、付福昌、熊国华、胡明弼斋、苏春台、田庄生新贻、陶义华、许方氏、□□□祀、朱海隆、彭有藩、刘廷贵、宋长发、石庆云、殷永林、晏四汉堂、胡范成祀、邓漱泉、刁广善、陶敬廷、湘心一、蒋天吉、乾利生、杨镜锡、萍乡徐玉珊、谦斋行、益丰泰、罗宗保、许伏珊、胡兴照、熊新盛、刘子春、季余堂、陈世芳、张万中，以上五十三名每名各捐洋五元。

恒丰裕、同庆裕、何万利、陈华兴、易满然、张祥盛、连何然、义记、志成、丁吉顺、大福堂、恒春生，以上十二名每名各捐洋四元。

刘子如、朱年二、黄福盛馆、陈德盛、万益华、乾丰益、许仁福、黄家喜、黄守生、何学益、胡立生、张秀云、晏齐成、涂广兴、苏学务、何德华、张实珊、谭祝林、江庆祥、福兴祥、彭美廷、张万鏰、鄢清海、李致和、赵清高、袁奇德、张再二、唐玉秋、王荷映、项连生、郭利宾、廖敬廷、廖敬秋、杨家盛、朱瑞珉、沈炳春、沈福山、周桂云、欧贵香、程福全、万明德、黄连富、张受山、黄俊钦、邓世熏，以上四十五名各捐洋三元。

晏汉香、大昌隆、张金如、钟荣福、何喜禄、张万桂、黄橘林、胡德星、刘三盛、姚裕昌、陈菊章、陈德胜、唐蒲生、张钱鹿、付祥盛、袁华廷、鄢三盛、夏大云、张兆魁、王庆元、张万元、陈晋丰、钟新盛、刘南田、张选梅、杨洪盛、姚星辉、李谓菊、张如八、袁正如、李文年、贵积阁、何学雨、余振环、张开江、刘云显、刘朝荣、□□□、刘润龙、陈福盛、张俊卿、易新盛、陈水清、周樊氏、刘陈氏[6]、杨东生、郭芳林、陈献廷、陈芳业、陈香如、包荣茂、余付当、袁久盛、袁友生、王树生、肖映雪、项春生、黄益

四分五裂的残碑
終成一統
癸巳 新民

盛、德信昌、黄寿龄、刘绪秋、何光述、张绶丹、李赞恒、杨金祥、彭昌荣、朱芳佑、张汉□、肖□□，以上七十名每名各捐洋二元。

【碑二】

□□□、□□茂、□泽三、张光照、陶友云、杨绍穆、宋福生、陈清高、刘顺生、袁文彬、刘科云、符银华、荣祖益、周光裕、周苗运、……朱明调、罗宝生、琥冬生、候兆雄、肖保安、马世骏、毛海冰、金树琪、晏四美堂、张钱星、张桂生、张万全、张钱开、邓美□、何清华、张□山、□益泰、张俊生、荣庆裕、胡大碧、杨西生、□连生、□劳政、□□再、□□元、□□日、□□□、刘信泉、刘信禧、袁树石、张贵生、陈月楼、刘冬满、熊汉辉、段兆科、孙爵上、许德生、黎同生、□岳云、彭继华、江春生、刘汉秋、胡德伍、易友进、朱元登、程有才、同何顺、何宗远、程瑞云、童长林、刘耀集、甘国桂、彭家忠、曾明二、刘□□、马桂□、陈万楠、曹开榜、甘永连、彭广源、唐申山、刘汉南、沈紫章、陈启梅、段春生、王雪卿、王监臣、袁佑二、甘承九、甘承泰、甘二美堂、甘再生、许业美、周家祥、黄李氏、刘绍南、刘长盛、金永扬、彭聂氏、秦菊生、廖洪美、易冬初、渌口斋号、胡家槐、天怀芳、张亚氏、黄有权、庆和圆、邓达四、罗长发、张复盛、张大生、张达廷、张茂盛、郭裕盛、朱祥泰、□□□、大昌阁、谭万盛、张逮汉、李南轩、朱德福、贺宗濡、彭佑生、廖月台、张菊轩、易连生、刘徐氏、胡晋□、崇岳行、陈桂林、李海清、李人炳、李人寿、晏德林、陈履福、刘绪余、段宁晋、刘联芳、顺天福、张有生、戴华廷、高德昭、张选银、罗家四、朱子琪、黄玉成、李明武、殷象胜、张大玟、黄浦生、张祥文、何总芳、殷顺生、刘冬林、张邓氏、黄家祥、鄢泽乡、易运雪、彭棣华、彭亿臣、吴济端、姜炳华、张国政、张齐台、吴星桥、刘守恒、刘菊贞、殷春四、苏义盛、利大斋、陈龙波、朱开益、简舜臣、陈迪连、彭声扬、黄孝垅、邓秋云、许德应、袁俊廷、朱宗传、聂万盛、□□□、□□□、程□□、王华□、光福□、郭紫廷、林柏和、金应生、周寿松、王明开、陈云飞、胡周敬、黄桂林萍乡、易晋云、李春生、肖长生、钟腾毓、田勉勤、巫裕兰、肖志迪、吴同美、许耀明、邓海春、瞿平涛、周作扬、许镜堂、黄道生、□□□、□□□、□□□、□□□、□□坤、□□成、□永富、□□林、廖□香、贺□□、潘端□、刘汉生、刘少凡、李桂华、陈扬福萍乡、谢盈乔萍乡、周曰庠、邓正东、邓长东、谭俊礼、谭碧余、李国钧、蓝云发、曾益乾、陈海清、张祥瑞、罗泳生、刘仁盛、曾发益、刘铣仁、袁福昌、赵桂钦、晏申泰、康有清、胡兰生、刘佑珊、谭德礼、周桂和、胡少春、贺绍云、肖裕后、□松元、□少生、□作仁、□保生、陶□斌、严少林、黄应东、萍子云、张凤□、黎桂□、邓有□、秦命

□、愚怡生、怡兴祥、怡丰祥、唐乾吉、简伏林、朱新美、朱新兴、朱隆意、何业权、□裕大、长利和、怡和顺、苏国泰、积丰公司、朱隆生、利昌、段克全、三俊堂、三福堂、朱玉生、朱翰卿、罗凯南、朱芳城、刘正声、朱芳泰、张星梅、朱德昌、张德熙、刘金和、刘金波、罗春辉、罗台梅汉、刘正南、张德山、涂代生仁、曹林凤、彭万全、陈金生、张弓金，以上三百三十六名，每名各捐二元正。

朱瑞香、刘春生、合盛祥、信昌祥、义盛昌、郭□□，以上六名，每名各捐洋三元正。

刘玉昌、吴振球、李明斋、陈三泰、万生盛、陈少卿、黄春盛、李□□、□□、唐□□、刘仿仙、王少泉、袁文魁、周冬生、周云生、周寿枚、唐招华、彭新源、王少华、周文安、陈迪菊、郭荣华、楚光南、许盛桂、潘汝泉、陶礼仁、郭长清、万新益、孙开茂、苏怀叙、无□□、……张□□、醴陵□、成金□、袁善□、王德□、胡□□、永□、大昌、升昌、景昌、何为贵、周贵生、肖寅彬、黄国培、杨长发、彭万□……每名各……

注 释

[1] 李公为时属醴陵的渌口传说中的神，立庙敬祀。

[2] 晚清民国时，渌口镇沿渌水自上而下设有一至八总，四总在镇中心地段。

[3] 民国庚辰年为公元 1940 年。

[4] 捐洋为银圆，亦称银元。清代由国外涌入，俗称银洋。

[5] 堂一般为铺面店号。

[6] 周樊氏、刘陈氏一类姓名系女性，捐款者为丈夫已故，独掌门庭。

朱亭敕建鲁班庙碑

该碑大理石质，通高107厘米，宽37厘米，厚10厘米，碑文楷体阴刻，披露了朱亭鲁班庙始建时间。该碑原置朱亭鲁班庙，现由朱亭镇港街居委会保管。2014年拓片。

碑　文

敕建鲁班庙碑

从来神悊人功，皆有所祀。斯庙也，云等肄业梓人，不有□公输仙□□□□慈□□奉祀，有乐惠安神无庙。甲辰[1]岁夏，首为捐资。□罗□□□□□□□建，虽固不巍，□□广壮，朱亭观联为神所凭依。□□□等□□□□□□□莫能容人。幸值基址宽舒，尚可建造。募化同人□□共勅，修栋落成，前□益丽。神德□功，并相媲美。芳名永垂千古，兴志不乏一人。是为记。

胡云友捐钱二掛[2]；肖英达捐钱四掛；蔡笃诚捐钱三掛；肖抈经捐钱四掛；肖逢轩捐钱一千；刘武列捐钱一千；罗国材八百。

卿建明五百；卿少一、谭如达各二百；谢士容一百六；文仕□、谭九明各一百。

乾隆五十三年[3]岁次戊申季冬月望有[4]五日敬立

注　释

[1] 甲辰岁为乾隆四十九年即公元1784年。应为鲁班庙始建。

[2] 掛为成套成串，也是一吊钱一千文的意思。

[3] 乾隆五十三年为公元1788年。

[4] 望有，望为月最圆之时，即农历十五；有是又的通假字，表示又过了五天。即农历十二月廿十日。

汪氏古井碑

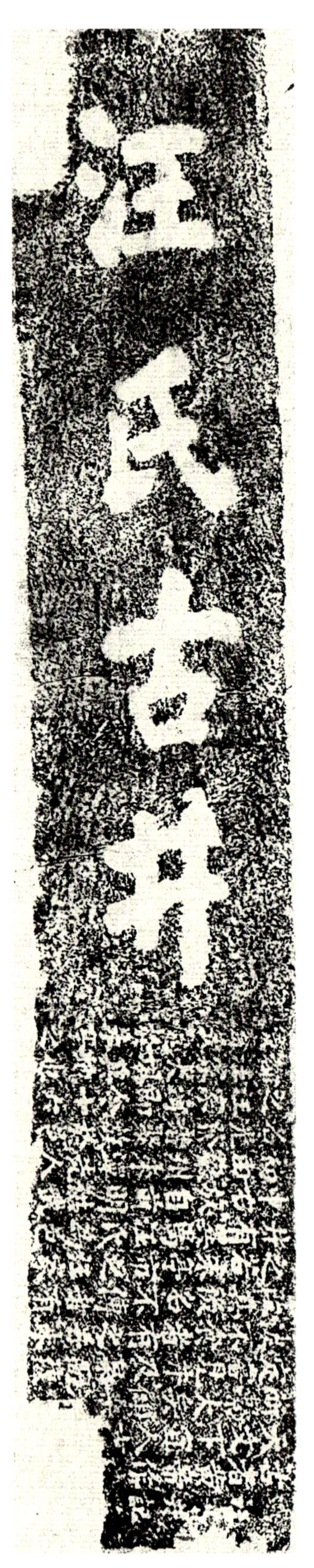

该碑麻石质，刻于清代，长170厘米，宽30厘米，厚9.5厘米，横卧古井上方。碑左按竖立式榜书“汪氏古井”四字，碑右按碑横卧式楷体阴刻碑记133字。2017年9月13日拓片。古井长2米，宽1.5米，深3米，井壁由麻石垒砌而成，位于朱亭镇泉家岭，隶属朱亭社区新街居委会。其开凿于明洪武年间，曾有上、中、下三井，分别作居民的饮用、洗漱、牲畜饮水之用。因湘江建坝后水位抬升，现仅存上井，已列为省级文物保护单位。

碑 文

汪氏古井

汪家井记

古者，黄帝作井，上应天文，下宜人事，井之所系大矣。顾桑沧难定，尝见井及泉而后沉不食者有之。井未改，其后名不传者有之。若朱亭市之汪家井有异焉。汪氏为邑中右族，自前明洪武初，由徽州来潭。先人名光发者聚族于邑之汪家湾，即今十六都汪家大坝其地也，后裔散处于朱亭之。

砚盖山水石刻图

该砚盖长 20 厘米，宽 13.5 厘米。盖面满工浮雕山水房屋图，标款篆体：八公山人张氏小道成作。系流传株洲老物件，由株洲古玩爱好者汤某收藏。

朱亭鲁班殿老会碑

该碑大理石质，通高 74 厘米，宽 37 厘米，厚 10 厘米，边缘有少量残缺。原置朱亭鲁班庙，现藏朱亭镇港街居委会院内。2014 年拓片。

碑　文

鲁班殿老会

肖清贤捐钱二千文；周桂云捐钱二千四百文；文秋生捐钱一千六百文；马梁成捐钱一千六百文；李仁硚捐钱二吊文；陈復海捐钱一千六百文；李春连捐钱一千六百文；吴春硚捐钱二吊文[1]；唐明意捐钱二吊文；唐明皆捐钱二吊文；唐泽润捐钱二吊文；文泽明捐钱二吊文；胡身云捐钱二吊文；文道登捐钱四吊文。

文术忠捐钱二千文；游祖万、吴忠华各捐钱二千四百文。李祖荣、向先安各捐二千文。唐吉昌捐光羊洋[2]二元；匡漳桂、唐清福各捐二千四百文。侯洪云捐钱五千六百文；阎开伍捐钱二千四百文；文长春捐钱二千文；文道登捐钱四千文；谢元冬捐钱二千四百文；彭福田捐钱二千文；宋曾桂捐钱二千文。

□□□、同德泰、喻紫成、颜永发、谢桂林、唐湘连、李文尧、胡桂云、文招各捐光洋一圆。杨其林、文雪林各捐元钱[3]二千四百。文茂堂捐元钱二千；聂元昌捐元钱二千四；谢德林捐元钱二千六；颜博清捐资一元；文洪喜捐元钱二千文。

中华民国十四年[4]乙丑岁冬月刊

注　释

[1] 吊文为铜钱一千文。

[2] 光洋为银元的俗称。

[3] 元钱指机制铜板。

[4] 民国十四年为公元 1925 年。

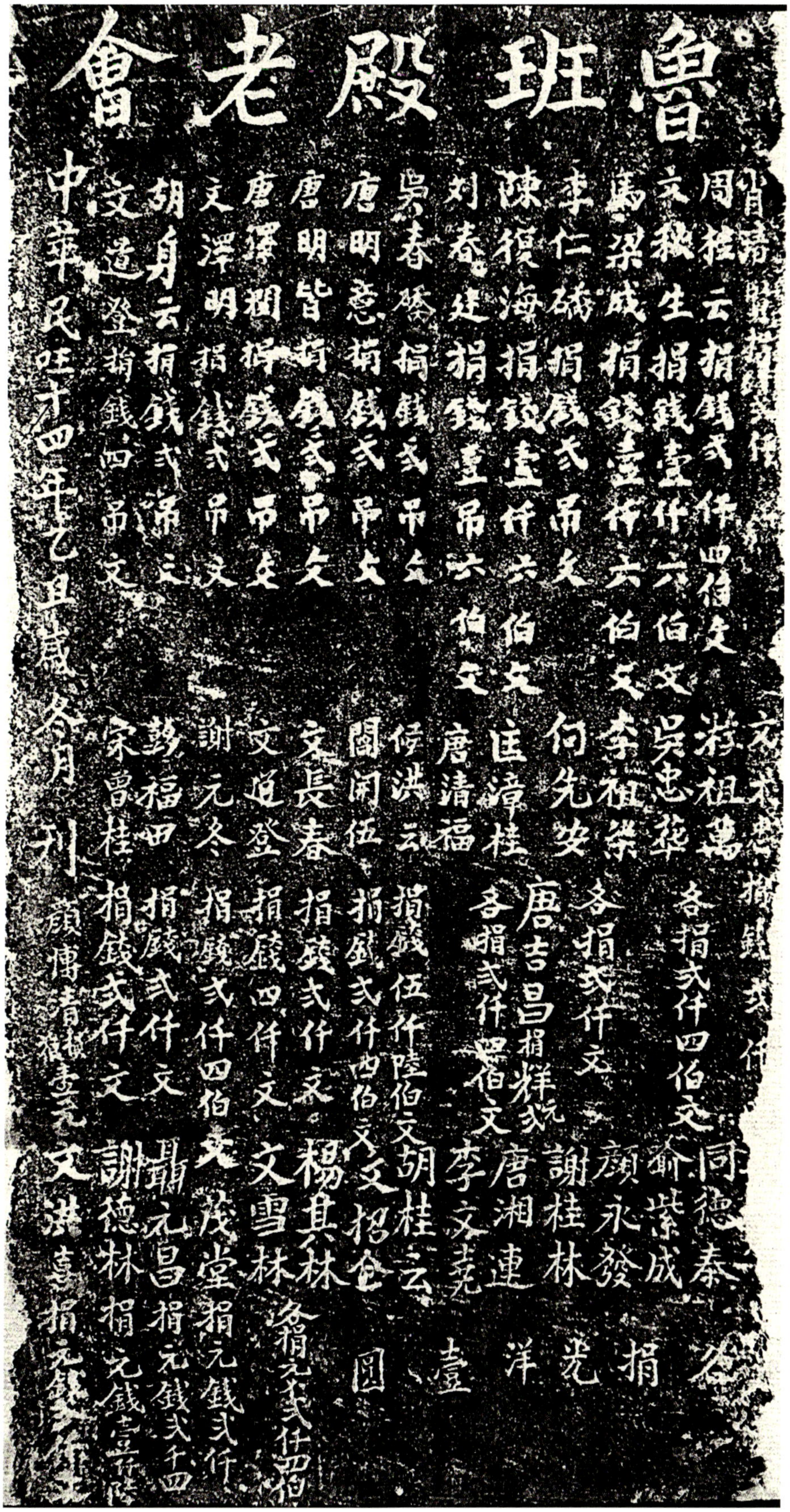

魯班殿老會

背請……

周桂云捐錢弍仟四伯文

文秘生捐錢壹仟六伯文

萬梁成捐錢壹仟六伯文

李仁碗捐錢弍吊文

陳復海捐錢壹仟六伯文

刘春廷捐錢壹吊六伯文

吳春發捐錢弍吊文

唐明意捐錢弍吊文

唐明皆捐錢弍吊文

唐澤樹捐錢弍吊文

文澤明捐錢弍吊文

胡月云捐錢弍吊三

文遺登捐錢四吊文

中華民國十四年乙丑歲冬月 刊

朱亭鲁班殿置产捐碑

该碑大理石质。通高102厘米，宽53厘米，厚9厘米，碑文楷体阴刻。2014年秋因小孩玩耍造成断裂四截，其中第二截粉碎无存，现存朱亭港街居委会。鲁班殿原为朱亭镇木业工人的行会公所。每年祭祀和行业聚会在殿举行。2014年拓片。

碑　文

鲁班殿置产捐碑

胡象明、唐泽广、彭世全捐钱十千文；尹洪英、谢俊茂捐钱一千文；傅世祥捐花银二元；黄清杨捐钱一千六百文；侯元连捐钱一千七百文；陈观福捐钱一千六百文；李仁和捐钱一千二百文；曾孔道捐钱九百文。

……谭□□、马雪梅、尹开俊、尹长茂、尹义奂、徐泰观、朱为美、尹周贵、肖东清，……钱一千。……杨□□、尹□□、刘□□……[1]

……[2]

……□□云、□□銮、□世明、谭清明、丁紫安、□为声、□有庸、□芝裕、□希云、□□梅，……钱八百文正。□云十、□观云、曾旺俊、曾春台、皮经魁、颜开鲁、刘楚炳、阳贵华、谭光南、江逢春、谢远德、刘子杰、谢青松、陈福全、侯光荣、肖东益、刘成桂、谭春和、齐凤高、伍汉山，各捐铜钱八百文正。向三坚、马加寿、谭旺春、刘顺卿、贺善作、莫致和、肖云一、曾云兹、肖登桂、何石云、齐步仁、贺置林、谢显宗、陈谷堂、张明秋、陈寿福、肖瑞樽、罗石泉、谢治臣、肖仁光，各捐铜钱八百文正。侯泽福、肖秋桂、曾朕文、彭大和、徐奂葵、齐富桂、胡济笃、何云长、皮好山、黄云田、周禄甲、陈裕桥、陈顺章、刘春甲、肖开喜、钟世潢、肖春山、邓□早、朱焕奇、吴朝隆，各捐铜钱八百文正。喻景云、刘凤楼、陈国典、肖南山、刘盛葵、谢元茂、颜其文、刘彩章、齐章□、齐长寿、齐良清、胡芳田、肖东林，各捐铜钱八百文正。肖秋云、陈昌仝、谭旺盛、周祖孝、黄凤五、颜宗万、谭金祥，各捐花银一元。何□□、莫清顺、□受廷、刘云桂、肖燕卿、颜德兴、□□□、唐令成、向俊德、□先达，各捐钱一千。

盖闻置产输捐，注定于前刊碑记铭……界，纠集丛事，均输乐捐。于光绪二十九……刘同男、肖枚生，十八都八甲烟竹塘[3]……十屯肖连福户下额，正银七分正加……瓴水车水照股分注，荫甽左边山岭……扫。售与鲁班殿石木砖界四艺首十……等向前承买执契管业，兹将田名泐……

光绪二十……卯岁[4]冬月刊立

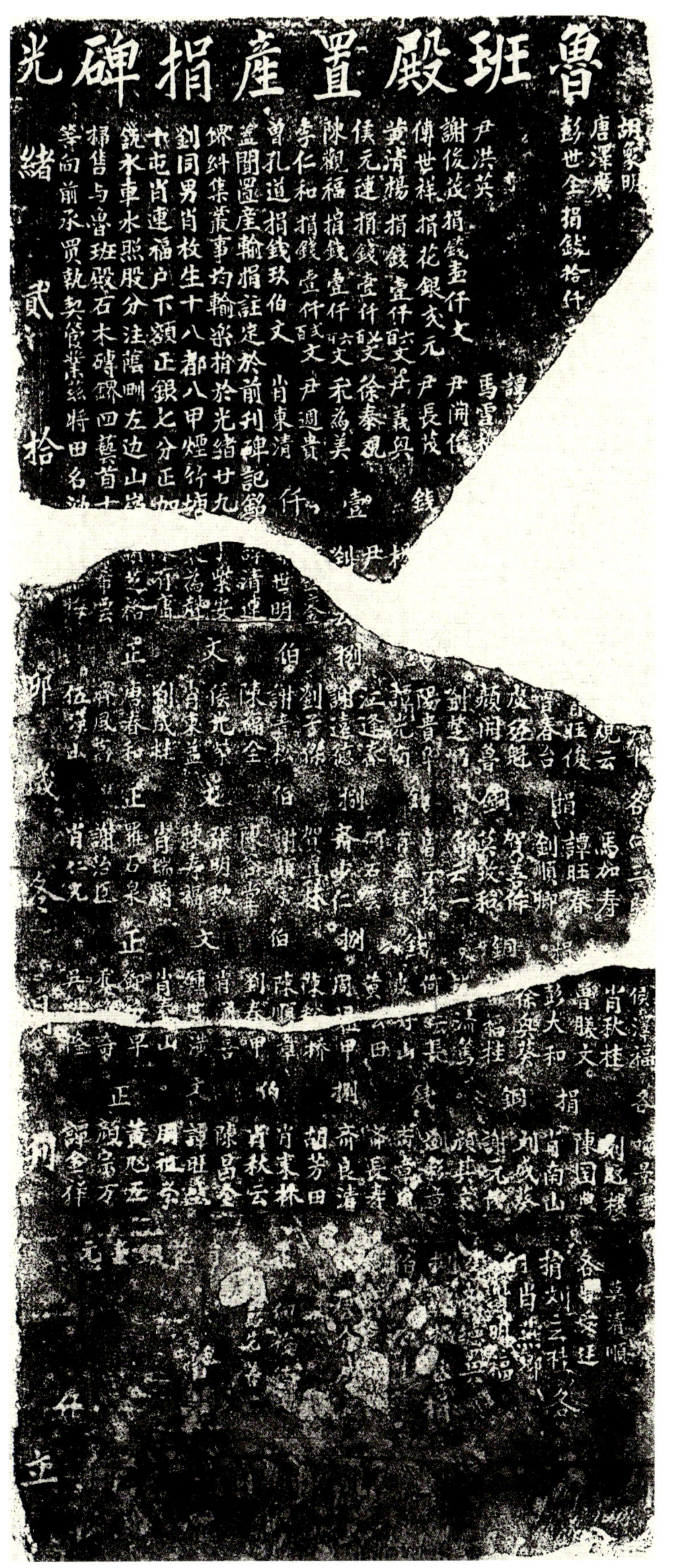

注 释

[1]……应有文字而残缺的部分。

[2]……推断有约 20cm 中间碑断裂后缺失。

[3] 烟竹塘现为朱亭镇辖地，朱亭原为湘潭县十八都一甲。

[4] 光绪二十……卯岁，应是光绪二十九年癸卯岁，即公元 1903 年。

朱亭鹿苑慈云碑

该碑大理石质，通高114厘米，宽49厘米，厚11厘米。碑文楷体阴刻，计11竖行，每行满格16字，保存基本完好。现存渌口区朱亭镇港街居委会院内。2014年拓片。

碑 文

鹿苑慈云

朱亭迴龙庵[1]，原属何氏基地。历年久远，先代屡修。兹因佛殿倾颓，信女何阿李，年届八旬，率男笃生，孙：攘、挥、杨、播、授、楼、摇，曾孙：启昆、启纶、启桂、启宇、启秘、启栋、启运、启棹、启宾等捐资重修。行见庙宇辉煌，佛像庄严。敢云功德原无隳[2]。先人之旧业已尔。

乾隆三十六年辛卯岁仲夏月[3]吉旦敬立

住持僧会司、淳山徒、西竺徒；孙：佛坚徒，曾孙：显光、显明、显达徒；元孙：德高、□□、出凡。

注 释

[1] 迴龙庵在朱亭镇迴龙巷内，现迴龙巷已毁，庵堂已不存在。

[2] 无隳，即没有倾坍倒塌的状况了。

[3] 辛卯岁仲夏月为公元1771年农历夏季第二月。

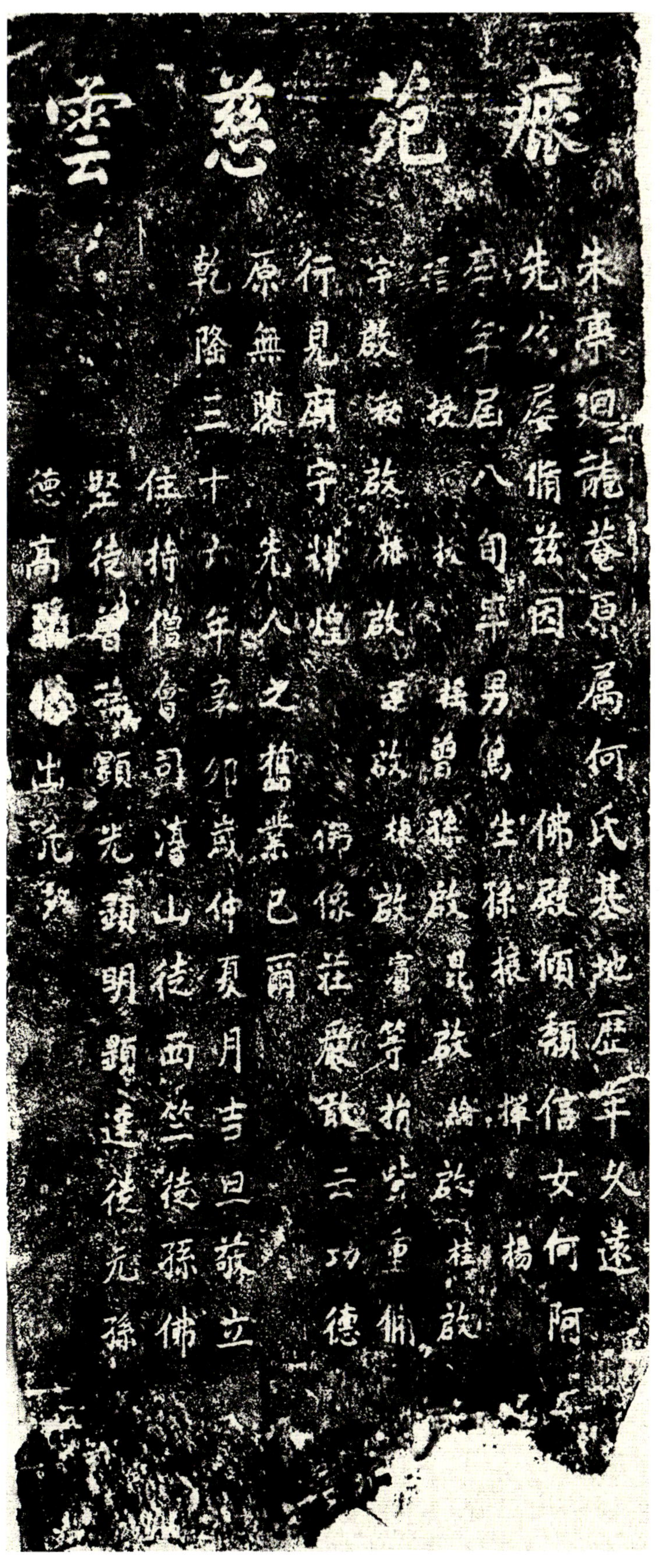

朱亭万寿宫残碑

该碑大理石质，碑额“重修万寿宫碑誌”从右至左楷书阴刻，仍清晰可辨。残碑仅存碑上左角部分。余高47厘米，碑宽64厘米。正文基本不清楚，有“奇男子、南昌、吉安”等文字。万寿宫位于朱亭正街南段临河一侧，已毁。其碑系江西商民于清代在朱亭建万寿宫，祭祀许真君所泐置。

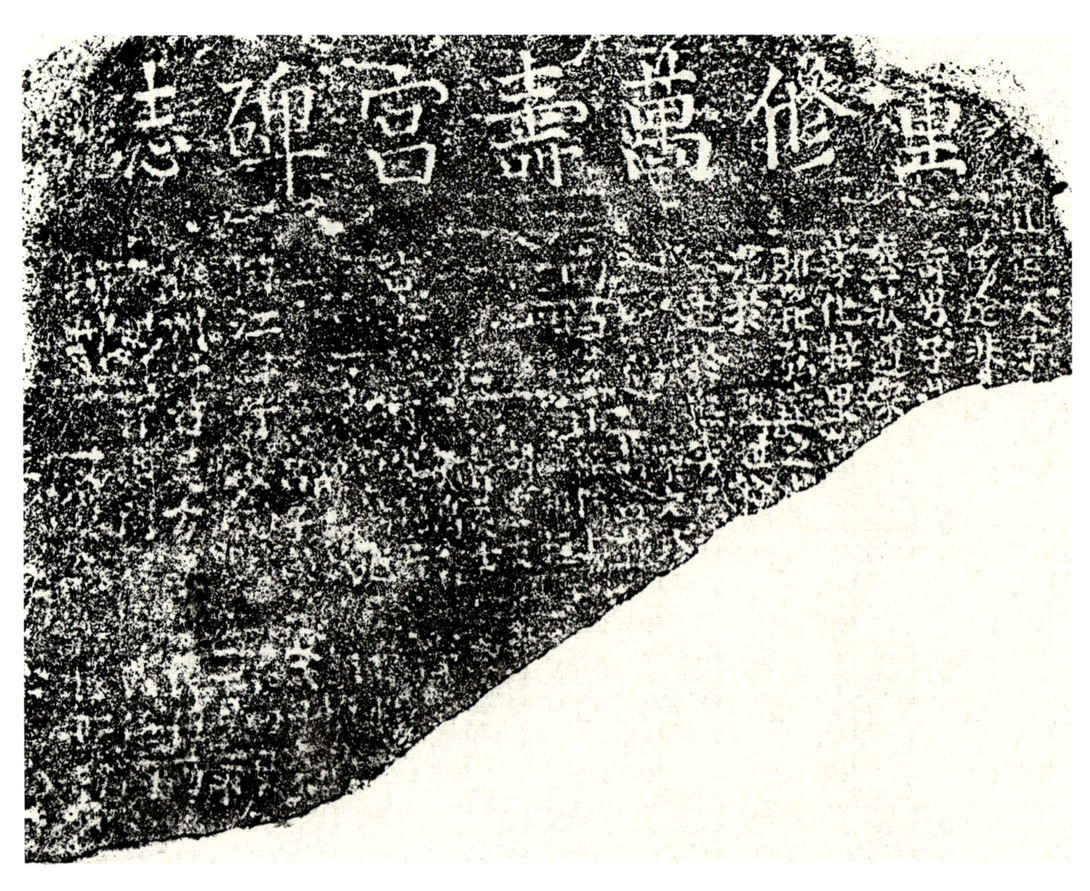

朱亭育婴堂碑

该碑大理石质，长161.5厘米，宽60厘米，厚6厘米，嵌置在朱亭镇老街原育婴堂内室墙体。2005年原育婴堂发生火灾，房屋被毁，住户搬迁，抹有黄泥石灰的墙壳脱落，从而碑被发现。碑额“百世之箴”隶书阴刻，正文楷体阴刻，共计1165字，字迹清晰，保存完好，是研究株洲传统慈善文化不可多得的资料。

2017年9月13日拓片。

碑 文

百世之箴

群生在育，饥溺为怀，育婴善举，由来久矣。我朱亭育婴堂，起自清乾嘉间，迄今百有余年。赖创始者之艰难缔造，继起者硕划篗筹始克，臻此伟大之慈善机关以魏然屹立于今日。缅怀先辈功德奚如乃降，及近代世风浇薄人心不古。主堂务者因时势之，使然慈产未见其增；加开支日见其浩大，全年收入用诸慈善事业者几难及其半数育婴。本旨岂如是乎！本会同人目睹情形，岌岌可危。为保全慈产，杜绝弊端，计拟订司事[1]办事细则十五条。除已经原东五六两区父老议决，并呈请县政府[2]批准备案外，兹特刊之于石。俾后之司其事者有所遵循。慈善前途庶日有起色焉。是为序。

朱亭育婴堂司事办事细则。

第一条：本堂司事须择公正老成廉洁者充任之。任期三年，不得连任。

第二条：本堂原为救济赤贫婴孩而设。凡非范围以内及本细则有规定，赋予司事以职权者，司事概不得擅行。

第三条：本堂须造具预算决算，遵照预算开支，不得超过。惟乳资增减不在此例。决算须造具清册呈报官厅审核，并列表公布之。公布期间以每年七月为一年度。

第四条：发给乳资毛衣均以谷为单位。除应缴学捐谷外，至少须以全年收入十分之五作乳资毛衣费，以符育婴本旨。

第五条：本堂施发丸药，每年不得超过二百元。并须取得各药店单据，以资查考。

第六条：本堂租谷须颗粒归仓。非至须用时期，不得粜卖。以次年古历四月底

百世之箴

空仓期间，售出之谷概不寄存。

第七条：凡贫户产生婴孩来堂报请者，须执有保甲领取本堂乳资发票，本堂方准发给乳资证。但保甲如有私自徇情，滥行填发者一经查出，除照数赔偿外，加□□□□。婴孩夭折，须将乳资证随时缴销，违者亦照倍处罚。本堂司事亦须将保甲乳资发票存留及婴孩夭折乳资证缴销，时日随时登记，以凭对照而资查者。

第八条：凡溺女送女及婴孩夭折不报者，本堂不时派丁巡查。一经查出即呈请官厅究办。如经人指报者查实后，由本堂给予奖金洋二元正。

第九条：收租时期至迟以每年古历十月十五日为限。各佃人一切手续须于此时清楚。

第十条：每年十二月为完粮期间，届期方准粜谷。但各佃人因有特殊情形以钱折谷者，如够足完粮数时，须即时完纳。

第十一条：本堂除以每年古历四月及十月为发给乳资时期及收租时期，准司事开支夫马费外，无论何人，本堂概不招待。但遇有特别事故发生，不再此限。

第十二条：本堂每年所有一切收支，除随时登记流总外，并均须取有单据，以凭考核。本堂数簿司事交替时，须概交堂内保存，私人不得携出，以备查考。

第十三条：本堂既有司事负责，自无雇用堂书之必要。如至收租及发给乳资时，得由司事临时雇请之。

第十四条：本堂须用堂夫二名，由司事负责雇请。

第十五条：本堂司事非有特殊劳绩者，不得沽名钓誉任意刊碑。

善后委员：何宝璜、谢梅城、莫兰卿、侯星煌、姚念兹、谢秉峰、汪棣南、喻崧高、王兰陔、齐晋丞、阳燮堂，谨撰敬书。

附刊：喻宣政捐洋四十圓；邹国清捐谷五硕官[3]。

中华民国二十六年岁次丁丑[4]八月谷旦日立

注 释

[1] 司事，旧时会馆堂所管理账目和杂物的人。

[2] 县政府，即民国时湘潭县政府。

[3] 五硕官，即经过了官方验证的量器所量的五担稻谷。

[4] 丁丑，即公元 1937 年。

朱亭重修鲁班庙碑

该碑大理石质，高 114 厘米，宽 47 厘米，厚 10 厘米。碑文楷体阴刻，保存完好。现收藏于朱亭镇港街居委会院内。鲁班殿位于朱亭镇正街后山坡处，为木业工人祭祀鲁班，行会聚集的公所。年久失修被毁后沦为菜地。2014 年拓片。

碑 文

重修鲁班庙碑

盖闻兮矢舟车制作，祭六爻[1]之象。梓材丹护规模，列三浩之文。作则前民垂道后，世习无不利业以专精，由来尚矣。祥等匠艺营生，崇奉鲁班先师。旧有庙宇，因风雨飘摇，楹椽黝垩朽蠹剥落，昔不一爰。鸠[2]仝事各捐资重修。旃漏者补葺之；坍塌者增加之。且检平街道，粉泽墙垣，焕然一新。非致捐踵事，增华也！亦曰：平由勿替，感凡神乐凭依，而人欣瞻仰也。云而泐石纪之，以展久远焉！

纠首：谢桂莲、肖祥南，各捐八百。陈汉宗捐钱二千四百；曾明哲捐钱三千三百；文全台捐钱三千三百；王必贵叔侄捐钱一千八百；刘爱林捐钱一千；曾明鼎捐钱一千；向文鲸捐钱一千六百文；匡瑞林捐钱一千。刘明二捐钱一千四百；文三贤捐钱八百。文赞相捐钱八百；刘维国捐钱八百文；谢启善捐钱八百文；谢开连、十四，共捐钱八百文；罗祖林捐钱五百；刘新广捐钱六百；颜松林捐钱六百；黄国清捐钱五百。刘独占捐钱八百；刘九林捐钱四百；皮如思、彭维新、谢盛一、刘维清、谢作书、侯懋官、文丙德，各捐钱四百。谢国明捐钱八百。谭观山、文盛和，捐钱四百。匡瑞福、肖先前、文莲芍、齐廷芳、周光荣、赵方才捐钱五百文、齐祖朝、徐连成，各捐钱四百文。蓝华英、文启兹共捐钱八百文。文心敏、李洪楚各捐钱四百。彭道德三百；马学古、谭三才、杨维楚各捐三百；彭仁亮、曾清一各捐二百；谢周黄二百。齐晚巩捐钱三百；唐顺友捐钱八百文。

道光六年[3]丙戌岁季冬月[4]吉立

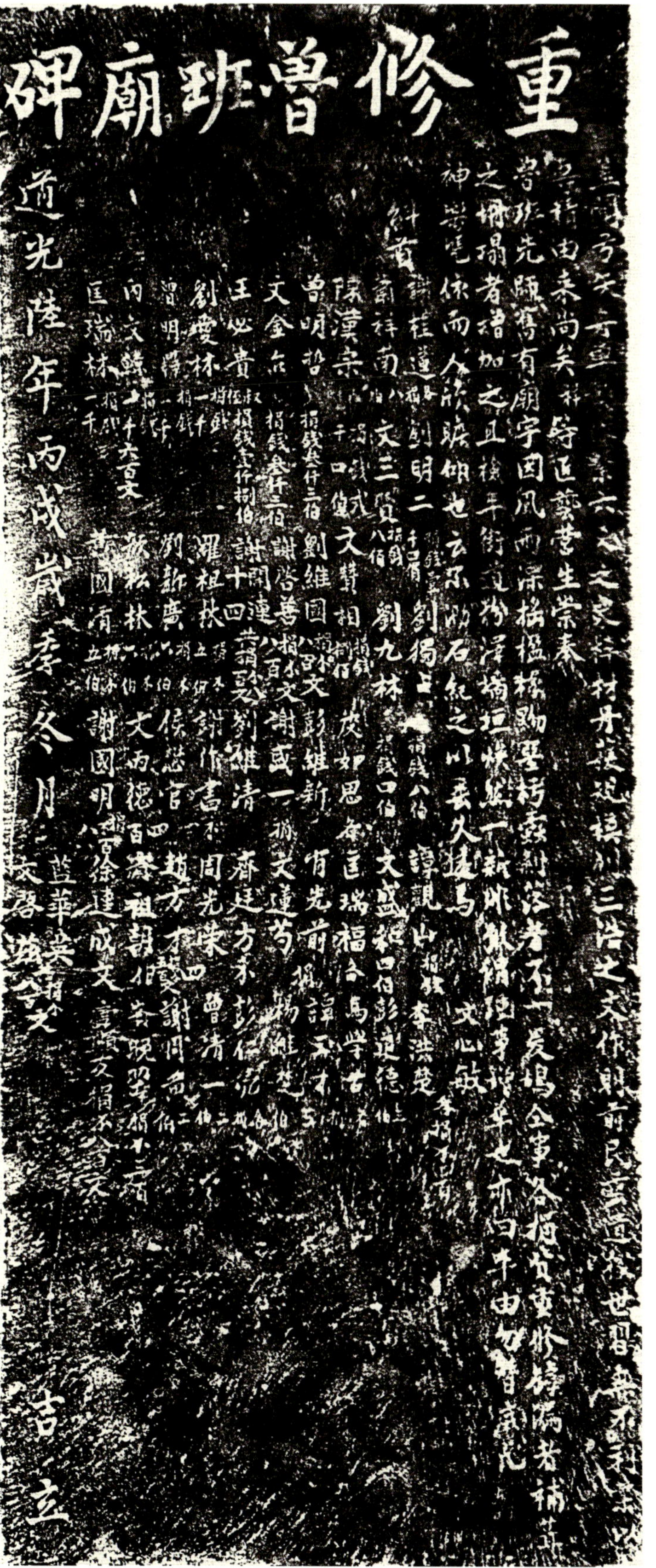

注 释

[1] 六爻，是中国传统占卜方法的一种，又称之为八卦预测。

[2] 鸠为聚集的意思。

[3] 道光六年为公元 1826 年。

[4] 季冬月为农历十二月。

醴陵市

古碑遗韵

汉晋古井砖刻图

该砖为古井弧形砌砖，阳刻“双钱双鱼”图案。图案砖与古井其他青砖采用的是子母口、榫铆结构，砖体全部是弧形。2009 年 10 月发现于醴陵市解放路邓公塘基建工地古井遗址。经株洲市文博部门考证，为汉晋时期古井砖刻。现藏于株洲市博物馆。

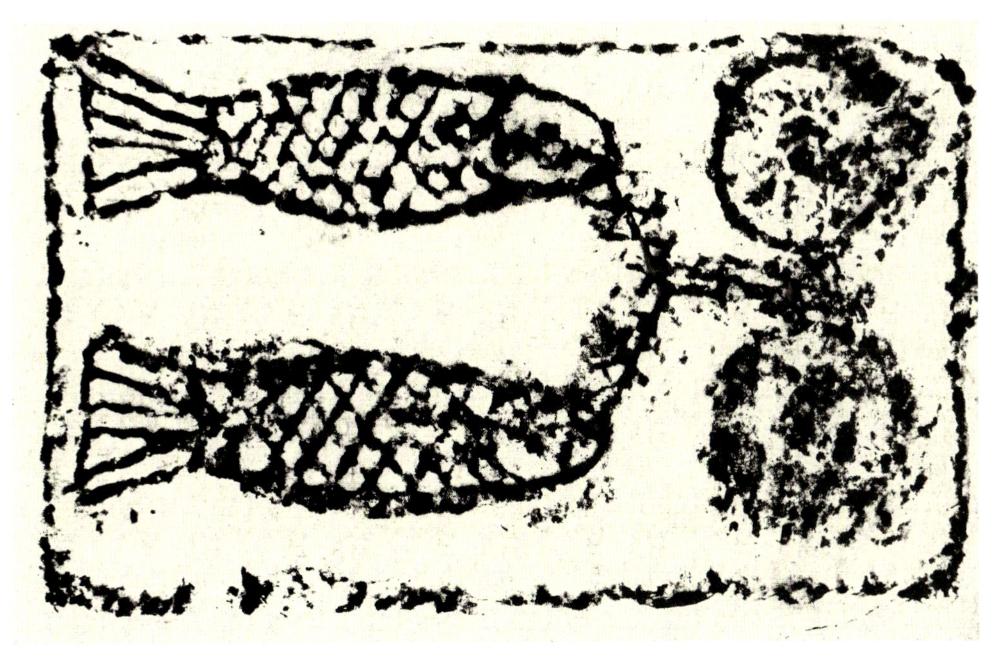

红拂女墓碑联

红拂女墓，相传由唐代李靖建于醴陵城西仙山公园东麓。1924年谭（谭延闿）赵（赵恒惕）之战后，时任湖南陆军第二师第一旅主任参谋兼学兵团团长的何宣率军驻扎醴陵，久慕红拂女之侠肝义胆，又见其墓破败不堪，乃邀当地士绅募资重修。1984年，红拂墓被株洲市人民政府公布为市级文物保护单位，居醴陵西山公园东麓。碑联大理石质，字体为何宣手迹，有师从何绍基之痕，泐刻在红拂女墓的四方形碑两侧。2013年拓片。

碑　文

乙丑春[1]日

红拂[2]有知应识我，

青山何幸此埋香。

益阳何宣[3]

注　释

[1] 乙丑为公元1925年。

[2] 红拂为隋朝相国杨素之侍姬，姓张名出尘，因手执红色拂帚而称红拂。相传唐李靖将军拜谒杨素时，红拂夜女扮男装逃出相府，追随李靖南征北战，屡建奇功。未已，客死醴陵。

[3] 何宣（1891—1946），湖南益阳市桃江县大栗港人。保定军校毕业后，历任团长、师长。在北伐战争中屡建奇功。1932年任国民革命军第四集团军中将高参。抗战爆发后，任第四十六军军长，参加桂南会战，战功显著，受记功奖励。1942年辞职，1946年在益阳家乡病故。

青山何幸此埋香

紅拂有知應識我

红拂女墓民国碑记

红拂女墓，相传由唐代李靖建于醴陵城西仙山公园东麓。1924年谭（谭延闿）赵（赵恒惕）之战后，时任湖南陆军第二师第一旅主任参谋兼学兵团团长的何宣率军驻扎醴陵，久慕红拂女之侠肝义胆，又见其墓破败不堪，乃邀当地士绅募资重修。碑记楷书阴刻于红拂女墓的四方锥形碑面后。其质大理石，长127厘米，上宽42厘米，下宽52厘米。因碑面腐蚀严重，部分字迹漫夷不清。2019年3月18日拓片。

碑　文

民国甲子，余游□□□暇□□□暮归，话渌江遗迹，因闻城西静心……策马登临，惟见荒冢斜阳，残砖断垣。□□忍□□□两□□于□旅盛叶公□红复宁之。邑宰胡忍念醴陵县□□□□□□□□□□并筑亭其墙颜。日惜红庶侠骨柔肠，不得荒埋□□□□而耀，足以资憩息焉。

乙丑春日，益阳何宣[1]撰书（印）

注　释

[1] 何宣（1891—1946），著名抗日将领，湖南益阳市桃江县大栗港人。保定军校毕业后，历任团长、师长。在北伐战争中屡建奇功。1932年任国民革命军第四集团军中将高参。抗战爆发后，任第四十六军军长，参加桂南会战，战功显著，受记功奖励。1942年辞职，1946年在益阳家乡病故。

洪武城墙砖

源自醴陵新阳乡新阳村的三块残砖是明朝洪武七年皇城砖的次品，几百年来成了乡民砌墙脚垫阶基的物料。2008年，浏阳官桥镇九龙村古玩爱好者唐某，悉心回收珍藏。因为残砖侧面的文字佐证，当年南京明皇城城墙上的大青砖就有这样的醴陵砖。

南京明城墙共耗费了3.8亿块城砖。城砖一般长39至40厘米，宽19至20厘米，厚11至12厘米，重约20公斤左右。大多数城砖留有铭文，少则一字或符号，多则可达七十余字。这不仅是明城墙的一大特点，也是明城墙历史文化遗产价值的重要组成部分。城墙砖铭文披露，帝朱元璋动用的二十万工匠来自长江两岸的江西、江苏、安徽、湖北、湖南，其中三分之一产自江西，江西有66个州县烧制城砖。南京明城墙砖文均基本实行采用实名制，上至府县，下到总甲、甲首、小甲、窑匠、人夫，构成了一整套自上而下的实名制的管理责任体系，以便在验收时对不合格的城砖追究责任，有严重质量问题者甚至被判以极刑。

据《醴陵市志》记载：明洪武七年（1374），为完成修建南京城下达的城砖任务，醴陵县典史王思恭、陈福、司吏淩德、冷恭等相继任提调官，在今新阳乡大土村（现更名为新阳村）烧制黏土青砖，水运至南京。

该三块残砖文字一致，应是同一窑的不合格产品。其铭文“长沙府醴陵县提调官典史陈福、司吏冷恭。洪武七年八月 日造。倩作匠王华，人户周德”。完整砖全长44厘米、宽22厘米，高12厘米，重约20公斤。

皇清诰授安人刘氏碑

该碑青石质，源于醴陵北乡某水塘，为刘氏墓志铭前半部分。碑额篆书，正文楷体阴刻，长48厘米，宽38厘米，现存株洲古玩爱好者周某处。2013年拓片。

碑　文

皇清诰授安人刘母张太安人墓志铭

安人为同邑太学生张公铭卓之次女，适邑州同衔刘公碧峰。贞静淑慎，有相之道。举子丑，均太学生。长，佐晷，娶邑州同衔文公墉之女。次佐墀，娶邑州同衔刘公嵩域之女。三，佐昴，娶邑太学生朱公光炽之女。四，佐纬，娶余次女。五，佐宫，娶潭邑州同衔易公芹溪之女。女三：一适太学生刘询岳；一适太学生左懋蒸；一适庠生何炳魁。男孙八：辅阳聘邑陈氏；辅矾、辅龙、晷娶文出；辅文、辅学、昴娶朱出；墀夫妇早卒，以学为嗣。辅穹，纬娶余女出；辅鼎、辅亲，宫娶易出。女孙十一。光绪三十有二年[1]，又四月初九日乃安人寿终内寝之日也。没之先一日，安人起坐，唤集膝下，暨女若婿，各付谨饬吉祥语。因对众从容而言曰：凡形神合则为人。吾病数阅月，今形惫矣。腰足如断，心火益燥，神且游散，居常谓不识死。死则如是又曰：佛事虚诞，毋徒妄费。凡周身一切虽丝缕，亦所处分。众泣渐扬。安人曰：死生如昼夜，何足多憾！况吾已六旬余，不为夭……[2]

注　释

[1] 光绪三十二年为1906年，即成碑时间。

[2] ……墓志铭两块成盒，余下碑文在另块，其下落不明。

皇清誥封安人劉[illegible]張[illegible]安人墓誌銘
安人為同邑太學生張公銘卓之次女適邑
州同衔劉公碧峰貞靜淑慎有相之道舉子
玨均太學生長佐昱娶邑州同衔文公塊之
女次佐揮娶邑州同衔劉公萬域之女三佐
昴娶邑太學生朱公光熾之女四佐緯娶余
次女五佐宮娶潭邑州同衔易公芹溪之女
女三一適太學生劉詢嶽一適太學生左懋
熙一適庠生何炳魁男孫八輔陽聘邑陳氏
輔殘輔範暑娶文出輔文輔學昴娶朱出揮
夫婦早卒以學為嗣輔穹緯娶余女出輔鼎
[illegible]親宮娶易出安孫十一光緒三十有二年
又四月初九日逝安人壽終內寢之[illegible]也
沒之先一日安人起坐喚集膝下堅女若
婦各付謹飭吉祥語因對眾從容而言曰凡
形神合則為人吾病數閱月今形憊矣腰足
如斷心火益燥神且逆散居常謂不識死死
則如是又曰佛事虛誕毋徒[illegible]費凡周身一
切雜務亟所需分眾泣漸揚女人曰死
生如晝夜何足多憾況吾已六旬餘不為夭

江恬斋墓志铭

该碑青石质，两块套合，长58厘米，宽38厘米，碑文楷体阴刻，共计607字。2013年由醴陵文管所征集，存放渌江书院。2015年拓片。该碑保存完好，字迹清晰，对了解醴陵晚清时期风土人情有较大作用。

碑　文

【碑一】

清故太学生江公恬斋墓志铭

太学生江公，讳先汇，字发南，别字恬斋。先世居闽汀之连城，自其祖寿林公始籍于醴。曾祖，讳可宏；父，唐五，太学生；妣，邱孺人。公以道光乙巳[1]二月十四日未时殁，距其生以乾隆辛丑八月十七日寅时，享年六十有五。兄弟三，公齿长；次，先澍，候铨训导；次，先溥，早没；均继慈薛孺人。出配邹氏，先公二十年卒。子二。长，世荣，太学生；次，世桢。孙三，家煜、家焕、家炬。女孙一，女曾孙一。以公没之明年三月十七日午时，厝邑北陈家山，辰戌兼乙辛之阳。与其配邹合壙，遵公遗志也！其孤世荣等走状乞文公墓。予既与学，博君善，而公子世桢又予门人也，素稔公谊不获辞。公生禀异资，为父母所钟爱。稍长，精明强干，人不能欺。常侍唐五公贸苧返闽，逾年即独行生理，嗣是数数往还，岁率半闽楚，家日以裕。而唐五

【碑二】

公亦谢其事于公矣。公自为家督，其处骨肉之间，上下咸理，每自恨废学早延。师课子弟，必勤必恳。既幸次君蜚声，□序于新例，开时辄为，纳捐教职，冀以迪光前人，且谓是职为，不失读书本来。盖其识见有足多者，家居夙兴夜寐，内外肃然终其身。如一日予尝诣，公见县吉庆图一幅，询之则昔贸闽时，以义返金，为逆旅主人感而见赠者也！于乎！公之处已接物可概见，已是宜铭。铭曰：翌翌江公佐考，承家家既立矣。劳其息邪，有矗者山有环者，水合厝其间。以安以止，遥遥千里。漉水闽云，神游无极。视此刻文。

例授修职郎[2]，道光乙酉[3]科选拔进士，候选教谕；愚弟易光焯顿首拜撰并书。

注释

[1] 公元 1845 年。

[2] 八品文官的虚衔，是荣誉称号。

[3] 公元 1825 年。

醴泉碑

【碑一】

长 200 厘米，宽 70 厘米，麻石质，榜书阴刻“醴泉浸月”。

咸丰年邑人贡生李煐所书，笔力遒健。李煐曾任华容县训导，告归后，绝迹公庭，以诗酒书法自娱。

【碑二】

长 180 厘米，宽 80 厘米，麻石质，榜书阴刻“醴泉涌瑞”。该碑上款竖行阴刻楷体小字：赐进士第文林郎[1]知醴陵县官长专置；下款竖行阴刻楷体小字：时康熙五年岁次丙午[2]长至日[3]立。

两碑并列嵌置在醴陵市姜岭北麓醴泉井护坡。醴泉井旧为醴陵八景之一。《名胜志》载：“城北有陵，陵下有井，涌泉如醴，因以名县。”该井泉水甘甜，自古有名。清代邑人贺之理诗云：“玉浆石迸夕岚沉，停麓亭高彩月临。玉甃围天澄一握，辘轳转影落千寻。无声沆瀣飞尘净，有象蟾蜍伏槛阴。自是升平呈地瑞，掬来频沁野人心。”清代，邑人先后多次修葺此井。1980 年当地村民将碑刻从井底及附近收集，嵌刊于护坡。2015 年拓片。

注　释

[1] 文林郎，即清朝时为正七品文官的散官名。无实职，属县团级荣誉级别。

[2] 康熙五年丙午为公元 1666 年。

[3] 长至日，即农历廿四个节气中的夏至日。

醴泉侵月

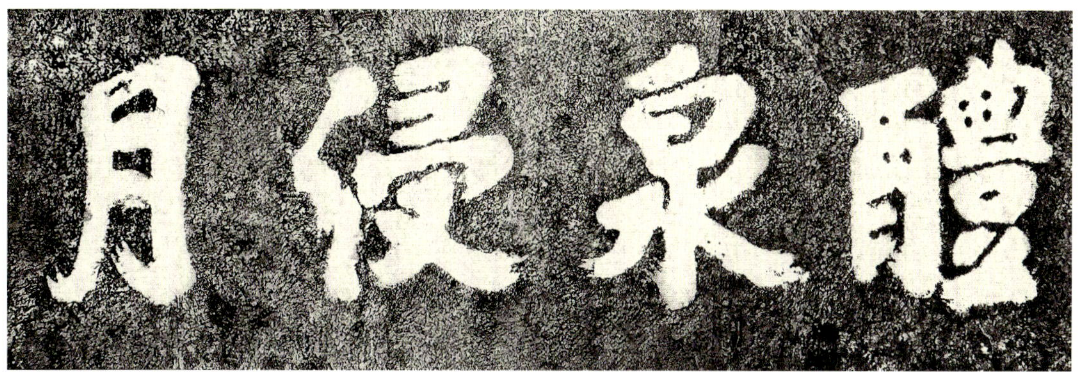
醴泉侵月

醴泉湧瑞

刘碧峰墓志铭碑

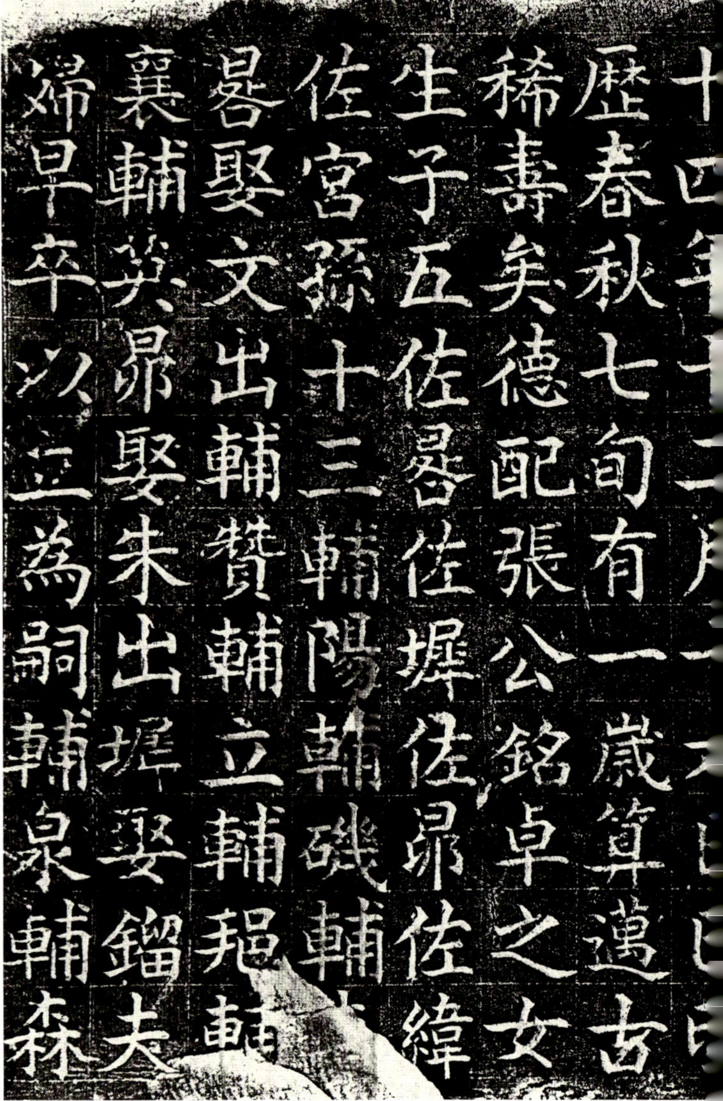

该碑青石质，长 74 厘米，宽 41 厘米，源于醴陵北乡某水塘之中，为民国早期墓志铭，其碑文下半部分有待发现。2014 年拓片，现存株洲古玩收藏者周某处。

碑文

前奉直大夫刘公碧峰先生墓志铭

人惟生前较异于众，人殁后于是乎可为志其墓。不然，魂魄之聚敛于黄泉者，如恒河沙数可胜志哉！若刘公碧峰先生者，讳举绶，字秉钧，世居醴陵北乡清安境油田。与胞兄星楼公分席石渠公江恭人遗业。画栋雕梁，田连阡陌；毕生丰衣足食，读书学剑自适其适。恬愉以终身富矣！先生殁于民国四年乙卯十月十四日巳时。距生于道光二十四年[1]十二月十六日巳时，历春秋七旬有一岁；算迈古稀寿矣。德配张公铭卓之女。生子五：佐晷、佐墀、佐昴、佐纬、佐宫。孙十三：辅阳、辅矶、辅龙，晷娶文出。辅赞、辅立、辅邑、辅襄、辅英；昴娶朱出，墀娶镏夫妇早卒，以立为嗣。辅泉、辅森……[2]

注释

[1] 道光二十四年为公元 1844 年。

[2]……为余下部分，在墓志铭另一块，现下落不明。

前奉直大夫劉公碧峰先生
墓誌銘
人惟生前較異於衆人歿後
於是乎可爲誌其墓不然魂
魄之聚散於黃泉者如恒河
沙數可勝誌哉若劉公碧峰
先生者 諱舉綬字秉鈞世居
醴陵北鄉清安境油田與胞
兄星樓公分席石渠公江恭
人遺業畫棟彫梁田連阡陌
畢生豐衣足食讀書學劍自
適其適恬愉以終身富矣先
生殁於民國四年乙卯十月

傅熊湘墓华表长联

墓华表长联源自醴陵西山傅熊湘[1]之墓，方形柱状，花岗岩质，柱顶有雄狮雕像。文字部分长152厘米，宽55厘米。多年被充作醴陵西山某凹地的便桥。1986年当地教师进修学校师生回收。现由醴陵渌江书院收藏。傅熊湘为醴陵近代历史名人，其墓属市级文物保护单位。该碑文字楷体阴刻，上联"望重龙岩[2]，渌水波流君子泽"，下联"灵依鹤表，青云山[3]满读书声"。

注 释

[1] 傅熊湘（1882—1930），湖南醴陵人，早年留学日本弘文学院。1906年与宁调元、陈家鼎、仇亮等在上海创办《洞庭波》杂志，与胡适、丁洪海等编辑《竞业旬报》，宣传革命。后与柳亚子诸人结南社，常与宁调元、郑淑容、陈豪生、黄梦邃诗文唱和。萍浏醴起义失败后回醴陵，先后在渌江中学、萍乡中学、正本女校、长沙明德学堂任教五年。1910年至苏州与张默君编辑江苏《大汉报》。1911年返湘，主编《长沙日报》。辛亥革命后，袁世凯窃取政权，傅熊湘常在报刊著文反袁。1913年，汤芗铭督湘时被通缉，幸友人刘镜心掩护脱险归醴，重在王仙教学，并著有《环中集》。1916年，袁世凯毙命，程潜督师入湘。傅熊湘出主《长沙日报》，因抨击北洋军阀，报馆被毁。1920年，张敬尧被逐出湖南，傅回醴陵，在县城创办醴泉小学，主编《醴陵旬报》《通俗报》。后历任湖南省参议员、省长署秘书、湖南通俗教育馆馆长、中山图书馆馆长、第三十五军参议，沅江县县长、安徽省民政厅秘书、省棉税局局长等职。1930年12月病逝，葬于西山。

[2] 醴陵渌江书院其山下有一深潭，潭边有巨石直达渌水，当地称其为龙岩。

[3] 青云山位于城东学宫故址，现在醴陵市一中校园内。乾隆十八年（1753）建为渌江书院，道光九年（1829），迁建西山，面向渌水。

瑞渌池石匾

石匾为大理石质，长 195 厘米，宽 77 厘米，正文隶书，边款楷书阴刻，匾边阴刻缠枝纹。现嵌置在醴陵市一中内。2014 年拓片。

碑 文

道光己亥[1]仲秋月

瑞渌池[2]

庆寿十八姓[3]重修

注 释

[1] 道光己亥：为公元 1839 年，即道光十九年。

[2] 瑞渌池：旧为醴陵八景之一，又称圣池瑞渌。原在醴陵青云山南麓朱子祠前，醴陵一中就地建造时，池毁。1982 年移瑞渌池碑匾于醴陵一中青云山北科技馆前池边。

[3] 十八姓：泛指本地人。据史载，元末醴陵惨遭兵祸灾疫，人口锐减，境内仅存十八姓居民结伙避居建安山。

屏山寺洪武碑

该碑红砂岩质，高90厘米，宽57厘米，风化严重，现刊嵌醴陵大屏寺碑廊墙体。据传，明初左丞相李善长为朱元璋母子当年避难大屏寺化险为夷所题碑文，真实性待考。2016年拓片。

碑 文

平山皇觉寺，名地已成形。势随九嶷高，气与三山壮。广城爱神鼎，淮南好丹经。此山具鸾鹤，往来尽仙灵。血洗湖南日，元兵追主时。皇天多眷顾，朝夕念慈悲。母子全性命，敌人皆不疑。刘基[1]亲访主，从此作军师。功臣俱立庙，此寺复修为。

李善长[2]题

明洪武二年己酉[3]　春正月　晦日[4]立

注 释

[1] 刘基（1311年7月1日—1375年5月16日），汉族，字伯温，青田县南田乡（今属浙江省文成县）人，故称刘青田，元末明初的军事家、政治家、文学家，明朝开国元勋，明洪武三年（1370）封诚意伯，故又称刘诚意。武宗正德九年追赠太师，谥号文成，后人称他刘文成、文成公。刘基通经史、晓天文、精兵法。他辅佐朱元璋完成帝业、开创明朝并尽力保持国家的安定，因而驰名天下，被后人比作诸葛武侯。朱元璋多次称刘基为“吾之子房也。”在文学史上，刘基与宋濂、高启并称“明初诗文三大家”。中国民间广泛流传着“三分天下诸葛亮，一统江山刘伯温；前朝军师诸葛亮，后朝军师刘伯温”的说法。他以神机妙算、运筹帷幄著称于世。

[2] 李善长（1314—1390），明朝开国功臣，字百室，濠州定远（今属安徽）人。少时爱读书有智谋，后投靠朱元璋，跟随征战，功劳颇多。后人将其比肩汉代萧何。洪武初年任左丞相，后封宣国公，奉命监修《元史》，编写《太祖训录》《大明集礼》等书。洪武三年，授号“开国

辅运推诚守正文臣”，特近、光禄大夫、左柱国、太师、中书左丞相，晋为韩国公，年禄四千石，子孙世袭。公元 1890 年，以胡惟庸党追问，明太祖将李善长连同其妻女弟侄七十余人一并处死，年七十六岁，仅有驸马李琪得以幸免。

[3] 洪武二年己酉为公元 1369 年。

[4] 晦日，农历每月的最后一天。

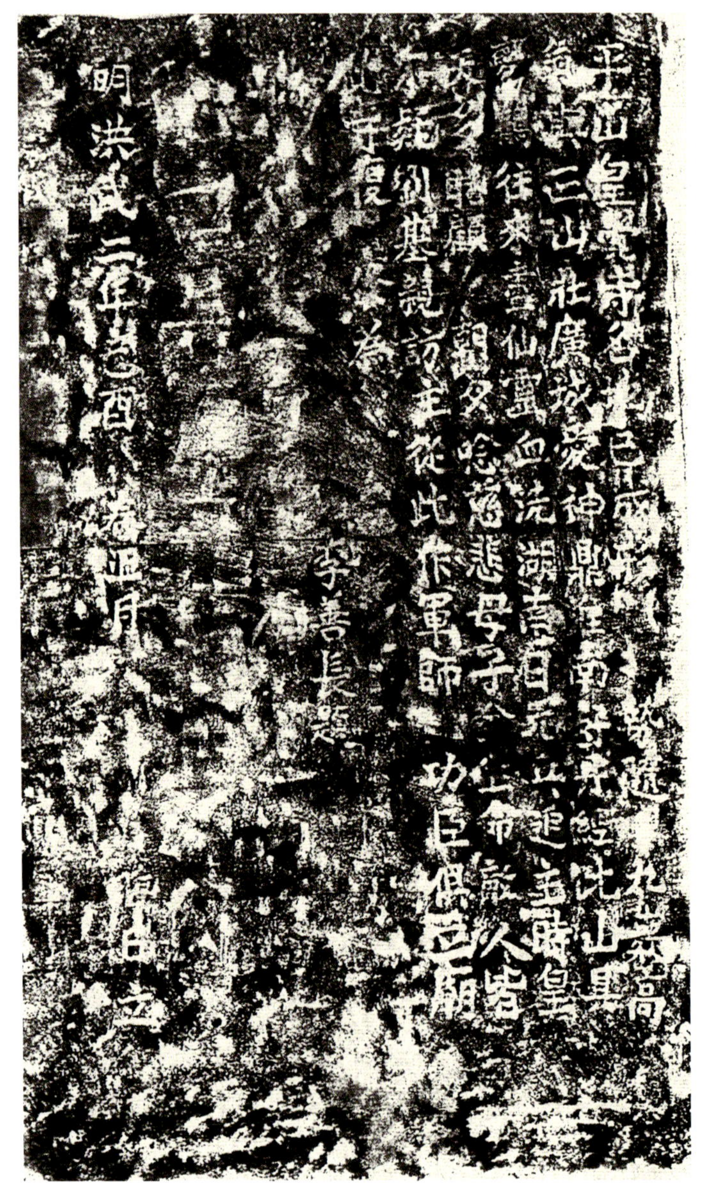

西山三公祠碑

该碑青石质，高155厘米，宽75厘米，现嵌置在醴陵西山宋名臣祠的墙壁上。2014年拓片。碑文载1991年《株洲文物名胜志》、1997年《株洲市志》。经拓片校核确认，所载碑文应作如下勘正："醴陵初建"应为"醴陵创建"；"比如湘乡"应为"此如湘乡"；"孝廉寿伦"应为"孝廉寿纶"；"三公濡书"应为"三公儒术"；"其态节之赧然"应为"其志节之皦然"；"费能轩轻"应为"弗能轩轾"；"典型在者"应为"典型在昔"；"鸠工庄材"应为"鸠工庀材"；"克期始事"应为"尅期始事"；"锡纯摄囗兹邑敢用特性晷告后土"应为"锡纯摄篆兹邑敢用特性昭告后土"；"白堵既兴"应为"百堵既兴"；"降价为前厅"应为"降阶为前厅"；"翼角一房"应为"翼之以房"；"上层囗楼"应为"上层为楼"；"胝其赢数"应为"眡其赢数"；"馨香之极"应为"馨香之报"；"信囗于三公"应为"信之于三公"；"贤哲三乡"应为"贤哲之乡"；"遂为之祀"应为"遂为之记"；"进士及弟"应为"进士及第"；"甘肃囗夏府"应为"甘肃宁夏府"。

碑 文

醴陵创建三公祠碑记（碑额篆书）

醴陵创建三公[1]祠碑记

醴陵东汉县，西汉已有醴陵之名。高后四年[2]封长沙相刘越为醴陵侯，此如湘乡，亦东汉县，西汉已有长沙王子刘昌封国。汉制，封地不满一县者，有亭侯、乡侯。固无疑醴陵之置县在后，而封国在前也。自是而吴顾雍、东晋恒蔚、梁江淹、陈淳、于量，代有封爵，醴陵遂为著县。山水清淑，人杰勃兴，名业之盛，萃于南宋。光绪庚子[3]，教谕武陵陈孝廉寿纶倡建书院，又新一斋，旋议建祠。祀吴文定公猎，文定亲炙朱张。两先生粹然为南渡后湖湘正学之宗也。明季辛丑，同年友益阳萧主政大猷[4]来主渌江讲席。诸生以议闻，曰：是宜合祀皮公龙荣，杨公大异。三公儒术宦业与其志节之皦然[5]，载在正史，弗能轩轾。产于醴祀于醴，惟邑之人任之。为揭本、传发、题课，士咸欣然，谓为盛举。典型在昔，兴

起所资桑梓敬恭血气均感。乃拓地书院之前，古靖兴寺右侧，鸠工庀材，尅期始事。锡纯摄篆兹邑敢用特性昭告后土。百堵既兴，高广有度。内为主堂，堂左右有室，降阶为前厅，翼之以房与室相直，上层为楼可藏书，便登览。始事于八月壬戌，讫功于十一月癸未[6]。靡金钱千八百贯，眂[7]其赢数购置官书。斯举也，倡捐者教谕陈君，督修刘明经佐敔。城乡老宿绅富皆乐助，以速其成。而揔收放于易生隆馨袁生家普，此三公有祀之缘起也。由宋以来，六百有余岁矣，理学名臣之光气炳焉，如河岳日星，邦族之近乃或忽焉。而旷世相感，终不爽其俎豆馨香之报。此其理信之于三公，非信于后之人也。时事艰难，朝廷方汲汲焉，以兴学育才为急务。醴人士思初道古，能不坠乡先正之典型，则继美三公，而遭遇之隆，又非南宋比也。此信之于醴人士，三公之佑启之也。锡纯宦贤哲之乡，志行官箴，幸有矜式，而于邦人之急公行义，深有取焉。遂为之记。

光绪二十有七年辛丑[8]嘉平月[9]，署理县事[10]宁都温锡纯。

赐进士及第、前翰林院编修、掌陕西道监察御史、甘肃宁夏府知府，安化黄自元[11]书并篆额。

长沙蒋畴畊石摩勒

注 释

[1] 三公，即醴陵三位宋代名臣：吴猎、杨大异、皮龙荣，均为二品官。

吴猎：字德夫，是理学大师张拭高足弟子，后又师从朱熹。史称“湖湘之学，一出于正，猎实表率之。”是湖湘正学的重要传人。官至敷文阁学士、四川安抚制置使兼成都知府。为官清正，抗金有功，卒谥“文定”，著有《畏斋文集》。辞世之日，家无余资。

皮龙荣：字起霖，淳祐四年（1244）进士，官至端明殿学士，签书枢密院，进封醴陵伯，后封长沙郡公，精于《春秋学》，有文集30卷。性伉直，为宰相贾似道所不容，后饮药自杀于衡州。

杨大异：字同伯，曾从学者胡宏授《春秋》大义，嘉定十三年（1220）登进士第，官至秘阁修撰大中大夫，提举崇禧观，封醴陵县开国男。在两广曾建曲江、宣城二所书院。著有《春秋奥旨》《春秋笺疏》30卷。

[2] 高后四年，为公元前184年。

[3] 光绪庚子，为公元1900年，即光绪二十六年。

[4] 肖大猷（1844—1906），益阳桃花江人，清同治甲子年（1864）中秀才，光绪己卯年（1879）中举人，庚寅科考参加殿试留京任兵部武选司主事。光绪二十七、二十八年任渌江书院山长。著有《天山南北考》《续方与纪要》《如园诗集》等书。肖工诗文，才气卓越，洒脱敏捷，凌厉一时，有“江南才子”之称。其书法苍劲清秀，所撰楹联，写作并妙。如撰渌江书院楹联“作狂作圣，一念所分，功利中人心，当知盖世英豪，只争方寸；大经大文，万古不废，诐邪乘

世变，愿与是邦少俊，共率康庄。”

[5] 皦然，即清楚明白的意思。

[6] 八月壬戌为农历八月廿九，十一月癸未为农历十一月廿一，即公元 1901 年 12 月 31 日。

[7] 眂，为视、见的意思。

[8] 辛丑，为公元 1901 年。

[9] 嘉平月，为农历十二月的别称。

[10] 署理县事，为醴陵知县温锡纯的自称，即负责县全面工作。

[11] 黄自元（1837—1918），字敬舆，号澹叟，湖南安化县龙塘乡人，清末书法家，实业家。生于道光十七年（1837），清同治六年（1867）举于乡，次年殿试列第二（榜眼），授翰林院编修。曾任顺天乡试同考官和江南乡试副考官。民国 7 年（1918）病逝。曾临摹《间架结构摘要九十二法》书帖，为该书的推广做出了重要贡献。同治帝母亲病逝，经人推荐，黄自元奉诏进宫为同治帝生母书写《神道碑》，他跪地悬腕写来，其字秀雅美观，工整亭匀，得同治帝赏识，赐以“字圣”称号。自此名声大振，效仿者不计其数，一时蔚然成风，渐至成为了社会上的通用字范，成为了书生们考取功名的书法标准。

屏山寺吴楚古刹碑

屏山寺，亦叫太屏仙山寺，位于醴陵市王坊镇屏山村太屏山巅。太屏山是武功山由江西省萍乡市杨岐山西行进入醴陵的支脉，巍然耸立于湘赣两省交会处，是一道天然屏障，所以名之为“太屏”。因此地是吴头楚尾，后人又将此寺称之为“吴楚古刹”。相传唐贞观十三年（639）大将尉迟敬德巡察到此，见地势险峻，云雾缥缈，遂下令建寺。现在的山寺建于明朝，系砖木结构，硬山式顶，小青瓦盖面，山门题：“吴楚古刹”。山寺有两个一模一样的山门，一个面向着湖南，一个面向江西，分别接纳来自湘赣两省朝拜的老百姓。

该碑于1986年修复屏山寺期间，在原址地基1.3米深土层中掘出，紫砂岩质，长123厘米，宽54厘米，厚7厘米。现嵌置在屏山寺如来殿神龛左则，碑文株洲市志、株洲文物名胜志有载。2014年拓片。该碑被誉为“株洲第一碑”，其年代有争议，有待进一步考证。

碑　文

吴楚古刹碑

岩岩平山，积石峨峨。远属昆仑，近缀衡庐，南通闽广，北达荆吴。惟山之高，壁立千仞。创建古寺，尉迟敬德[1]，鄜州[2]都督，威振山河，密金不受[3]，公心如山。百战瘢痍，实忠于王，功臣图像，凌阁争光[4]。名胜古迹，风景悠扬，名垂不朽，万古流芳。

房玄龄题[5]

大唐贞观十三年[6]己亥　冬立

注　释

[1]尉迟敬德，即尉迟恭（585—658），字敬德，朔州平鲁下木角人。唐朝名将，官至唐右武候大将军，封鄂国公，是凌烟阁二十四功臣之一。尉迟恭纯朴忠厚，勇武善战，一生戎马倥偬，征战南北，驰骋疆场，屡立战功。玄武门之变助李世民夺取帝位。尉迟恭晚年谢宾客不与通，于显庆三年（658）去世，唐高宗废朝三日，

诏京官五品以上及朝集使赴第临吊，册赠司徒、并州都督，谥曰忠武，陪葬昭陵。后尉迟恭被尊为民间驱鬼避邪，祈福求安的中华门神。传说其面如黑炭，在中国传统文化中，尉迟恭（胡敬德）与秦叔宝（秦琼）是“门神”的原型。

[2] 鄜州，即现在的陕西省富县。

[3] 李世民为秦王时，太子李建成欲结纳敬德收为己用，私以黄金一车相赠。敬德忠心不二拒绝接受。所以太宗曾赞叹说：“公心如铁石，非利禄能动也！”

[4] 唐初，为表彰开国功臣，将尉迟恭敬德等 24 位功臣画像挂于京城长安“凌烟阁”。

[5] 房玄龄（579—648），名乔，字玄龄，以字行于世，唐初齐州人，房彦谦之子。房玄龄 18 岁时本州举进士，授羽骑尉。在渭北投秦王李世民后，为其出谋划策，典管书记，是李的得力谋士之一。武德九年，他参与玄武门之变，与杜如晦、长孙无忌、尉迟敬德、侯君集五人并功第一。唐太宗李世民即位后，房玄龄为中书令；贞观三年二月为尚书左仆射；贞观十一年封梁国公；贞观十六年七月进位司空，仍综理朝政。贞观二十二年七月廿四，房玄龄病逝，谥文昭。永徽三年，玄龄次子遗爱与其妻高阳公主被指谋反，遗爱被处死，公主赐自尽，诸子被发配流放到岭表。玄龄嗣子遗直也被连累，被贬为铜陵尉。房玄龄配享太庙的待遇也因而被停止。

[6] 贞观为唐朝第二个年号，贞观十三年乙亥为公元 639 年。

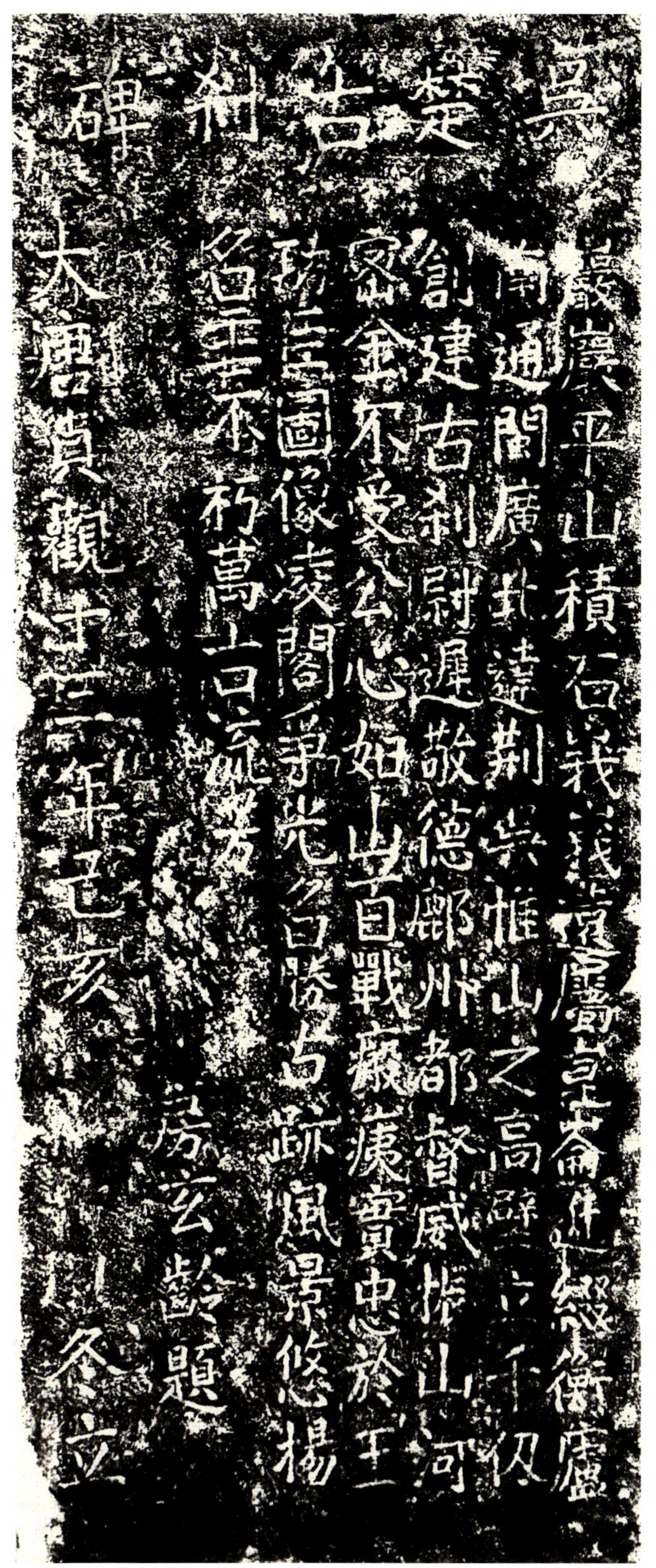

张氏故宅处理碑

该碑为醴陵屏山寺清代遗物，青石质，通高112厘米，宽50厘米，厚5厘米，碑底入土部分约30厘米。1986年重建屏山寺被发现。碑面仅留右则文字，楷体阴刻，计200字，左则已板块脱落无文字。2016年拓片，仅为文字部分。该碑体现了旧时遗产的一种处置方式。

碑　文

□□□生妙咒菩提，开智慧之花。梅熟通禅优，钵结因□□。□悟清般若大愿，即船打破痴迷，回头是岸。邑东□□□真鄉嬛福地[1]，清净沙门[2]也。昔有姚门张氏，孀居无嗣，斋戒有心。顿悟前身，仰慈悲之作室，欲修后果。循方便以为门，性喜浮屠，愿施功德。曾于此庙输钱足三十缗，祀列同登，捐名为张五福。未几，氏身圆寂[3]，故宅徒存。念守护之无人，并丧葬之需费爰集[4]。阾[5]众邀同氏弟及子婿汪际美、黄大义、周善培、杨允忠等，将氏房屋变……[6]

注　释

[1] 鄉嬛，本指天帝藏书之地。鄉嬛福地，指仙境类如福地洞天的意思。

[2] 沙门，梵文，意为勤息、息心、净志，是对非婆罗门教的宗教教派和思想流派的总称。沙门思潮兴起于列国时代，是与婆罗门教相对立的思想流派，其哲学思想为印度哲学的重要内容。

[3] 圆寂，佛教语。梵语的意译；音译作“般涅盘”或“涅盘”。谓诸德圆满、诸恶寂灭，以此为佛教修行理想的最终目的。故后称僧尼死为圆寂。

[4] 爰集，即不知道哪里筹集。

[5] 阾，古时与邻通用。

[6] ……为应有文字而脱落部分。根据前文意思，后部分内容应是张氏住宅变卖后得钱多少，花费丧葬费多少，余下捐庙宇多少。还有经办人姓名和立碑时间等。根据文字、书法综合分析，应为清代碑刻。

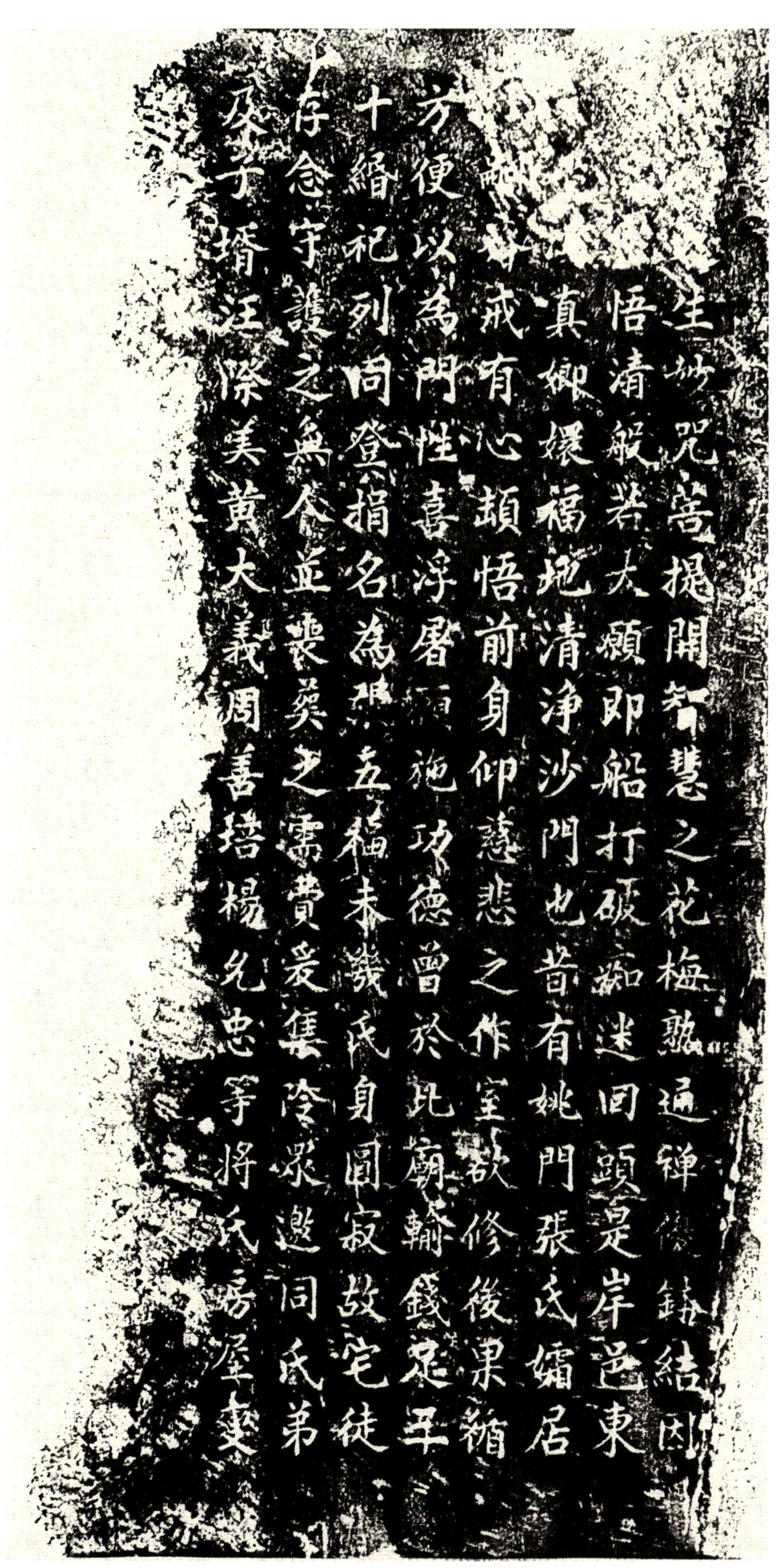

重修泗洲寺记碑

该碑为红岩质，共计两块，分别长133厘米，宽70厘米，嵌置于醴陵市滨河路泗洲寺内左右墙体各一块。碑一题为“重修泗洲寺记”，其文计456字，余下碑文为捐款人员及铜钱数额。碑二文字全为捐款人员及铜钱数额，其格式笔迹与碑一类同，均为楷体阴刻。碑一基本保存完整，2018年2月27日拓片并录载碑文，碑二破损严重，故未拓片。泗洲寺又名崇林寺，始建于唐。明初、清初两次重修。为纪念明代著名学者王守仁两次宿寺题诗，清康熙六年（1667）改寺为文成书院。道光六年（1826）圮于洪水，地邑众姓捐资重建。该寺坐北朝南偏东，占地571.9平方米，由前后殿及左右厢房组成。前殿正中神龛供奉楚昭王神像，后殿供奉诸佛神像。现神佛均毁，主殿留存，寺域住有多户居民。2008年12月被株洲市人民政府列为市级文物保护单位。

碑 文

重修泗洲寺记

城西泗洲寺，历为上坊都完粮公局。前代征粮，皆民自运纳，故都中前辈运粮，涉重湖，遇狂飓，粮舟飘荡，几不知所。独适有神像仰尊水面，而巨浪渐平。识者知为楚昭王神，遂虔告载归，卜兹净土设位，以妥神灵。县邑志载：有水渡古迹郡神皆曰得萍实处也。故精爽庇民，有自来矣。国朝[1]法度维新，康熙五十二年[2]改丁归地。雍正八年[3]处耗定制，永不增赋。乾隆三十七年[4]停止编审，按悉官征官解，不用民办大北。仁泽施满矣。道光丙戌[5]秋，寺地于洪水越。己丑[6]岁都人为乐醴金重建。其后栋供诸佛神像，前栋则虔奉昭王神像，礽旧成也。共计建屋十五间，寺管地界前至河水，后抵官街；右连袁祠墙基，左界陈姓屋基。带前造碑，列乐捐姓名，以表好义急公，永传不朽。其名籍有典可稽，毋庸重赘他。如名人屐齿所经，则有前明王成公[7]及后来留题佳咏[8]，纪载可考是举也。寺之土木垩饰，神之彩金壮丽，焕然一新。良由司事诸彦[9]不惮劳、不滥费、不鸠时，故功亦易竣。自是钟鼓再振，永享旂枟，俾都人士幸沐圣朝。雅祀颂黍，稌之屡丰，登春台而齐庆，岁集于斯输将踊跃，是则神之锡福靡涯矣。爰志之颠末镌诸石。

张雍时捐钱一百千文，彭继宝捐钱六十五千文，肖文郁捐钱六十六千文，翁伯周捐钱六十三千文，杨永立、杨福立捐钱五十二千文，朱福捐钱四十三千文，李廷新捐钱四十千文，张发诚捐钱三十八千文，李人玉捐钱三十七千文，杨业元捐钱三十五千文，黄星桂、黄星耀、黄星阳捐钱廿廿千文、七千文，彭英捐钱三十六千，唐俊捐钱三十二千文，胡庚山捐钱三十千文，杨德善捐钱三十千四百。

吴秀娘捐钱二十六千八百，刘和乡捐钱二十四千七百，张金监捐钱二十千文，王廷机捐钱二十一千，梁宾臣捐钱十千六百，李三祭捐钱十七千四百，杨义翁捐钱五千文，杨臣涛捐钱十千文，王利导捐钱十五千文，彭三奇捐钱十二千四百，耿大传捐钱十二千六百，耿元周捐钱十二千文，刘可成捐钱十二千文，张信义捐钱十一千五百，罗建安捐钱十一千文，罗万泉捐钱十千文。

注释

[1] 国朝，指清朝。

[2] 康熙五十二年，即公元 1713 年。

[3] 雍正八年，即公元 1730 年。

[4] 乾隆三十七年，即公元 1772 年。

[5] 道光丙戌，即公元 1825 年。

[6] 己丑，为道光九年，即公元 1829 年。

[7] 王成公，即王守仁（1472—1529），汉族，幼名云，字伯安，别号阳明。浙江绍兴府余姚县（今属宁波余姚）人，因曾筑室于会稽山阳明洞，自号阳明子，学者称之为阳明先生，亦称王阳明。明代著名的思想家、文学家、哲学家和军事家。弘治十二年（1499）进士，历任刑部主事、贵州龙场驿丞、庐陵知县、右佥都御史、南赣巡抚、两广总督等职，晚年官至南京兵部尚书、都察院左都御史。因平定宸濠之乱军功而被封为新建伯，隆庆年间追赠新建侯。谥文成，故后人又称王文成公。

[8] 佳咏，指王守仁谪迁贵州龙场（今修文县龙场镇）驿丞，途中经醴，客居泗州寺，撰《醴陵道中风雨夜宿泗洲寺次韵》，三年后谪归，又居此撰《泗洲寺》。

[9] 诸彦，指负责重修的各位有才华人。

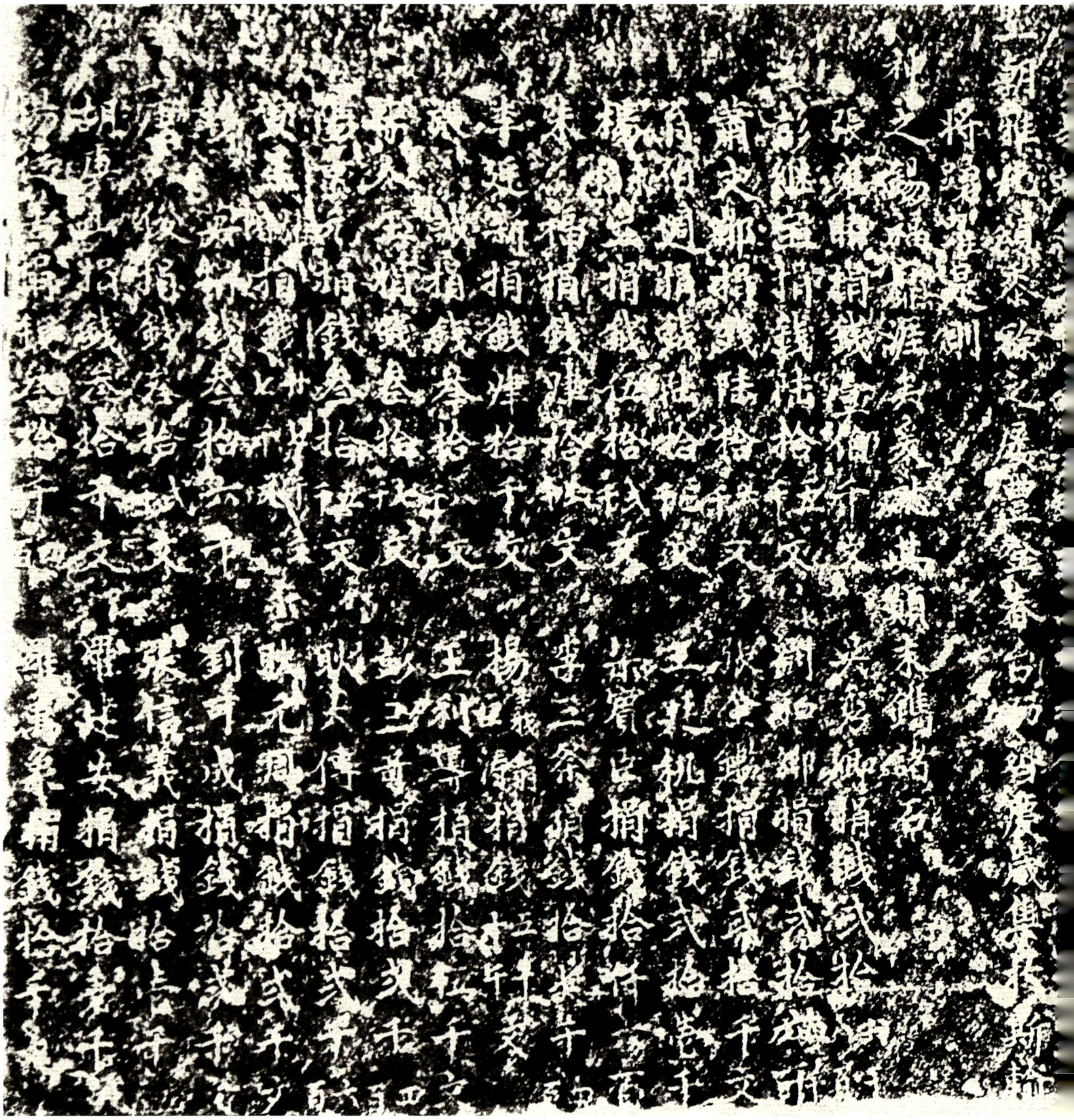

元配江门邹氏墓志铭

该碑两块合套，青石质，长宽均58厘米。其曾有改迁，但字迹清晰保存完好。碑文楷体阴刻，共计756字。该墓志铭系丈夫为已故妻子撰写，读之，倍感情真意切。2010年后由醴陵市文物局征集，存醴陵渌江书院，2014年拓片。

碑文

故室人邹氏本范阳望族，系先府君太学生唐五公之家媳、先太父有仁公之孙媳也。先太父由闽来醴，素与同籍邹公盛远契好，余方襁褓，盛远公副室董孺人甫生氏即来议婚。未弥月[1]遂归于余。先太母陈孺人暨先慈邱孺人鞠育教养，爱如己出。先太父以春秋高偕陈孺人回梓时，氏七龄亦随同。归阅二年，先太父卒。氏瞿然若失，不时流涕，其天性肫挚已如此。岁乙卯，先慈邱孺人相继弃捐[2]。氏闻耗恸不欲生，常以未能侍奉为恨。嘉庆己未，复侍先太母来醴，时先府君及继慈薛孺人，孝养先太母倍极诚敬。氏恪修孙妇职，不惮劳瘁。其事舅姑如事先太母，婉愉听命，未尝几微见诸颜色。壬申夏，先太母见背，氏哀恸倍常。尤恕重舅姑忧，曲意承慰。年来忧劳成疾，每当中夜彷徨时对余言："妾身万一不起，未得奉事舅姑，目不瞑矣。且膝下儿孙依依可悯，仰事俯畜唯君，是赖勿以我为念！"追思及此，悼何如哉！

氏以道光丙戌岁[3]三月二十五日午时卒，生于乾隆壬寅岁十一月十五日辰时，得年四十有五。生子二，长，太学生，名世荣，娶邑南太学生史君名培珍之长女。次，名世桢，娶城西太学生黄君讳景明之四女。孙一，名家煜，聘城北庠生颜君名毓龄之二女。孙女一，名慎姑，幼，未字。皆长男荣出兹卜宅兆。邑南雷公岭王家山蟠龙形之阳，以道光七年丁亥[4]十一月廿六日未时，丁山癸向兼午子分金葬。余名先汇，字发南，号恬斋，少由例入国子监。恸氏勤俭恭谨，阅四十余年，胡天不佑，遽悲离别。爰撮其梗概，以慰幽灵。适葭塘陈父母莅任斯土，情笃乡谊，屈尊赐吊。

见此仅志其略，因锡以铭曰：孝顺性成，竞传梓里。缅彼灵修，德堪玉比。福履永绥，诒尔孙子。采风勒珉，用告女史。夫主先汇拭泪谨志。

敕授文林郎[5]知醴陵县事加三级长乐陈心炳盥手敬铭

夫弟邑庠生先澍校字

不孝男　世荣　世桢　孙　家炳

家煜　敬刊

【道光丙申[6]十月初五未时，改茔北乡陈家山鹤形，首辰趾戌，兼乙辛分同。恬斋再志，继娶张氏。】[7]

注　释

[1] 弥月，出生满月。

[2] 弃捐，意思是被抛弃。

[3] 道光丙戌岁，为公元1826年。

[4] 丁亥，为公元1827年。

[5] 文林郎，正七品文官的散官名，非职务官，用来确定级别。

[6] 道光丙申，为公元1836年。

[7] 括号内文字为十年后移坟时在原碑内加刻的。

十一月十五日辰時得年四十有五生子二長
太學生名世榮娶邑南太學生史君佑培珍之
長女次名世楨娶城西太學生黃君諱景明之
四女孫一名家煜聘城北庠生顏君名毓齡之
二女孫女一名慎姑幼未字皆長男榮出茲卜
宅兆邑南雷公嶺王家山蟠龍形之陽以道光
七年丁亥十一月廿六日未時丁山癸向兼午
子分金塋余名先滙字發南號悟齋少由例入
國子監慟氏勤儉恭謹閨四十餘年胡天不佑
遽悲離別爰撮其梗概以慰幽靈適
葭塘陳父母蒞任斯土情篤鄉誼屈尊賜弔見
此僅誌其略因錫以銘曰
孝順性成覺傳梓里緬彼靈修德堪玉比福履
永綏詒爾孫子採風勒珉用告女史
夫王先滙拭泪謹誌
敕授文林郎知醴陵縣事加三級長樂陳心炳盥手
敬銘 道光丙申十月初五未時改塋此坤
家山鶴形首辰趾戌兼乙辛分金
夫弟邑庠生先澍校字
不孝男世榮 世楨 孫家煜 炳 敬刊
繼娶羅氏

元配江門鄒氏墓誌銘
故室人鄒氏本范陽望族係[illegible]先府君太學生
康五公之冢媳 先太父有仁公之孫媳也先
太父由閩來醴素與同籍鄒公盛遠契好余芳
從孫盛遠公副室董孺人甫生氏即來議婚未
彌月遂歸於余 先太母陳孺人暨 先慈邱
孺人鞠育教養愛如己出先太父以春秋高偕
陳孺人回梓時氏七齡亦隨同歸閩二年先太
父挈氏瞿然若失不時流涕其天性肫摯已如
此歲乙卯先慈邱孺人相繼棄捐氏聞耗慟不
欲生常以未能侍奉為恨嘉慶己未復偕先太
母來醴時 先府君及 繼慈薛孺人孝養先太
母備極誠敬氏恪修孫婦職不憚勞瘁其事舅
姑如事先大母婉愉聽命未嘗幾微見諸顏色
壬申夏先太母見背氏哀慟倍常尤懃懃舅姑
憂曲意承慰年來憂勞成疾每當中夜傷怛時
對余言妾身萬一不起未得奉事舅姑目不瞑
矣且膝下兒孫依依可憫仰事俯畜唯君是賴
勿以我為念追思及此悼何如哉氏以道光丙
戌歲三月二十五日午時卒生於乾隆壬寅歲

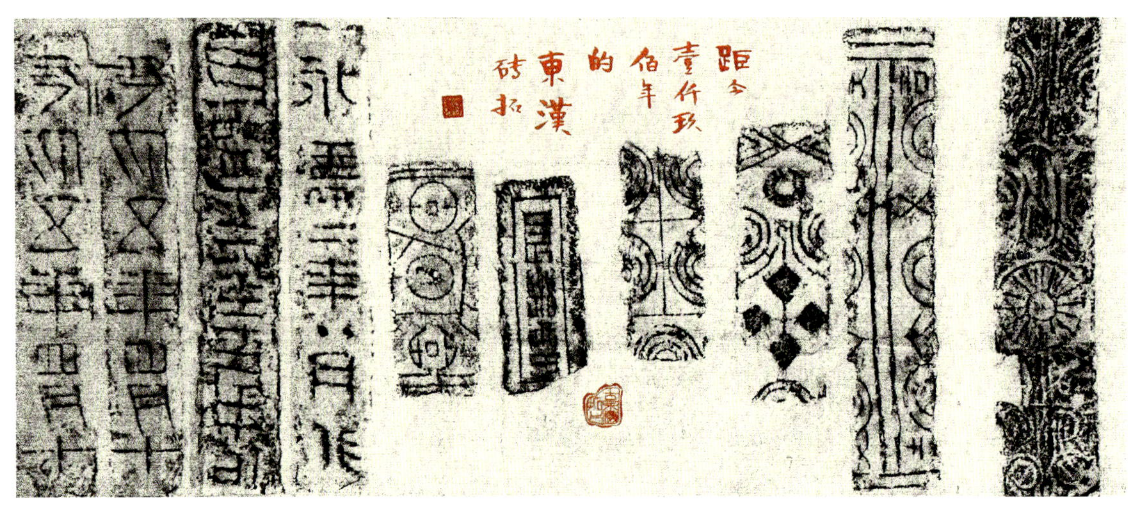
距今壹仟玖佰年的東漢磚拓

遗韵

攸县

双鹤云白保宁嵩隐老和尚
暨西[illegible]和尚一归塔志铭
佛说[illegible]一试问一归何
处得[illegible]斯大海翻身沙
是岸遥[illegible]王为梯矣保
宁嵩隐老和[illegible]闽东戎州广
威将军荫嗣也袭世爵力勤
王事者有年中岁退剑南游
剗草于国清大戏堂头吃棒
于本院信菴首座昼夜六时
精进不懈者有年初犹存见
山不是山见水不是水之疑
一日白手香板猛击头颅数
十下尺裂血溅顿自醒发讼
然见山真是山见水真是水
矣其一有所归之侯乎嗣是
遍参诸方于康熙己卯冬祀
东山镜堂长老座下受其付

宝宁寺名僧塔碑

【塔碑一】万峰和尚寿塔

清康熙四年（1665）衡阳东山万峰智韬禅师任攸县保宁寺住持。期间，扩建庙宇，增置田产，并邀著名社会人士 60 人，花 10 年 时间编撰完成由王船山作序的寺志，遂改保宁寺为宝宁寺，史称万峰中兴。该碑为万峰和尚寿塔正面。红砂岩质，高 52 厘米，宽 35 厘米，楷书阴刻两行，墓碑云“传洞山正宗第三十世中兴宝宁第四代法祖万峰韬和尚寿塔”2016 年 12 月拓片。

塔碑一

【塔碑二】长髭和尚之塔

该碑为宝宁寺开山祖师旷长髭塔碑，并附有功德碑，青石质，晚清重修。塔碑正文字体双勾，碑高 52 厘米，宽 33 厘米。2003 年维修加固墓塔并扩建附属设施。乐捐芳名为独立碑，嵌置长髭旷老和尚塔碑牌位碑右侧面。青石质，高 54 厘米，宽 35 厘米，该塔其他侧面均青石板，疑有功德名册石刻，但已浸蚀漫夷无痕。2016 年 12 月拓片。

碑 文

大清光绪二十四年岁次戊戌季秋月。

开山祖师长髭旷老和尚之塔。

乐捐芳名：□能净捐银二元收，保宁□捐银二元，□超乐捐银一元收，□永德捐银四元收，僧□尺捐银一元，僧体善捐

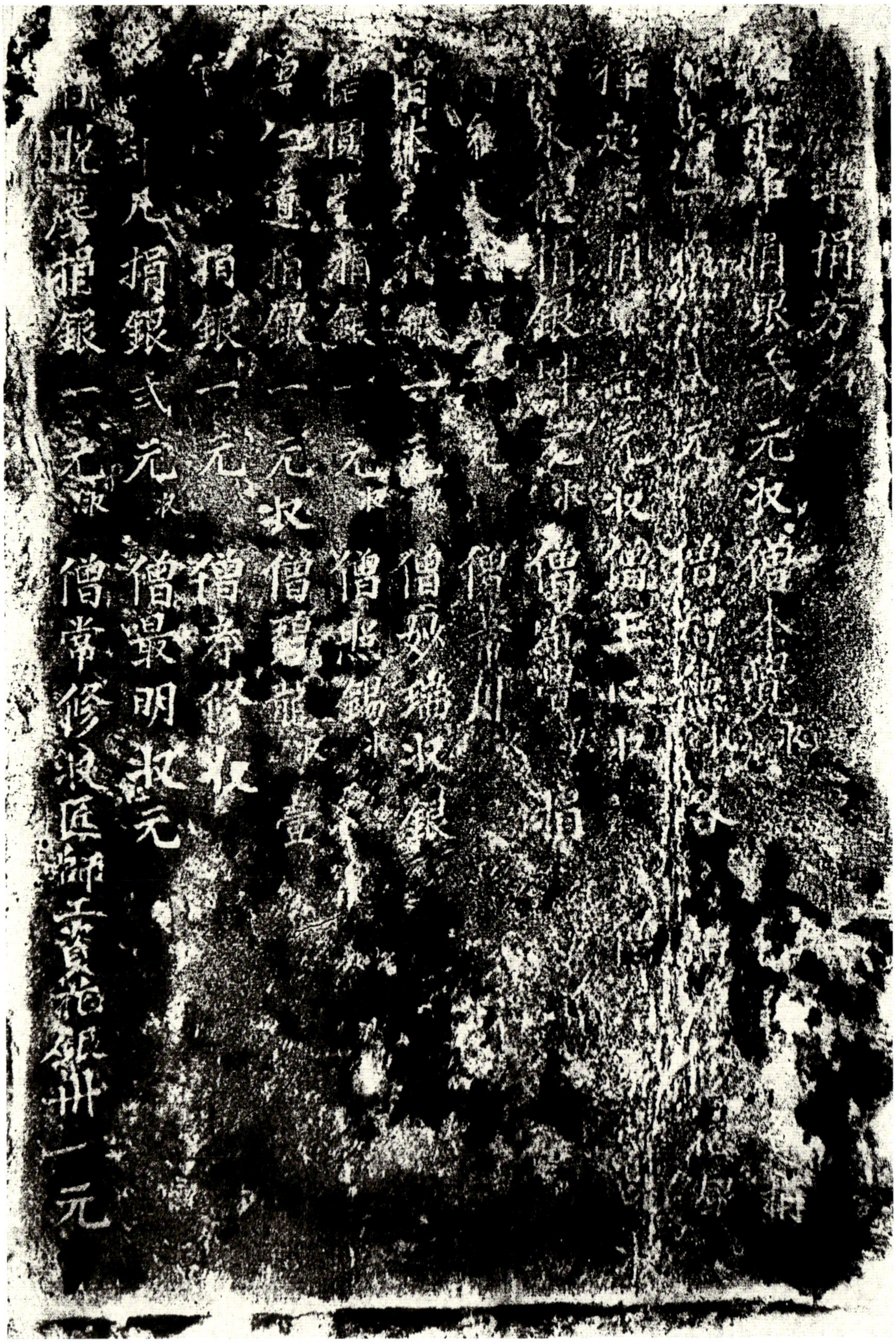

塔碑二侧面

塔碑二

塔碑三

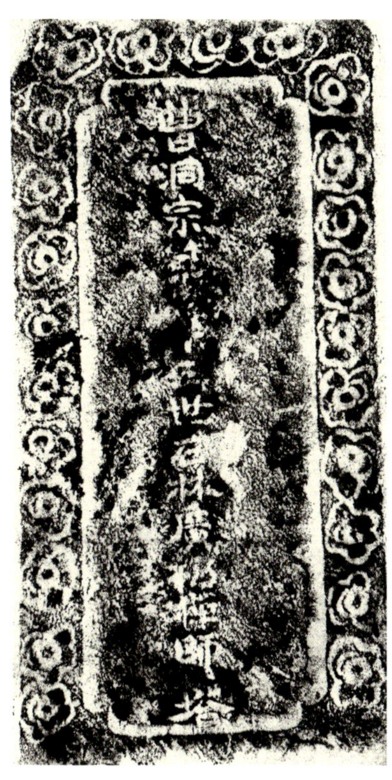
塔碑四

银一元收，僧圆觉捐银一元收，僧仁道捐银一元收，僧心印捐银一元，僧却凡捐银一元收，僧脱尘捐银一元收；僧本觉收、僧智德收、僧五心收、僧宁觉收、僧常川收、僧妙瑞收、僧照锡收、僧碧龙收、僧孝修收、僧最明收、僧常修收，各捐银一元。匠师工资花银卅一元。

【塔碑三】寿勇禅师之塔

为圣寿勇禅师的衣冠冢塔碑。其真身塔院由楚王马殷赐葬罗浮山下延寿寺。塔碑红砂岩质，高58厘米，宽35厘米，碑周边饰如意纹，底边为莲花。墓碑文“保宁第三代祖师钦封圣寿勇禅师之塔”。该塔系后人重建，2016年12月拓片。

【塔碑四】广礽禅师塔

塔碑红砂岩质，高63厘米，宽32厘米，周边饰莲花纹。墓碑文“曹同宗第三十三世石林广礽禅师塔”。禅师俗姓贺，法名广礽，字石林，公元1734年圆寂，寿七十，1760年重修墓塔。详见“随缘碑”。2016年12月拓片。

保宁寺禁挖煤碑

该碑青石质，长65厘米，宽41厘米，碑体已纵向断裂，拼嵌在保宁寺后山护坡中。碑文清晰，楷体阴刻，计72字。地邑煤藏丰富，开采由来已久，而保宁寺山体也含煤脉，保护生态与索取资源体现其碑上，意义深长。2017年12月拓片。

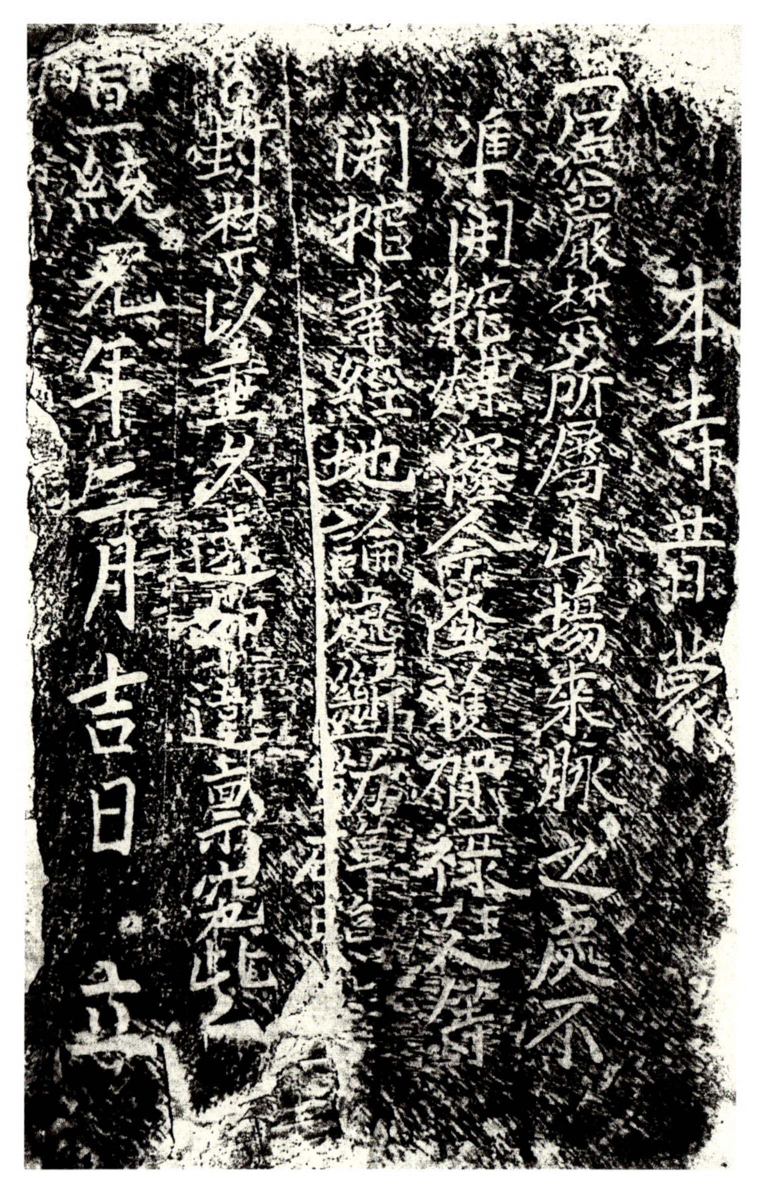

碑　文

本寺昔蒙上宪：严禁所属山场来脉之处，不准开挖煤窿[1]。今查获贺禄廷等开挖，业经地论处断，勒碑照旧封禁，以垂久远。如违禀究。此白。

宣统元年[2]二月吉日　立

注　释

[1] 窿，即煤矿坑道。2010年版《保宁寺志》中误为“窑”字。

[2] 宣统元年为公元1909年。

保宁寺双鹤云规碑

该碑青石质，地面高117厘米，宽63厘米，厚8厘米。碑首溜肩，碑额楷体阳刻“双鹤云归”四字，碑阳左右边框阴刻莲花纹。正文楷体阴刻，计18行，共792字，基本完好。兹位于攸县保宁寺边门围墙右，紧靠省道315支线，距公路沟面仅30厘米。碑后为六角形石塔，名曰“一归塔”。塔面石刻“洞山正宗三十三世保宁上嵩下隐老和尚塔”。该塔因合葬两名和尚，故有双鹤一归之说。塔志铭石刻初立于1733年，二十七年后重修。其对研究了解攸县保宁寺及地邑宗教历史提供了资料，2017年12月拓片，并与2010年版《保宁寺志》所录之碑文反复比对辨析，纠正了数处误录。

碑　文

双鹤云归

保宁嵩隐老和尚暨西朗新和尚一归塔志铭。

佛说万法归一，试问一归何处得其所归？斯大海翻身沙是岸，遥天举步王为梯矣。保宁嵩隐老和上，闽东戒州广[1]威将军荫嗣也。袭世爵，力勤王事者有年。中岁退剑南游，划草于国清大戏堂头，吃棒于本院信[2]庵首座。昼夜六时精进不懈者有年。初[3]犹存“见山不是山，见水不是水”之疑[4]，一日白手[5]香板，猛击头颅数十下[6]，尺裂血溅，顿自[7]醒发[8]，讼[9]然见山真[10]是山，见水真[10]是水矣。其一有所归之俟乎？嗣是遍参诸方，于康熙己卯冬，祀[11]东山镜堂长老座下，受其付嘱[12]。甲午[13]冬，保宁别天长老爰请继方丈席，余因得与公别峰相见。针芥相投，菘盘茗椀，悉公素履者有年。公之住保宁也，日示木兴，勤于[14]点燃。傍晚，钟鸣践定[15]，木塌空诸，依傍达旦。放参，益俨然天竺古先生也。享[16]僧腊[17]八十有三，得法乳西朗，公[18]传钵后，遂于甲辰[19]仲冬廿二拈偈示寂。西公嗣拈，七尺乌藤，拖残柏叶，啮断叶根，律行精严，身心清静，无一不与本师印合。方外禅宗、社中吟叟咸唱然曰：“种莲尘刹土，石涧一枝青。”西公殆其征与无何？庚戌[20]初夏廿[21]三，亦随悬岩撒

手也。先是嵩老和上[22]暨西公全棺[23]各归藏有塔，而术者佥谓地具不甚吉，今其法嗣楚智[24]、楚南[25]等诸禅丈暨本院住持宗能，新堂头另营袈裟片壤，合塔藏之，颜曰“一归”。丐余言寿石昭兹束[26]许？余曰，噫！万法之[27]一，自有归处，二公一归，何必于塔乎？何必不于塔乎？聊为撮约厥词志其梗概。

而铭之[28]曰：将军从龙，厥戚惟广。将种挺生，虎头燕嗓。勇流急退，船回一桨。水月圆明，人天瞻仰。法乳嗣辉，上西下朗。撒手何归，云树苍茫。于法自在，同求偕住。无遮之室，万机应响，不二之[29]门，千秋聿敞。

皇清雍正十一年岁君癸丑[30]孟春月谷旦

南湖居士谭金声、元音氏拜撰，石匠朱士卯

嵩老和尚嗣法门徒福圣、福耀、福庆、福礽、福圆、福轮、福绍、福寰，本门楚智福圣下梵音潺寺、西朗耀下宗能慧[31]，慧下见微机，楚南福庆下智巷悟。

本院住持法孙祥慧并诸法属同立

时乾隆庚辰[32]夏月吉旦重修

注　释

[1] 广，2010年版《保宁寺志》误录为“则”。

[2] 信，2010年版《保宁寺志》误录为“住”。

[3] 初，2010年版《保宁寺志》误录为“当初”。

[4] 之疑，2010年版《保宁寺志》漏录“之疑”，之后有“后精进不懈”句，经查，原碑文无此句。

[5] 白手，2010年版《保宁寺志》误录为“以手”。

[6] 下，2010年版《保宁寺志》漏录“下”。

[7] 自，2010年版《保宁寺志》误录为“时”。

[8] 发，2010年版《保宁寺志》误录为“悟”。

[9] 讼，原碑文为“訟”，讼的异体字。2010年版《保宁寺志》误录为“怡”。

[10] 真，2010年版《保宁寺志》误录为“直”。

[11] 祀，2010年版《保宁寺志》误录为“礼”。

[12] 付嘱，2010年版《保宁寺志》误录为“嘱咐”。

[13] 甲午，公元1714年。

[14] 勤于，2010年版《保宁寺志》误录为“勤枚”。

[15] 践定，2010年版《保宁寺志》误录为“跌定”。

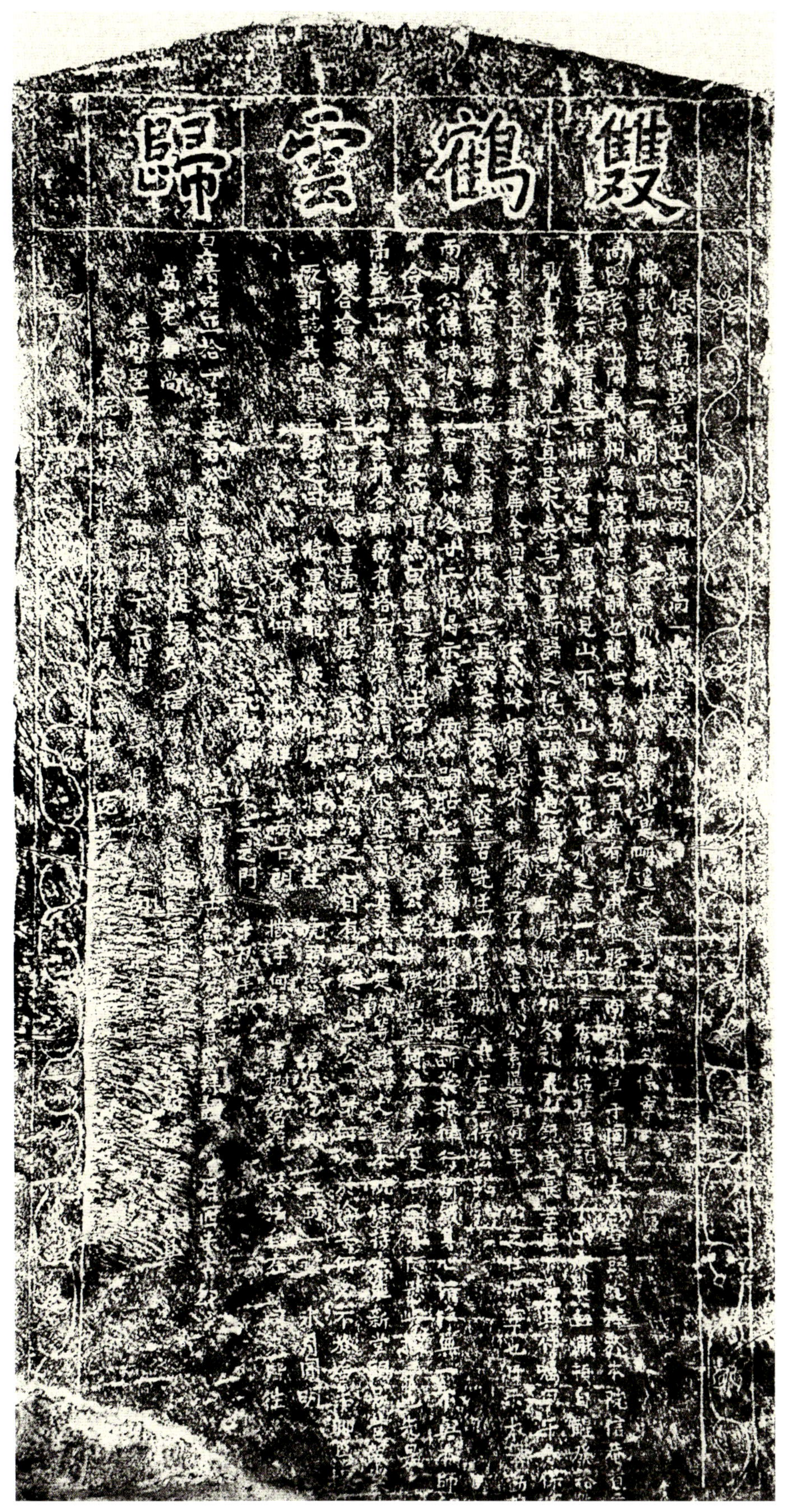
雙鶴雲歸

[16] 享，2010年版《保宁寺志》误录为“享过”。

[17] 僧腊，即僧尼受戒后的寿享年岁，以区别于世寿。

[18] 公，2010年版《保宁寺志》漏录“公”。

[19] 甲辰，公元1724年。

[20] 庚戌，公元1730年。

[21] 廿，2010年版《保宁寺志》误录为“二十”。

[22] 上，2010年版《保宁寺志》误录为“尚”。

[23] 全棺，该二字2010年版《保宁寺志》漏录。

[24] 楚智，2010年版《保宁寺志》其后加“福圣”二字，而碑文无。

[25] 楚南，2010年版《保宁寺志》其后加“福庆”二字，而碑文无。

[26] 束，2010年版《保宁寺志》误录为“装束”。

[27] 之，2010年版《保宁寺志》误录为“归”。

[28] 之，2010年版《保宁寺志》漏录。

[29] 之，2010年版《保宁寺志》误录为“法”。

[30] 癸丑，公元1733年。

[31] 能慧，2010年版《保宁寺志》录为“祥慧”。

[32] 庚辰，公元1760年。

保宁寺随缘碑

该碑青石质，高114厘米，宽60厘米，厚5厘米，碑文楷体阴刻，共计443字。属石林广礽禅师“且住”塔的组成部分。原在寺殿之左，曾有房屋荫蔽，因年湮月久，塔残屋圮，其碑左上角缺失。2003年因宝宁寺扩建，塔、碑移至寺宇后山之左。2016年12月拓片。

碑　文

随缘□□[1]

石林礽禅师塔[2]

石公和尚俗姓贺，南云世家子也，祝发于本城证果寺，离文长老其师也。法名广礽，字石林。初开山于罗萍金轮庵，由行门精进有年，得[3]嵩隐老人法，公不欲自弘也。其徒宗能，法器也。嗣位保宁，迎养住静，寿登七秩[4]，甲寅[5]卯月届大士诞日遂示寂。宗能执师丧，礼尽如毗尼法，入塔，颜曰“且住”。因请铭焉，铭曰[6]：

镜湖名裔，阴山高僧。根底清静，胥气崚峥。派分证果，师礼离文。除烦刬草，把茅金轮。行修圆顿，品树普门。印可了义，得法杖滕，法乳丛生，贤为宗能。位嗣祖庭，长髭座登。迎养静室，日升月垣。僧腊古稀，不退兢兢。岁君虎降，月令兔升。安稳[7]绳床，坐脱忌兴。有相皆空，无缝塔成。送公入去，凤凰台鸣。灵山永镇，沙海永澄。方外故交，零落感增。□□□□，玉律金屏。亿万斯劫，认取斯铭。铭之者谁，昭村老友。□□□□，□□□□也。

嗣位保宁徒祥慧，偕师兄续训、续法，徒侄孙本淌……[8]南湖居谭金声拜撰兮[9]。乾隆庚辰[10]夏月更石重修。

徒孙本洽，曾孙觉逵、觉达、觉遇、觉道，玄孙昌柏、昌桂、昌棠、昌棣、昌林；玄玄孙隆珠、隆盛。

注 释

[1] 碑额应有四字，因缺角之故，仅存随缘二字，地方志书称之随缘碑。

[2] 石林礽禅师塔为首行标题。

[3] 2002 年《宝宁寺志》载碑文“又得”经拓片校核无“又”字。

[4] 2002 年《宝宁寺志》载碑文“七铁”经拓片校核为“七秩”。

[5] 甲寅为公元 1734 年，即雍正二年。

[6] 2002 年《宝宁寺志》载碑文“曰”经拓片校核为“铭曰”。

[7] 2002 年《宝宁寺志》载碑文“安隐”经拓片校核为“安稳”。

[8] ……，因碑残而缺失的不确定字数。

[9] 2002 年《宝宁寺志》载碑文“拜撰”经拓片校核为“拜撰兮”。

[10] 乾隆庚辰为公元 1760 年，即乾隆二十五年。

恩膏永垂碑

该碑青石质，边缘及字面有残缺。长 132 厘米，宽 74 厘米，厚 14.5 厘米。碑文楷体阴刻，共计 1066 字。原厝立攸县城关清代衙门处。2010 年攸县城关中街体育场街道改造时出土，当即由攸县文物局征集回收，并嵌置攸县博物馆。

碑　文

恩膏永垂[1]

□□□□□君乎民之……[2]

邑侯徐公讳应熙[3]者允矣，民之父母也。攸邑□□□□□□□□映寔多端，虽前宪□欧阳公□刊□□□□□□当范条禁木榜。张公再勒碑。

旨严禁采买，按粮强抵四文，近日泯減以□攸□□□□□□□□□泱公咸理兹立。□□组呈旋准出示未以置，署侯公宪莅敦询。□□□剔弊厘淫，士民条具□□□□□□□□批饬今春开征。伊□□□告示严禁，宣止德以□。故陋以沛新，□□山远村咸颂□□君兹遵□□□□□碑榜，仍照旧式重刊。谨□□□侯，全批胪叙各条勒于石，以垂不朽。乾隆三十五年十二月初三，士民等以陋弊害民，公恳并饬攸县邑候徐，奉批淋抛撤余众厘税收多索票钱。历经□□上宪严禁。至田房税契亦奉严饬照正供于大堂，谖柜听民自封投，遵循在案。攸邑书投有无阳奉阴违，邑县莅任已密差亲信家丁察访。犯则必尽法严究，尔等如有见闻，不妨禀究，以佐本县耳目之不远兮。以空言烦琐也，佯候出示严禁可耳。同日，士民并以条陈刁弊，显示苏困事。呈□批原碑系何条？禁向立何□？何年因何毁灭，看□查明，另禀以便追起重勒，并候先行示禁可也。点存卷□月十日，又以□批禀明恳复，碑榜重勒。奉□□□查追原文，刊勒悬监。乾隆三十六年[4]四月初三，士民等复以宪示，以垂久远。事遇察□批准，将剔除钱粮□户各条，胪叙告示，寿梓镌刊，晓谗永禁可也。

署湖南长沙府攸县正堂加五级记录五次徐公，为严禁多索票钱，以杜民众禀照得征收地丁钱粮，按粮户完酌给票。

恩膏永垂

钱粮放在五分，以田许取□钱一□数在一钱。□钱二文，一钱以□□钱三文，即银放至多者止，以参□蠲，今定有章程。□许□毫，多索者经□□□县在□□本县开征，伊以合行告示，晓谕各柜□人等知悉，各该遵宪例少取票钱。如有不遵定制，□□多索，许□户等立即指名喊禀，此凭严拿严究，各宜凛避毋违。特刊。

乾隆三十六年二月初七日示

署攸县正堂加五级记录五次徐公，为严禁□□饷粮积弊以除民怨事，乾隆三十六年□□□□□□□□本府正堂□□□□，照遵州县征收发粮定例。于开征之后设立滚单，挨户□□。如逾期不□□许摘雇□□□□邑严究，□□□□□□岁饷之□□□□银匠倾写自耕谷□□许□□□□□执□□□□索票钱，银□□索□□□丁户□□□□□□向宅门□钱□返稽延，以及□捉□□□□即□□□□□饬严禁不啻，三恐书□□□□□□□□□明于剥□□而未可定合，并通饬严禁□□□□合晓谕□□□乡□等数悉嗣后□□□粮，务遵定例。倾泻收钱，自封投柜，截串宁察，该柜□不□□□禁钱，银匠毋许□□□□工。倘敢仍前违犯，一经访闻，定行严究，决不稍宽。各宜凛遵毋违。特示。密存□□□

乾隆三十六年五月初十日示　阖邑士民……

注　释

[1] 恩膏，即膏泽，指百姓受到实际的恩惠。

[2] ……，不能确定缺失字数。

[3] 徐应熙，江苏洋湖举人，乾隆三十五年至三十六年任长沙府攸县知县。

[4] 乾隆三十六年为公元 1771 年。

保宁万峰老和尚塔志铭碑

该塔志铭存攸县保宁寺后山万峰和尚墓塔室内，红砂岩质，高162厘米，宽71厘米，厚18厘米，1985年4月，在保宁寺附近乡间发现。碑文楷书阴刻，共22行，塔志铭满行70字，立碑人段满行43字。共计1506字。碑额从右至左“溯远流芳”，首行题：“保宁万峰老和尚塔志铭”。1997年《株洲市志》和2002年《攸县志》其铭文有载，但立碑人物段落省略。2010年攸县《保宁寺志》第77页对立碑人物段落有专载。该墓志铭文笔优美，详尽介绍了万峰和尚的传奇生平和保宁寺的历史，地邑罕见。2016年12月拓片。

碑　文

溯远流芳

保宁万峰老和尚塔志铭

岁癸未[1]孟夏，保宁祠法镜堂、德颖自龙珠归扫祖塔，□语余曰：“塔事固匝，所欠唯志耳。予曾受老人请益墓志铭焉。”余肯其言，遂分任笔墨之责，铭曰：师法讳韬，字舌剑，名万峰。百丈泓祖第四座法嗣洞山三十代[2]孙也。俗出衡阳刘氏名家子，诞时，其尊人梦一长髯老僧来家募修大士金身，惊觉，而师诞焉。稍长多不茹荤，见僧则喜，五岁方就塾，习句读，过目成诵，人辄异之。年十二，其尊人欲为问婚，师坚志不娶，欲出家。父母因师诞有梦，任之。遂祝发于古梅峰，日将历代祖师语录机缘细心研索，师曰：“家人□为□死，徒阅此微言末语，岂能了大事乎？”一日阅至古宿题苍蝇诗云：“空门不肯去，寻窗何大痴，穷年钻故纸，那得出头时。”遂通身汗下，正如楼子补衲听酒楼唱：“你若无心我便休。”又如凌道婆卖饼门人唱：“不因哑言传书信，何缘得到洞庭湖。”与[3]此两人疑情顿彻何异，遂释卷参学。初学西山遂谷源禅师，随已许可，由是遍历诸方，不惮险阻，不畏寒暑，不就衾枕，芒鞋穿破，死心参学，不顾生命，终参百丈石涧泓祖师。丁亥腊，入印证附嘱，师受嘱，退隐梅峰。后又思，自利而不利人，终非祖师心。昔仰山同圣僧行，过宝河，水涨无渡，僧

即从流踏涉，河中呼仰山曰：“早知此自了汉，恨不得一棒打死。”缘此大事，故初开法席于龙溪，继开东山。癸卯，锡飞来攸，闻长髭祖庭荒落，乃诛茅大山，猛力更旧换新而恢彰焉。前建关圣韦陀殿，中建大雄佛殿，后建藏经阁，阁左侧方丈，前侧斋堂，又前侧弹指阁，大殿侧钟鼓楼，无不巍焕。则置常住田，共计四十八亩，内十四亩系罗怀竹东捐施。又十五亩香灯田，乃众姓施。其余前后左右山林并杉山，放生池塘，皆师衣钵之资，价接谭、贺、王、邹、欧之业，契券界址详明，毋滋砍伐，以为子孙守者，悉备载《保宁志》中。师性不喜接游仕宦，邑侯王明府，闻高风常肃修炼，便迎，师不就，以偈答云：“一溪流水音潺潺，关外白云任往还，黄齑饥食困即卧，懒将双足出禅关。”邑侯不复强焉。师性类如此也；在攸道高门峻，从游者众。规范日严，机缘日盛。数十年来，湖上称功德山无双焉，座腊二十五湖□□法[4]，法嗣十有四人。师生于明天启癸亥[5]三年四月十三日酉时，卒于清康熙丙寅年[6]四月十六日。

没之先日，语琢城曰：“我明日去。”琢曰：“和尚如何便去？”师曰：“果熟蒂落，安用久留？”次日取水沐浴，竟整衣帽就座，口占偈云：“月满乾坤水满溪，我唱还乡曲曲西，果熟枝头蒂自落，永不人间借岩栖。”遂合掌奄然坐逝，享年六十有四也。越明年，方迎入塔焉。铭曰：“巍巍祖塔，圣寿山[7]左，前帐后屏，龙虎包裹。群峦环抱，莲花朵朵。紫气浮云，白云开锁，儿[8]生其中，明珠一颗。”

嗣法门人珠峰眉山远、东山镜堂颖、南云浮笠绍、观音小筹乳、天源日舟新、保宁解斯惺、白云琢城琦、保宁鉴日宗、儒宗嗣法刘景卿琦、陈耳臣鼎、熊力翁、胡昆左传、洪琮启畴、陈锦臣标。

法孙：东山铁云、珠云、庵村、天灯、千二、果龙、珠玄、印玺、大泉；嵩隐息回、天机惠湖、东缘、松福、次也、学石、门敏。

儒宗嗣法孙：衡阳黄天谷炳、康菴、刘子周、俞海；海门陈鸿、戴耀、太守潘尉南、都喻下石玺、熊子贡序。

曾法孙：驹峰仞下嗣：驹峰处山定绍、慈衡、石斑、雪菴、祐惟、学敏、别梅景；曾法孙东山珠下嗣：退崖任、指南桢、天菴炳、不遐、僧问月惺、天章鉴、语默修、禹门源、雪峰系、东山村下嗣：牧野、再松、荫松泽。

玄法孙：驹峰定下嗣、万寿嗣：月肤、智奕、勇知、志远、得月、珊轮。

镜堂颖老僧皆笠菴徒处山孙资同立。

时皇清康熙四十二年[9]岁次癸未仲秋月谷旦，门人胡作传昆左氏撰文。北城陈裔书，石匠龙易先镌。保宁法孙启辉座下洞山四十代法嗣大觉致中海号悟觉重修。皇清光绪二十三年[10]丁酉岁孟春月谷旦。石匠张清梅镌。

注释

[1] 癸未即公元1708年。

[2]1997年《株洲市志·第十五卷》载碑文“二十代”经拓片校核为“三十代”。

[3] 相关志书录为“于此两人”经拓片校核为“与此两人”。

[4]1997年《株洲市志·第十五卷》载碑文“二十五湖□”，2002年《攸县志》载碑文“二十五”，经拓片校核为“二十五湖□□法”。

[5] 天启癸亥即公元1623年。

[6] 康熙丙寅年即公元1686年。

[7] 相关志书录为“圣寿之”经拓片校核为“圣寿山”。

[8] 相关志书录为“兕生其中”经拓片校核为“儿生其中”。

[9] 康熙四十二年为1703年。

[10] 光绪二十三年为1897年。

汉代纪年砖、饰纹砖

【砖一】

东汉纪年砖，长 31 厘米，宽 15 厘米，厚 5 厘米。两砖同拓片，砖侧铭文“建安五年四月十”，即公元 200 年。该砖于 2010 年出自攸县皇图岭镇谭家村鹅形山汉墓考古现场，株洲市博物馆收藏。

【砖二】

东汉纪年砖，长 32 厘米，宽 15 厘米，厚 6 厘米。砖侧铭文“建宁元年”，即公元 168 年。该砖于 2010 年出自攸县皇图岭镇谭家村鹅形山汉墓考古现场，株洲市博物馆收藏。

【砖三】

东汉纪年砖，长 32 厘米，宽 15 厘米，厚 6 厘米。砖侧铭文“永寿二年八月作”，即公元 156 年。该砖于 2010 年出自攸县皇图岭镇谭家村鹅形山汉墓考古现场，株洲市博物馆收藏。

【砖四】

东汉饰纹砖，宽 16 厘米，厚 6.5 厘米，砖端有铜钱纹。该砖于 2010 年出自攸县皇图岭镇谭家村鹅形山汉墓考古现场，株洲市博物馆收藏。

【砖五】

东汉铭文砖，砖残仅半截，宽 15 厘米，厚 6 厘米，砖端铭文“长乐未央”，即永远快乐的

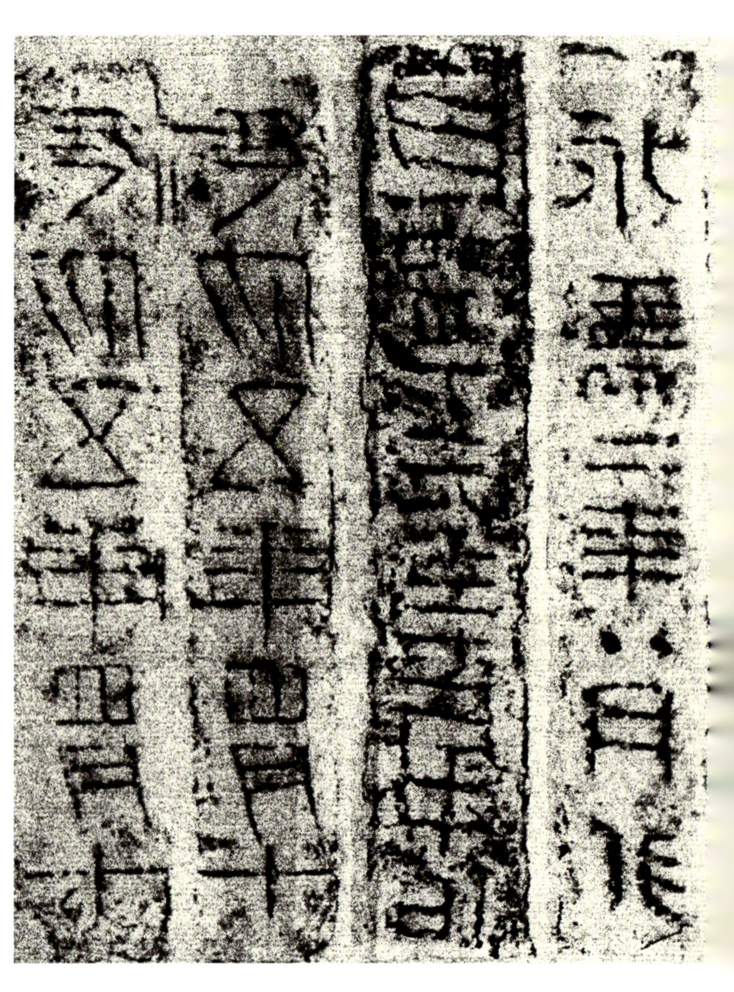

意思。由株洲古玩爱好者收藏。

【砖六】

东汉饰纹砖，宽 15 厘米，厚 5.5 厘米，砖端有半圆纹。该砖于 2010 年出自攸县皇图岭镇谭家村鹅形山汉墓考古现场，株洲市博物馆收藏。

【砖七】

东汉饰纹砖，宽 19 厘米，厚 6.5 厘米，砖端有铜钱、半圆和棱形等图纹。该砖于 2010 年出自攸县皇图岭镇谭家村鹅形山汉墓考古现场，株洲市博物馆收藏。

【砖八】

东汉饰纹砖，长 31 厘米，厚 6 厘米，砖侧有吉字、平行线和半圆等图纹。该砖于 2010 年出自攸县皇图岭镇谭家村鹅形山汉墓考古现场，株洲市博物馆收藏。

【砖九】

东汉饰纹砖，长 33 厘米，厚 6.5 厘米，砖侧有车轮纹。该砖于 2010 年出自攸县皇图岭镇谭家村鹅形山汉墓考古现场，株洲市博物馆收藏。

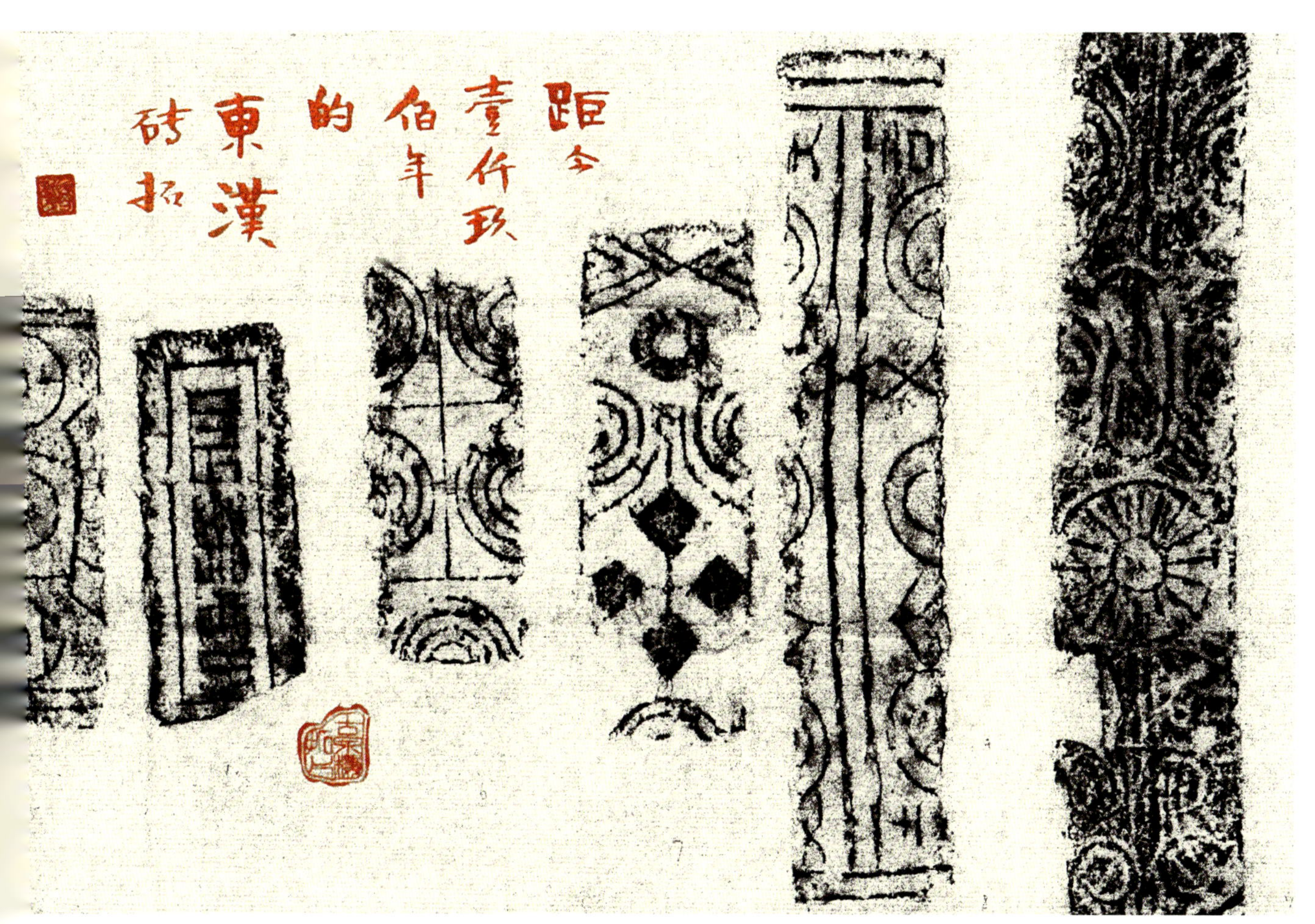

文氏刘氏墓志铭

该墓志铭为青石质，高48厘米，宽55厘米，碑文楷体阴刻，共计893字，系74岁的陈延玑，为已故元配文氏、继配刘氏而撰。1986年出土于攸县莲塘坳乡巨洲村。由文物部门清理收回，并嵌置攸县博物馆。2016年拍照。

墓志铭（局部）

碑 文

进阶致仕东城兵马指挥，七十四翁春庄陈延玑[1]显挥泪撰

前室文孺人，讳闺莲，东郭三宾文公容长女。生天顺丁丑[2]九月十六日子，父敕赠文林郎兰轩公。闻有德容，求为予配。岁辛丑命予赘。甲辰归于家。事予父及继母，能尽敬养，逮遭通丧归。二妹孺人悉尽心慎事，甘淡泊，勤缉纺，置产业，辛苦备尝。时予在庠，家事内外，咸以身任。惟恐妨予学，虑己无出，纳王氏于侧室，宠爱孔优。甲寅[3]生长男贱保，喜而不寐，若自己出。既而殇，过哀而昏者几矣。己未[4]春，予以陪贡赴省，文孺人以父丧哭动成疾，惟王氏供汤药。

每嘱之曰：毋尝是药，盖知有孕，恐伤之也。四月二十三日遽卒，享年四十有三。越庚申冬，葬于北关朝峰墓下。呜呼，病没躬药，葬没躬敛，至今犹耿耿。是岁[5]继娶刘孺人，讳晚贞，西关处士刘公怀鼎六女也。不阅月，予以正贡赴京，卒业南雍，七年在外，刘孺人综理家政不在文孺人之下，予无内顾之忧，人皆谓予主贤配也。生女二，长巧秀三岁而殇。次娇秀，适单義相缙。次子庠生世贤恩男订，出自舅氏，娶茶陵刘君彦琦长女，己未王氏生男讴，娶游義相世美长女。庚申生男歌，娶龙君田长女。讴生男佳，聘北乡贺君尔长女。刘孺人钟爱惟均，讴、歌充庠生，每以科第勉望。丙子岁[6]，予应选比上受东城兵马副指挥，越戊寅，刘孺人携子女至。凡乡人有事京者，孺人无贵贱，无亲疏，无敢慢怠，具德者无异词也。予三载考满拜领□□□□□□□□□□□□□□□□□□孺人与赠封。虽自吾人所致，良由二孺人先后相我之力也。又三载予□□志，刘孺人谓予曰：年几七旬，致仕时也，留不尽之禄，以遗子孙。遂恳疏□□蒙进阶令职归家，七载，不幸于岁十一月四日，刘孺人以疾卒正寝。距生成化乙酉[7]九月二十九日，享年六十有五。将以是月念四日，卜葬清阳乡冷水洲乾山巽向龙形也。文孺人以旧宅不利，先期十六日迁葬于刘孺人塘左。呜呼，二孺人之处有顺逆，二孺人数有修短，二孺人之德无醇庇，二孺人之功无小大也。予挥泪拾略以语子孙，遂以为之铭。

攸县博物馆

铭曰：表妹女流，惟我之逑，婉娩贞静，一文一刘，归我有年，先后靡留，择地并葬，冷水之洲，山环而秀，水绕而清，佳城得所，二孺妥灵，荫我子孙，福祉无垠。

嘉靖己丑岁[8]子月念四日不孝子陈订、歌[9]，孙佳泣血书丹篆镌立名。

注 释

[1] 攸县同治县志卷三十七载：陈延玑父钺封文林郎、东城兵马司副指挥，母王氏赠孺人，单氏封孺人。

[2] 天顺丁丑为公元 1457 年。

[3] 甲寅为公元 1494 年。

[4] 己未为公元 1499 年。

[5] 是岁指庚申年，文氏死后第二年，即 1500 年。

[6] 丙子岁为公元 1516 年。

[7] 成化乙酉为公元 1465 年。

[8] 嘉靖己丑为公元 1529 年。

[9] 歌，即为原碑异体字謌。

阳升观夫人庙碑

该碑青石质，长115厘米，宽45厘米，嵌置于攸县阳升观内左侧墙体。碑文楷体阴刻，计39行，共612字，基本完好。兹记叙了道观院落的日常管理以及出资者的心态，为地邑宗教历史提供了资料。

碑　文

夫人庙碑

庙者貌也，文中予礼学篇。凡伺神者亦建庙，高启梅雨诗洒□，暗连湘女庙仓山，专有息夫人庙诗。伊古以来，夫人有庙，嗣属女仙庙。更可建岁丁亥[1]，家慈[2]茹斋数月，亲监修造，独用巨金，庙成以后归香灯。一节章程未定，而神目如电，宜设常灯。今奉慈命，再三思确，与其置祖于庙，恐生弊端。不若权操于己，庶几久远。谨定规则，石刻于后：

一：神前长明灯一盏，每年菜油七十二斤，逢润月加油六斤。数月持搁，发以住庙之人，不准将此油别用。庙中窠庭，每年自八月初一日起至九月三十日止，点灯一盏，进香诸客入庙光明。午时初刻即可关门停灯。跑灯之油两月共计二斤，持揭发给。

一：持奉香灯，每月米三斗，钱六百文。逢润月钱米照发，按月发给。

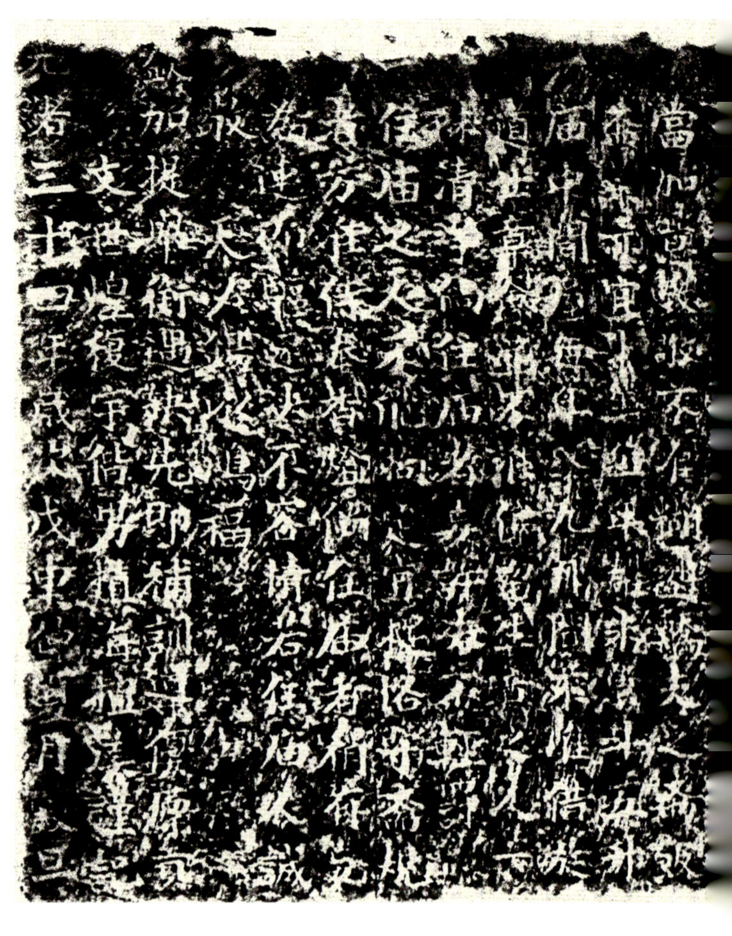

一：箬一万根，扣钱一串文。

一：经鼎、雕板花床、桌椅，付加器皿等件，住庙者不准损坏。

一：屋宇捡漏，每年领钱三百文。宜未雨而先绸缪。又每年六月六日，当修沟道，开通污泥，住庙者毋得自怀。

一：管事五人，每年秉舆来庙四修住庙者预备铺盖，办斋菜六碗，一日三餐，当加意□敬，不准糊涂轿夫之斋饭。斋即可宜□吾□年□求六斗五升。

一：庙中间屋，每年八九月间，不准借于道士、章会、游客。谁宿留生意之人，一殊清寺。向住庙者，妄许办不轻罚。□住庙之人不能拘定，宜择恪守斋规者，方准侍奉香灯。倘住庙者稍有妄为，连而驱逐，决不容情。若住庙人诚敬，天必赐以鸿福。

钦加提举衔、遇缺先即补训导[3]、优廪贡文世煌椱宇偕男：植海、植汉谨记。

光绪三十四年岁次戊申[4]仲夏月谷旦

注释

[1] 丁亥，公元 1887 年，即光绪十三年。

[2] 家慈，作者在别人面前对自己母亲的谦称。

[3] 训导为文官官职名，在清朝约为从七品。通常为辅佐地方知府，负责教育方面的事务。

[4] 戊申，公元 1908 年。

阳升观同治年醮事碑

该碑青石质，品相完好，长98厘米，宽43厘米，嵌置在阳升观院内。碑文楷体阴刻，计292字。乐捐名录33人，其中文姓29人，占88%，反映了地邑氏族成分以及醮事活动习俗等。

碑　文

占都沙陵陂白：大尊王、大郎王两祠下，众姓士庶等于客夏[1]，祈保清泰建醮[2]十日，恭迎圣驾。鉴醮得沐鸿恩，人康物阜，醮事告竣，核算除用，剩钱八千文正。尔时众等虔诚愿备銮舆[3]一座，但所剩钱文尚少，再集乐捐。信士共襄，厥事舆成。敬献梁朝得道本朝加封保惠老真人[4]殿下。

今将捐户姓名胪列于左。

文昌达、文乐友、文方舟、文殿可、文蔚起、文树德、文卓斋、文年发、文质斋、文瑞堂、文培之、颜益斋、李世发、侯三星、吴传应、文天禄、文锦亭、文温良、文祥甫、文相臣、文寅宾、文瑞星、文福田、文自松、文成章、文腾蛟、文雌雄、文岩起、文清华、文学三、文中正、文孔祥、文时雍。

以上各捐钱一千二百文

同治五年岁次丙寅[5]仲秋月谷旦

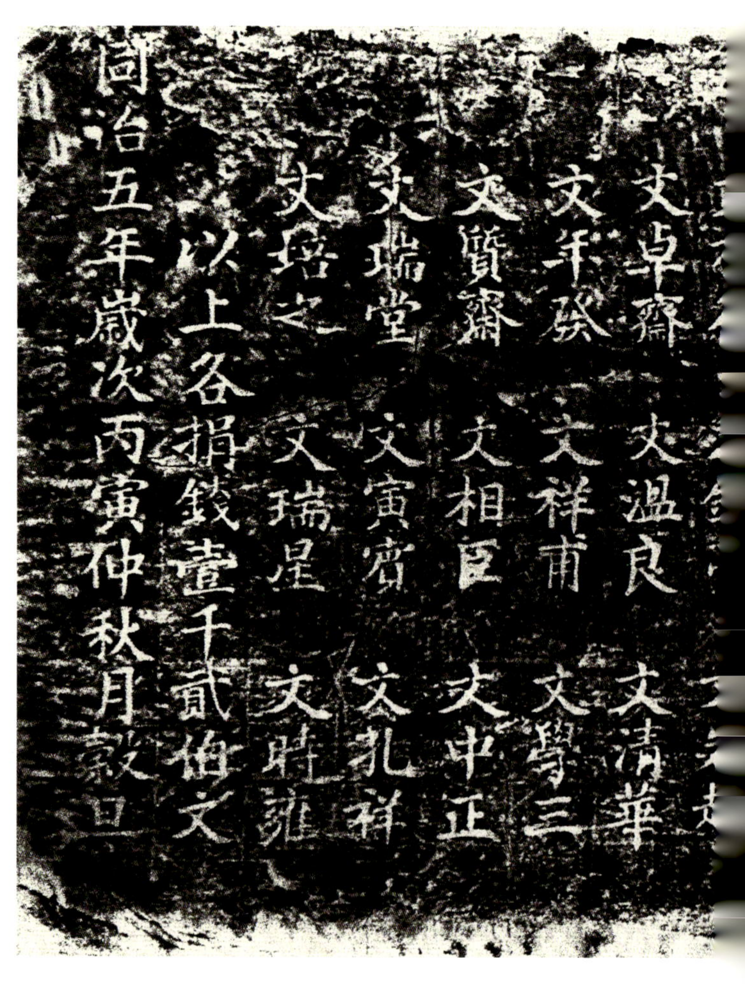

注 释

[1] 客夏，宾客集聚这个夏天。

[2] 醮，指道教中设坛祭神的活动。

[3] 銮舆，也叫銮驾，指旧时皇帝的坐驾，碑文中指供保惠老真人。

[4] 保惠老真人，即张司空。据梁时任彦升《述异记》载，司空姓张，字巴玉，清河郡（今江苏淮阴）人，亦说岭南封州封川县人。齐明帝时，官至司空（为三公之一，主管水土、营建）。东昏侯萧宝卷嗣位后，政治腐败，虐害生民，张巴玉不满暴政，挂冠退隐，继而携全家访天下名山胜迹。初到南岳衡山，后闻攸县有麒麟山，为汉时苏隐匿居得道白日驾麟车升天之地，顿生仰慕之意，于是沿湘江，溯洣水，巡攸河，倾家南来。至麒麟山，见重峦叠翠，山峰奇特，泉清水冷，不胜景仰，称"此足以乐吾生矣！"遂命工构屋三十余间，以安顿全家八十余口。又筑坛朝斗，结庐修道，早晚诵《太洞真经》三十九章，得其妙旨，养神育气。得葛洪子传授金液之诀火鼎之功，采药炼丹，济世救人。梁天监二年（503）八月十五日，全家除留下侍女卢琼守坛外，八十余口白日升仙而去。麒麟山后来改称为司空山。并在此建阳升观，纪念南北朝齐明帝重臣司空张岊在此修道成仙。清咸丰年间，由于张司空"于冥冥中"保障地方安全和除蝗消灾有功，咸丰皇帝加封为"保惠真人"。

[5] 丙寅，为公元 1866 年。

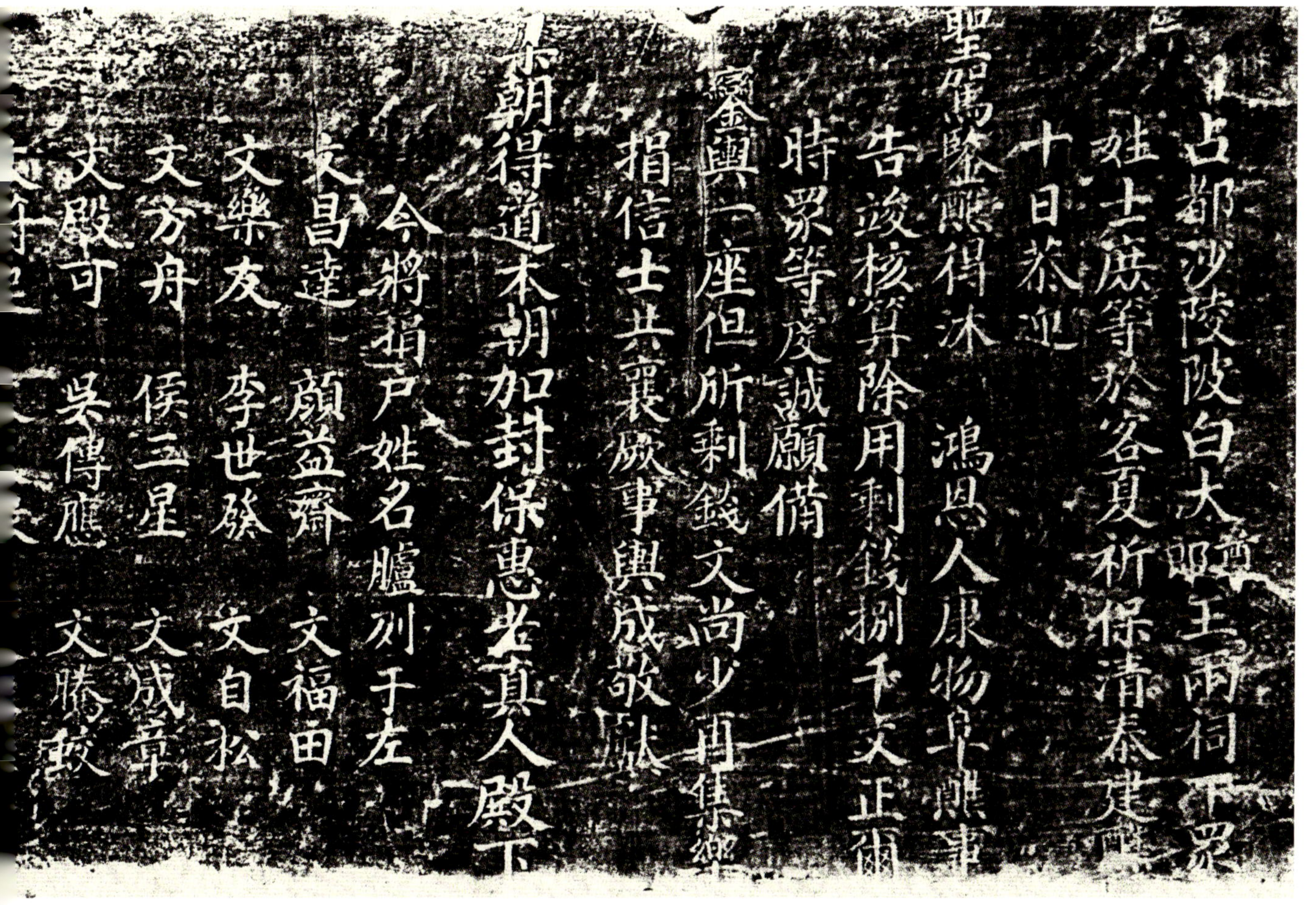

重修灵龟峰记碑

该碑青石质，楷体阴刻，高50厘米，宽138厘米，厚10厘米，2017年8月16日拓片。原嵌置在攸县灵龟寺山门内壁，2004年移至江边新建的六角凉亭处，与其他功德碑一并厝设。其碑文在1992年版《株洲文物名胜志》、1997年版《株洲市志》、2003年版《攸县县志》和攸县2017年《灵龟峰志》均有录载。

碑　文

重修灵龟峰记

灵龟峰[1]者，攸邑亘古之胜迹也。前接江潭，绕围则峻岭罗列。昔人如峰□营构阁寺，装修神像，停僧供佛。俾善男信女瞻仰礼拜，而逸客骚人游息咏歌。登其楼则青山拥翠，绿水澄鲜；俯视大江之东，则洲平草茂，庐舍参差，四时花木掩映，可供远眺。因名其楼曰“凭虚阁”。阅岁[2]久，日渐倾颓，前邑侯张[3]，再葺于乾隆丙午[4]。山门立庚甲向。“梅城第一峰”五字是其撰也。事迹俱载碑阴。迄今廿余年[5]，风水失宜，栋梁就圮，僧人弗敢往来，游者亦搔首徒唤奈何耳。邑中有尹士高吉[6]者，矢志捐修，易山门为坤艮，麓处建亭[7]，路亭复于往来者有所裨益。仲冬庚子鸠工，越月既望，遂落成焉，可谓勤矣。夫修不愈四百金，而独修为难，独修不难[8]而于尹士则有难。然者家非饶裕，而慨然义举，回视向之，诸佛安处，僧无宁居，士女瞻拜，踯躅[9]未敢前，不且焕然一新耶！每见席丰之家，贯朽粟陈，缗[10]钱斗米之施，向有[11]吝色[12]难也[13]，若尹士者又曷可多得哉！功成嘱予为记，予乐志片言以勒于石。

嘉庆十二年[14]岁次丁卯季冬月谷旦。邑人刘关藻[15]记。

修主：国学生[16]尹高吉、室人刘氏，男光蒗、媳廖氏[17]。

注 释

[1] 灵龟峰在攸县老城关东1.5公里洣水河边。

[2] 原碑文“阅岁久”，相关志书误为“阅月久”。

[3] 张，指原知县张健，浙江分水人，拔贡出身，乾隆四十九年至五十二年任攸县知县。

[4] 乾隆丙午为公元1786年。

[5] 原碑文“廿余年”在相关志书中错录为“二十余年”。

[6] 原碑文“吉”在相关志书中漏录，据此，相关志书以“尹士高者”误为重修灵龟峰是尹士高这人，其实，重修灵龟峰是姓尹的人士，号高吉。即修主尹高吉，特予纠正。

[7] 原碑文“麓处建亭”在相关志书中误为“庵外立路亭”。

[8] 原碑文“独修不难”句，在相关志书中漏录。

[9] 踯躅即徘徊不前。

[10] 原碑文“缗”，1991年版《株洲文物名胜志》和《株洲市志》误用异体字“缗”。

[11] 原碑文“向有”，在相关志书中误为“尚有”。

[12] 原碑文“吝色”，在相关志书中误为“各色”。

[13]“也”，在株洲市志中该字为口，即未辨。

[14] 嘉庆十二年为公元1807年，相关志书漏缺“年”字。

[15] 刘关藻，字柏庄，攸县地邑人士，乾隆年间贡生。

[16] 国学生，清代泛指秀才出身，在国子监肄业的学生，一般为官员子弟。

[17] 原碑文“修主……廖氏”段在相关志书中均没录入。

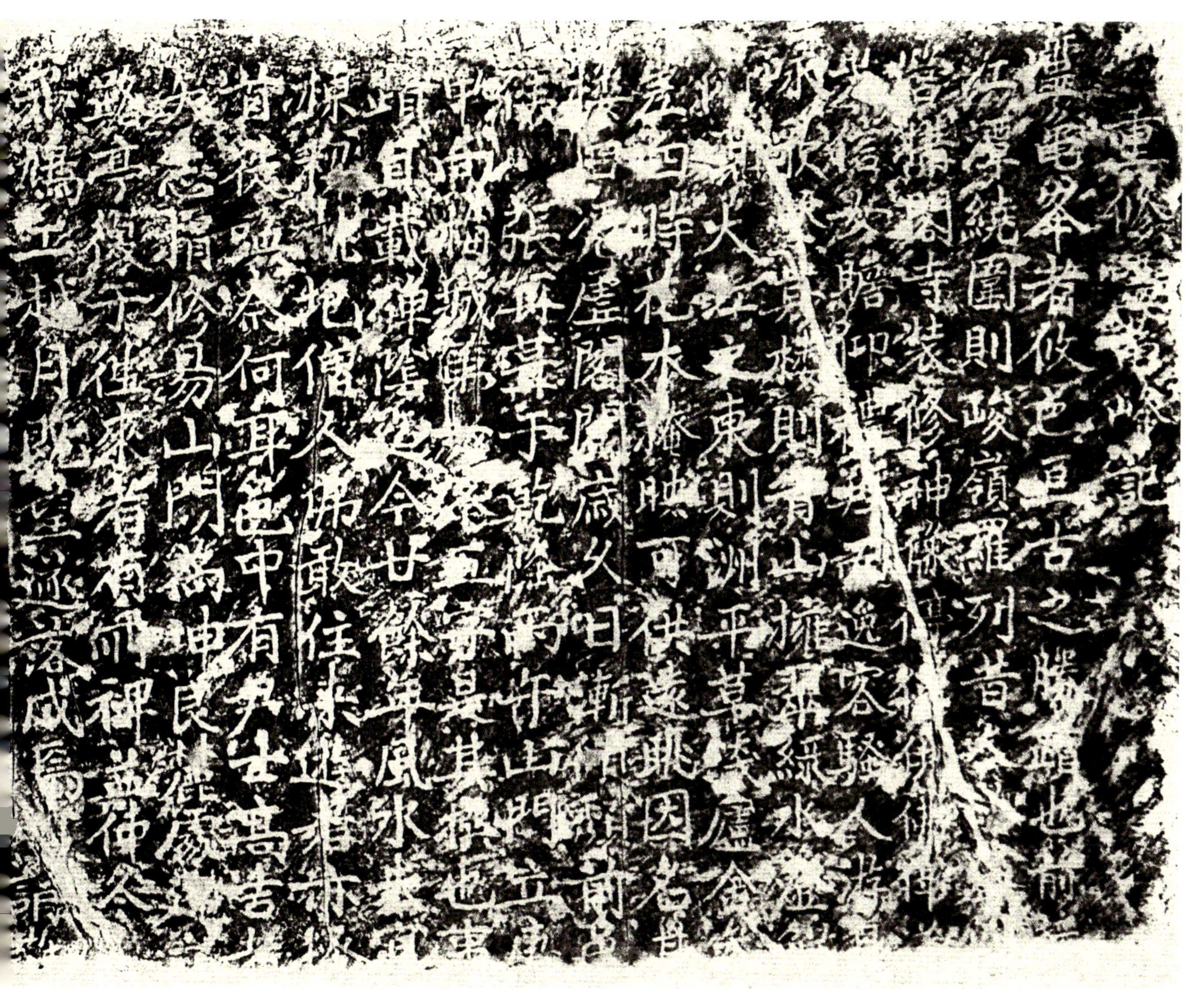

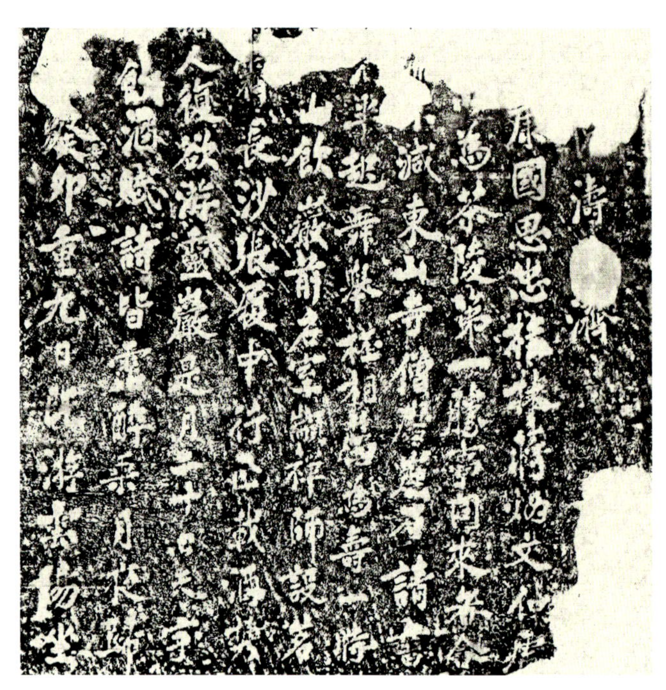

古碑遗韵

茶陵县

光泉石刻

光泉石刻地处茶陵县高龙镇光泉村光泉组。离茶陵县城40公里。石刻处高彭公路左侧山坡的石壁上，东距秩堂乡政府所在地彭家祠3公里，西距高陇镇5.6公里。东西两侧均为居民小村落。西40米为高彭工班，东北端为一小山，多树木。正前方为一片农田，距约150米处有一条小溪（河流），自东南向西流经。石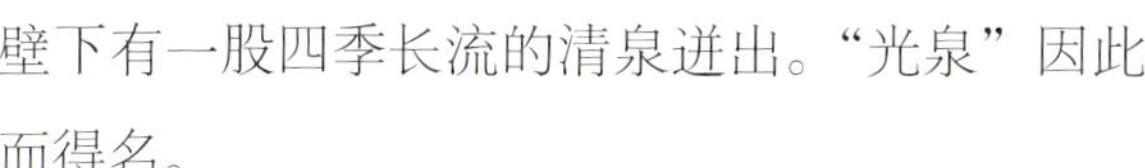壁下有一股四季长流的清泉迸出。“光泉”因此而得名。

“光泉石刻”相传为南宋民族英雄岳飞所书，后人仿迹镌刻于崖。民间传说则云：南宋绍兴元年（1131）秋，岳飞率“岳家军”一万余人自江西吉安入茶陵，追剿叛将曹成。傍晚行军至茶陵秩堂合户村，部队于村外露宿一宿，岳飞为此村题书“墨庄”二字，表示部队到达时天黑如墨之意。第二天不等天亮就出发追剿，行至茶陵高陇境内，天渐亮。此时兵马疲渴，忽见路旁小石山下清泉喷涌，岳飞命部队就地休息，人喝马饮之后，将士们心爽神清。岳飞十分高兴，随手在路旁稻田里拔出几个禾蔸，蘸以淤泥，在小石山石壁上大书“光泉”二字以抒怀。光泉者，天光见泉水，泉水闪闪之意也。后人为纪念他，仿迹镌刻石上，并冠以“宋岳忠武王题”，附近的村子也以“光泉村”命名。石刻自右至左横书，字为正楷，刚劲有力。“光泉”二字高分别为2.65米、2.74米，宽均为1.97米。冠以的小字高0.63—0.67米不等，宽0.55—0.62米不等。

灵岩山石窟别一洞天摩崖石刻

别一洞天摩崖石刻位于茶陵县灵岩山石窟右侧，距地面约3.5米。其摩崖石刻面，长330厘米，宽90厘米。碑文“别一洞天”四字榜书双勾阳刻。上款阴刻小楷“乾隆辛酉仲秋”（1741）可辨，下款应有文字但已剥落。

灵岩山石窟丁未年摩崖石刻

兹属红砂岩摩崖石刻，位于茶陵县灵岩山石窟左侧，距地面高110厘米。碑文面残高67厘米，宽54厘米。碑文楷体阴刻，计8行，因碑面右侧岩层已剥落，仅存59字，具功德碑性质。2019年6月12日拓片。

碑文

……自丹荷……显悟说乡……重刻。凤来□□□，戊戌春舍生周菻为□□山泉先生抑尘。并次……偕行，公侄同祖孙十老……孙福元代皆丰，僧会修……丁未住山僧绍彬刊。

灵岩山石窟弘治四年摩崖石刻

兹属红砂岩摩崖石刻，位于茶陵县灵岩山石窟左侧，距地面高110厘米。碑文面残高53厘米，宽54厘米。左上部岩层已经剥落，残缺占三分之一。文字楷体阴刻，即11行，满行应12字，约存72字，泐于明代弘治四年，即公元1491年。2019年6月12日拓片。

碑　文

弘治四年辛亥四月一日，予同桌游灵崖留题：岩孰鉴间石堂百步，因□林落日归黄鹤一片。□……到此似非，应世把留。……长沙府加□□……谓其……合陈宗载刊。

灵岩山石窟万古奇观摩崖石刻

万古奇观摩崖石刻位于茶陵县灵岩山石窟右侧，靠近石窟顶部。距地面约 3.2 米。其摩崖石刻面，约长 340 厘米，宽 90 厘米。碑文“万古奇观”四字榜书双勾阳刻。上款阴刻小楷，仅余“口历甲午仲秋……”可辨，据查，应为明代万历甲午年，即公元 1594 年，下款应有文字但已剥落。

灵岩山石窟月到岩摩崖石刻

月到岩摩崖石刻位于茶陵县灵岩山石窟右侧，距地面约2米。其摩崖石刻面，长235厘米，宽85厘米。碑文“月到岩”三字榜书双勾阳刻。上款阴刻小楷“嘉靖甲辰（1544）孟春之吉，州守曾才汉题，衡州张道书”。月到岩摩崖石刻因年代久远而破损，2005年修复。2011年“月到岩摩崖石刻”被列为省级文物保护单位。

灵岩山石窟宣和五年摩崖石刻

兹属红砂岩摩崖石刻，位于茶陵县灵岩山石窟右侧，靠近窟口。距地面高约80厘米。碑文面高192厘米，宽176厘米，碑文行楷阴刻，计10行，满行平均13字，每字约15厘米见方，共计233字，基本完好。其泐于北宋晚期宣和五年癸卯岁即公元1123年。2019年6月12日拓片。

碑文

倪涛[1]□济

□□康国思忠，桂林蒋胜文仲夏□以为茶陵第一胜事，同来者合川流不减。东山寺僧磨崖石请书。□□半起舞，举杯相属为寿，一时妓□山饮岩前，石室颛禅师设茗□齐长沙张履中行正，载酒携诸人复欲游灵岩，是月二十日，天宇□饮酒赋诗，皆沾醉采，月夜归□□。癸卯[2]重九日即游云阳坐。

注释

[1] 倪涛（1087—1125），宋代诗人、画家，字巨济，号波澄，浙江永嘉[今浙江温州]人。大观三年（1109）进士，宣和（1119—1125）间为都司。著云阳集、玉溪集。《宋史本传、画继、图绘宝鉴、宋诗纪事》有载。

[2] 癸卯，为北宋宣和五年，即公元1123年。

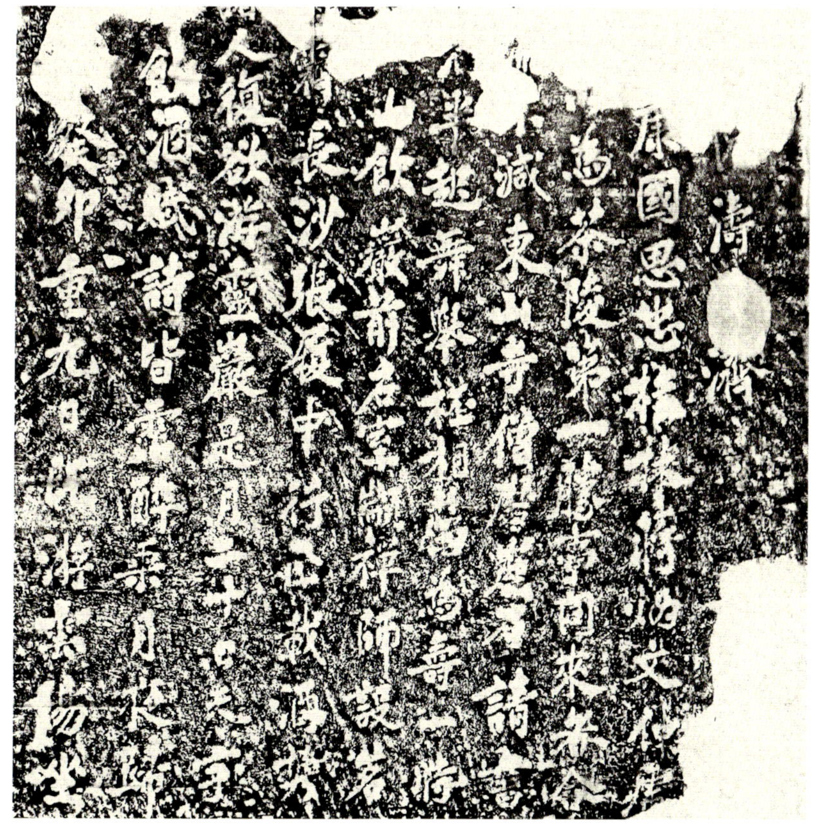

三大学士故里碑

该碑大理石质，高200厘米，宽80厘米，厚18厘米。厝置于茶陵秩堂镇石龙村老鼠坳原路口凉亭。碑阳榜书楷体阴刻“三大学士故里”六字。款项阴刻小楷“道光庚戌夏五[1]，长白芝岑葆亨题并书”。原来自明至清三百年间，此地先后出了明首辅大学士李东阳、明文渊阁大学士张治、清协办内阁大学士彭维新，故称三大学士。清道光三十年（1850），时茶陵知州葆亨极为赞誉，为褒扬秩堂人士勤于学之风，乃题书泐碑，以供后人景仰。

注　释

[1] 夏至后阴历逢五为伏，其三伏叫做“夏五”。

张治书扬州太守吴嵩墓志铭

该碑青石质，长84.5厘米，宽41.5厘米，厚3厘米。碑面阴刻单线框边，碑文楷体阴刻，计24行，满行47字，全文1111字，由株洲茶陵明代进士张治为临川明代著名清官吴嵩所书的墓志铭。字迹精工，铭文完整，其墓主、撰者、书者均为史有所载的名人。其碑由茶陵潭某从江西古玩者手中购得，存湖湘艺术协会。

碑　文

明故扬州太守吴公墓志铭

赐进士及第翰林国史编修文林郎贵溪黄初[1]撰。

赐进士出身翰林国史编修文林郎茶陵张治[2]书。

期侄[3]滔篆盖[4]。

维扬太守吴公[5]，以直道左迁入闽运盐使，司同知。丁内艰不起，瘿疾[6]卒，是为正德八年[7]癸酉八月十七日。越嘉靖八年[8]己丑十二月二十二日卜葬本乡枥山厥子苑。丞洙预持苍梧太守李君希先所为状，来乞铭。按状：公姓吴氏，讳嵩，字中立，别号拙勤。世家抚州临川之鹏田，五代祖居简。宋淳祐省元，曾祖则彦，以儒隐。祖仕彰，尚义乐施，例服仕服。父天常，封南京刑部主事。母李氏，封安人。以正统九年[9]甲子八月二十一日生公前夕，邻之人梦白象入其室，翌日公生。识者占知为郡守之祥。少颖敏书，过目辄成诵。年十七，游郡庠学诗于解魁，黎公之门试艺，名声藉藉。成化辛卯[10]，领乡书战礼闱。乙未[11]登进士第，试政工部，授南京刑部主事，历升员外郎，中扬州府知府。左迁[12]福建盐运同知。其在刑部守法兢兢，不阿诸贵，幸避其风采。堂官里戚，诬平人为盗，属多忌。讳公讯得情，即为直其事。河南一竖为人诱略，事觉于部，公怜其父母止竖，一子不循，公格递回，移文原籍。迨其父至而给之。又私来赍[13]费竖之，父母深德之。扬州素号剧郡难治，公应手裁判案无滞牒。诸衙门法为射利者所坏，公至一绳以法不少贷。尝暮夜有持千金于进者，竟坐以罪录。重囚鞠知被诬出之，寻亦持

金以谢。公谓之曰："吾岂以汝为私家。"计哉却而不受。其在福建盐法，敕于权贵私鬻盛行。公叱曰："是何敢尔。"峻戒严缉，权贵吐舌引去盐利，自是归官。国税无补，负者未机以内艰解职。公性刚，未尝于人。为员外郎时，有中贵南来，闻公望重，期荐引部堂。幸私至其第[14]，公恬不为动。年劳逾众，始获作扬郡。作扬郡时，诸凡巡按所讯讼狱，误即正之，不拘成案[15]。用是见忤，竟被中伤。左迁居官二十年，囊无私蓄动，期以清白遗子孙。或以公之才器使，肯少贬以狗人，则富贵功名不适止此，则公亦今之人豪哉！平生手不释卷，专意古文，工唐人声律，所著有《拙勤》稿。以儒业起家，诗书满门。诸子若宪，副公显之辈，皆其造就。寿七十，娶汪氏，封安人。男四：长浩，府学生，先公卒，娶郑氏；次沧，娶李氏，继娶周氏；次即洙，任上林苑监，嘉蔬署丞，娶饶氏，继娶黄氏，封孺人；次泗，娶叶氏。女一，竹梅，适饶佩，府学生。孙男：升，县学生，娶杨氏；暾，娶陈氏；旸、历，尚幼。孙女：梦锦适潘纯；梦镮适余翰；梦铄上林苑上林。曾孙：贤卿、贵卿、学卿。曾孙女：妹贞、妹宝尚幼。

铭曰：刚善为直，天命则然。呜呼先生，克完其天。法曹壁立，震垒奸权。载擢名郡，用之左迁。我策我励，濒死弗跛。呜呼先生，百炼之钢。后千百祀，永有耿光。

皇明嘉靖八年，岁次己丑冬十二月二十有二日甲申。孝子：沧、洙、泗，孝孙：升、暾、旸、历。立石。

明朝文渊阁大学士张治像

注　释

[1] 黄初（1476—？年），字慎卿，江西贵溪人。明正德九年科举列进士第二名，曰文榜眼。曾任南京国子监祭酒。著有《明朝彝宪》等。

[2] 张治（1488—1550），字文邦，号龙湖，茶陵秩堂镇毗塘村人，正德十六年（1521）全国会试第一，为会元，赐进士，授编修。嘉靖间历官南京吏部侍郎，翰林学士掌院事，南京吏部尚书。嘉靖二十八年（1549）入内阁，晋礼部尚书兼文渊阁大学士，加官至太子太保。嘉靖二十九年十月十四日病卒，赠少保，谥文隐。隆庆初改谥文毅，万历初改文肃。张治博闻强识，性亢爽，有气节。世宗崇尚玄修，辅臣皆须供撰青词，张治以此殊不自得，遂郁郁成疾。有《龙湖文集》。

[3] 期侄，对叔、伯父母的自称。

[4] 篆盖，按明代习俗，该墓志铭应有盖板，篆体阴刻碑额"明故扬州太守吴公墓志铭"，但其盖下落不明。

[5] 吴公（1444—1513），即墓主吴嵩，江西抚州临川人。进士，官至扬州太守。被当地誉为有名的清官、才子。

[6] 瘿疾，脖子上长瘤子。

[7] 正德八年即癸酉年，为公元 1513 年。

[8] 嘉靖八年为公元 1529 年。

[9] 正统九年为公元 1444 年。

[10] 成化辛卯为公元 1471 年。

[11] 乙未即明成化十一年，公元 1475 年。

[12] 左迁，古代右为大，左迁即官员降职降级调任。

[13] 赍，私带的意思。

[14] 其第，吴嵩的住宅。

[15] 不拘成案。据《临川古今孝廉故事》一书和微视频介绍“清官吴嵩”。当时，有三个被判了死刑的陈姓人，听闻吴嵩清廉正直，便跑来伸冤。吴嵩看过诉状，经过认真审查，觉得陈家三人很可能被有权势之人诬陷。便亲自到巡抚那里，极力为陈家三人申辩，最后巡抚重新审理此案，确认陈家三人是受了冤枉，宣告无罪释放。其家属见吴嵩为他们伸了冤，便准备了黄金百两以示酬谢。吴嵩说：“为民雪冤，乃是我的职责所为，怎能接受谢礼呢。”坚决不收。陈家人全体下跪，说：“三人之命，何止百两金？”吴嵩说：“莫坏我名声，名声比什么都重要啊！”陈家人这才挥泪而去。吴嵩一生清正廉明，以至于死时还是兄弟出钱资助，才得以体面安葬。

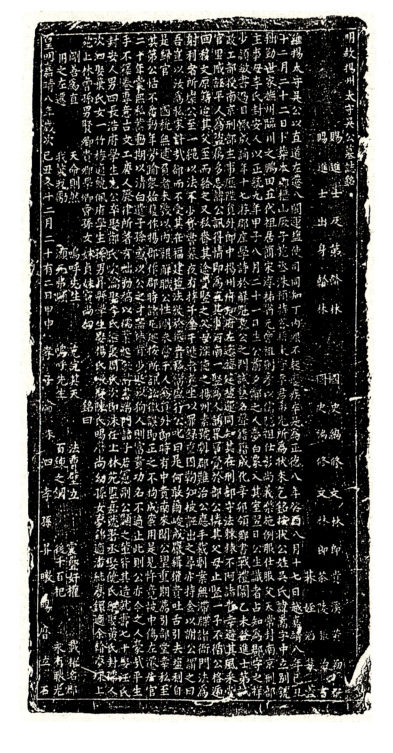

曆寶曆
年遭當
風雨時
循舊典

古碑遗韵

炎陵县

炎帝陵飞香旧迹碑

该碑青石质，约高120厘米，为道光年间酃县知县沈道宽纪念炎帝陵重建所书，原置放炎帝陵飞香亭。碑文从上至下阳刻榜书隶体“飞香旧迹”四字，碑阳上下款阴刻楷体小字，“道光丙戌□月□□酃县沈道宽书，重建布政使□□□□，□湘英唐□举。”兹碑泐于公元1826年，现厝置于陵殿右厢碑房，系保存基本完好的古碑之一。

拓片局部

炎帝陵纪念林碑

该碑大理石质，碑文阴刻隶书八字“林子超先生纪念林”，下款阴刻行书四字“薛岳敬题”。民国二十九年（1940），国民政府主席林森（字子超）拨专款，令湖南省政府主席薛岳在炎帝陵山植树造林。薛岳受命后，即令有关人员在炎陵山周边营造杉木林 264 亩。竣工后，薛岳在此修建“林子超先生纪念亭”。此碑即立在亭内。炎帝陵修复后，其碑现置放于陵殿右碑房。

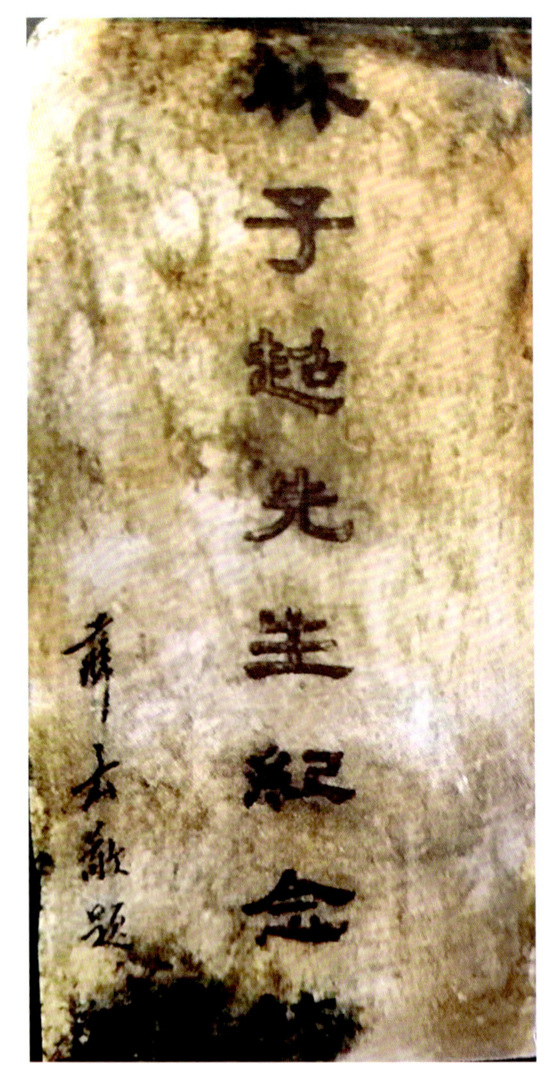

炎帝陵明清祭文附录

炎帝陵自明代洪武四年至清代光绪元年，先后留存的历次祭祀碑刻达53块，至今大多毁失。能有幸保存和发现的御碑甚少，连残碑也弥为珍贵，现珍藏于陵殿右碑房。

祭文附录

清代祭文

清顺治九年（1652）钦遣侍读学士白允谦告即位致祭祭文：自古帝王，受天明命，继道统而新治统，圣贤代起，先后一揆，功德载籍，炳如日星。朕诞膺天眷，绍缵丕基，景慕前徽，图追芳躅，明煙大典，亟宜肇修。敬遣专官，代将牲帛，爰修殷荐之诚，用展仪型之志。伏惟格歆，尚其鉴享。

清康熙六年（1667）钦遣宗人府府丞高珩告亲政致祭祭文：自古帝王，继天立极，功德并隆，治统道统，昭垂弈世。朕受天眷命，绍缵丕基，庶政方亲，前徽是景，明煙大典，亟宜肇修。敬遣专官，代将牲帛，爰昭殷荐之忱，聿备钦崇之礼。伏惟格韵，尚其鉴享。

清康熙二十一年（1682）钦遣督捕理事官魏双凤告乎滇致祭祭文：自古帝王，受天显命，继道统而新治统，圣贤代起，先后一揆，成功盛德，炳如日星。朕诞膺天眷，临制万方，扫除凶残，廓清区宇，告功古后，殷礼肇称。敬遣专官，代将牲帛，爰修烟祀之忱，用展景行之志。仰冀明灵，鉴兹诚困。

清康熙二十七年（1688）钦遣詹事府少詹事舒书告皇祖妣文皇后升祔太庙礼成致祭祭文：自古帝王，受大明命，御宁膺图，时代虽殊，而继治同道，后先一揆。朕承天眷佑，临制万方，稽古礼文，肃修祀事。兹以皇祖批孝庄仁宣诚宪恭懿诩天启圣文皇后神主升祔太庙札成，特遣专官，代将牲帛，虔修烟祀之典，用抒景行之忱。仰冀明灵，鉴兹诚悃。

清康熙三十五年（1696）钦遣太仆寺少卿王绅告灾致祭祭文：自古帝王，继天出治，道法兼隆，莫不慈惠嘉师，覃恩遐尔，朕勤恤民依，永期殷阜。迩年

以来，郡县水旱间告，年谷歉登。蚤夜孜孜，深切轸念。用是专官秩祀，为民祈福，冀灵爽之默赞，溥乐利于群生。尚鉴精忱，俯垂歆格。

清康熙三十六年（1697）钦遣詹事府少詹事巢可托告靖边大功致祭祭文：自古帝王，受天景命，制治绥猷，必禁暴除残，以安黎庶，缅惟往烈，道实同符。朕钦承帝祉，临御九围，兹以狡寇跳梁，亲征漠北，荡涤寇氛，廓清边徼，永消兵革，以舆普天率土，乐育太和。敬遣专官，代将牲帛，昭告古先，哲后虔修烟祀式，彰安攘之模，用展景行之志。仰企明灵，俯垂鉴享。

清康熙四十二年（1703）钦遣通政司左通政张格告五旬万寿致祭祭文：自古帝王，继天立极，出震承乾，莫不道洽寰区，仁周遐迩。朕钦承丕绪，抚驭兆民，思致时雍，常殷惕厉，历兹四十余载。今岁适届五旬，旰宵兢兢，无敢暇逸，渐致民生康阜，世运升平。顷因淮黄告成，亲往巡历，再授方略，善后是期。睹民志之欢欣，滋朕心之轸恤，遄回銮驭，大沛恩膏。用遣专官，敬修祀典，默赞郅隆之治，益宏仁寿之庥。尚鉴精诚，俯垂昭格。

清康熙五十二年（1713）钦遣通政使司左会议陈汝咸告六旬万寿致祭祭文：自古帝王，继大出治，建极绥猷，莫不泽被生民，仁周寰宇。朕恭膺宝历，仰绍前徽，夙夜孜孜，不遑遐逸。兹御极五十余载，适当六旬初届。所幸四方宁谧，百姓义和，稼穑岁登，风雨时若。维庶徵之协应，爰群祀之虔修，特遣专官，式循旧典，冀益雍熙之运，尚永贻仁寿之庥。俯鉴精诚，用垂歆格。

清康熙五十八年（1719）钦遣翰林院编修惠士奇告皇妣章皇后升付太庙礼成致祭祭文：自古帝王，受天景命，建极绥猷，垂万世之经常，备一朝之典祀。朕钦承帝祉，临御九围，夙夜惟寅，敬将祀典。兹以皇妣孝惠仁宪端懿纯德顺天翼圣章圣后神主升祔太庙礼成，特遣专官，代将牲帛。用展芯芬之敬，聿昭烟祀之虔。仰冀明灵，尚其歆格。清雍正元年（1723）钦遣都察院左副都御史全应璧告即位致祭祭文：自古帝上，继大出治，建极绥猷，莫不泽被生民，仁周海宇。惟我皇考，峻德鸿勋，媲美前古，显漠承烈，垂裕后昆，朕以藐躬，缵膺大宝。当兹嗣位之始，宜修享祀之仪，特遣专官，虔申昭告。惟冀时和岁稔，物阜民安，淳风遍洽乎寰区，厚德常敷于率土。尚其歆格，鉴此精诚。

清雍正二年（1724）钦遣都察院左副都御史杨汝谷告圣祖仁皇帝配飨圜丘礼成致祭祭文：自古帝王，体天立极，表正万邦，恺泽遍于寰区，仁风及于奕祀。朕丕承大统，遥契曩徽，兹于雍正元年十一月二十五日，恭奉圣祖合天宏运文武睿哲恭俭宽裕孝敬诚信功德大成仁皇帝配享圜丘礼成，特遣专官，虔申昭告，惟冀永赞修和之治，益昭安阜之休。鉴此精诚，尚其欲格。

清乾隆元年（1736）钦遣太常寺少卿尔呼达告即位致祭祭文：礼崇祀典，光俎豆于前徽；念切景行，荐馨香于往哲。惟帝继天建极，抚世诚民，丰功焴耀于简编，骏烈昭垂于宇宙。溯典型于在昔，凛法鉴之常存。朕以藐躬，继登大宝，属膺图之伊始，宜展祀以告虔。特遣专官，祗遵彝典，苾芬在列，备三献之隆，仪灵爽式，凭仰千秋之明德。尚其歆格，永锡鸿禧。清乾隆二年（1737）钦遣内阁学士兼礼部侍郎吴金告世宗宪皇帝配飨圜丘礼成致祭祭文：自古帝王，宪天出治，建极绥猷；德泽洽于万方，轨范昭于百世。朕缵承鸿绪，景仰前徽，兹于乾隆二年四月十六日，恭奉世宗敬天昌运建中表正文武英明宽仁信毅大孝至诚宪皇帝主安享圜丘礼成，特遣专官，虔申昭告，惟冀永佑雍熙之盛、益昭安阜之隆。麻鉴精诚，尚其歆格。

清乾隆十四年（1749）钦遣大理寺少卿陈世烈告晋皇太后徽号致祭祭文：自古帝王，继天建极，抚世绥猷。教孝莫先于事亲，内治必兼于安外，典型在望，缅怀至德，要道之归，景慕维殷，心希武烈，文谟之盛。兹以边徼敉宁，中宫摄位，慈宁晋号，庆洽神人，敬遣专官，用申殷荐，仰惟歆格，永锡鸿禧。

清乾隆十七年（1752）钦遣大理寺卿李世悼告皇太后万寿致祭祭文：惟帝王宪天作极，受篆承休，教孝莫先干事亲，歛福用光乎继治，是彝是训。缅怀至德，要道之归，寿国寿人，允展锡类，推恩之盛。兹以慈宁万寿，懋举鸿仪，敬晋徽称，神人庆洽，爰申殷荐，特遣专官。冀

鉴兹忱，永绥多福。

清乾隆二十年（1755）钦遣大理寺卿罗源汉告乎定准噶尔大功、加上皇太后徽号致祭祭文：朕惟帝王建极，乘时绥猷，驭世制临无外，德威之服远者；神教化有源，孝道以尊亲为大景。典型于在昔，实天经地义之丕昭，宏佑启于方来，惟文治武功之交凛。兹以平定准噶尔大功告成，加上皇太后徽号，神人治庆，中外蒙庥，敬遣专官，用申烟祀，伏惟鉴格。

清乾隆二十五年（1760）钦遣礼部侍郎程景伊告克回部大功致祭祭文：朕惟帝王，建极绥猷，经文纬武，诞敷德教，仁义备其，渐摩克诘，戎兵声灵，彰其赫濯。惟恩威之兼济，先后道本同符，斯命讨之，昭垂今古，功归一轨。兹以西师克捷，回部荡平，缅骏烈于前型，敷奏其勇，远徂征于绝域，滴观厥成，中外腾欢，神人协庆，专官肃祀，昭鉴燃歆。

清乾隆二十七年（1762）钦遣都察院左都御史董邦达告皇太后万寿晋徽称致祭祭文：惟帝王本仁祖义明，物察伦修，人纪以绥猷，则天经而立极。缅羹墙其可接，先后攸同；奉俎豆以常新，楷模具在。兹以慈闱万寿，懋举鸿仪，敬晋徽称，神人庆洽，展尊亲之义思克，绍夫前型，广锡类之仁期永，绥夫后禄。爰申祝告，式荐馨香。尚鉴掴忱，俾膺多福。

清乾隆三十七年（1772）钦遣户部左侍郎范时纪告皇太后八旬万秀致祭祭文：惟古帝王，体元则天，抚世减民，勋被寰区，德昭往古。羹藩匪隔，累朝之统绪相承，徂豆维新，百代之英灵如在。兹以慈闱万寿，懋举鸿仪，敬晋徽称，神人洽庆。孝道以尊亲为大，式仰前型；母仪之锡类有宏，永绥厚福。彝章载举，祀典惟崇。布肝蚤以告虔，庶灵明之来格。

清乾隆四十一年（1776）钦遣内阁侍读学士欧阳瑾告平定两金川大功致祭祭文：朕惟古帝王，德洽恩威，义严彰瘅，锄好禁暴，昭命讨之，无私辑远，绥猷振耳，灵之有赫。兹以两金川大功金蒇，逆党咸俘。珍殄馀于番陬，戢武协求宁之志；缅丰功于前代，庆成觇耆定之庥。特遣专官，肃将烟祀，惟冀鉴歆。

清乾隆四十五年（1779）钦遣詹事府詹事梦吉告七旬万寿致祭会文：惟帝体元赞化，建极绥猷，泽被生民，勋垂奕世。简编明备，累朝之治法和传，弓剑留藏，千载之英灵如在，兹以朕七旬展庆，九有腾欢，懋举崇仪，特申昭告。缅当日之膺图受篆，每深景仰之忱，抚此时之集嘏凝禧，弥切祇寅之念，竟佑郅隆之运，永贻仁寿之庥。式荐精煙，淮祈鉴格。清乾隆五十年（1785）钦遣礼部主侍郎庄存与告御极五十年致祭祭文：惟帝体元赞化，建极绥猷，泽被生民，勋垂奕世，简编明备，累朝之治法相传；弓剑留藏，千载之英灵如在。兹当鸿图锡羡，凤纪增绵，懋举崇仪，特申昭告。缅当日之膺图受篆，每深景仰之忱；抚此时之集嘏凝禧，弥切祇寅之念。冀佑郅隆之运，永贻仁寿之庥。式荐精札，惟析鉴格。

清乾隆五十五年（1790）钦遣内阁

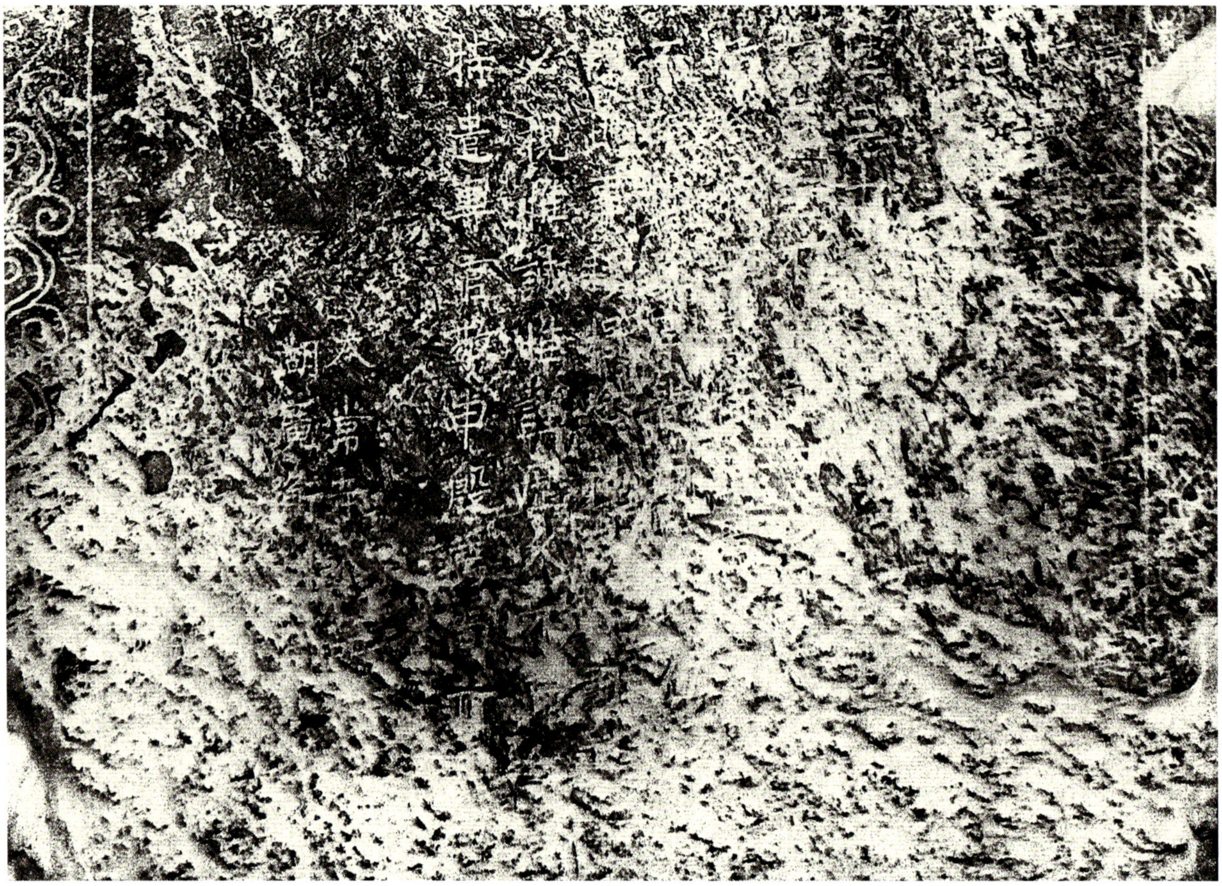

学士傅霖告八旬万寿致祭祭文：惟帝膺图，抚运建极，宜民泽洽当时，声教动寰瀛之慕，勋垂奕世，典章昭方册之贻，思英爽以长存，秩春秋而匪懈。兹以朕八旬展庆，万国胪欢，懋举崇仪，特申昭告。何蕃厘于昊椊，益缅皇春帝夏之隆，仰景行于前朝，倍敫夕朝乾之志。尚祈来格，鉴此惟馨。

清嘉庆元年（1796）钦遣荆州左翼副都统成德，后就近改派衡州协副将徐琨告即位致祭祭文：惟帝体元赞化，建极绥猷，泽被生民，勋垂奕世。简编明备，累朝之治法相传；弓剑留藏，千载之英灵如在。兹以乾隆周甲，嘉庆纪元，懋举崇仪，特申昭告，缅当年之膺图受篆，每深景仰之忱；抚此时之集嘏凝禧，弥切祇寅之念。冀佑郅隆之运，允贻仁寿之庥。式荐精烟，惟冀鉴格。

清嘉庆五年（1800）钦遣国子监祭酒玉麟告高宗纯皇帝配飨圜丘礼成致祭祭文：自古帝王，受篆膺图，乘时御宇，罔不宪天立极，宥密单心，故能泽洽万方，范昭百世。朕寅承鸿典，景仰前徽，兹以嘉庆四年十一月二十六日，恭奉高庙法天隆运至诚先觉体元立极敷文奋武孝慈神圣纯皇帝主配享圜丘礼成，特遣专官，虔申

昭告。惟冀孚熙皋之运，昭安阜之风。鉴兹精禧，尚其歆格。

清嘉庆十四年（1809）钦遣理藩院右侍郎策丹告五旬万寿致祭祭文：握符御字，徽一德一心之传；建极宜民，差百世百工之等，惟帝王肇开鼎祚，递席萝图，统元会以循环，垂典谟而合揆。溯高庙寅承祖志，睿吟窥升降之原抚。朕躬式缵丕基，治法契登咸五之蕴。兹以陈畴锡庆，合寓胪欢，际重熙累洽之期，大衍之数五十，缅骏德丰功之辟，古史之纪甘三，昔年，像展南薰。见闻本通乎礼乐，此口心齐，左个馨香，仡洽乎天人，用荐景蕃，特申昭告。山陵不远，尊俎宜歆。

清嘉庆二十四年（1819）钦遣都察院左副都御史韩鼎晋告六旬万寿致祭祭文：惟帝肇握乾符，递承泰策。制礼作乐，垂明备于简编；腾茂蜚英，留声灵于弓剑。兹以朕庆逢六秩，欢洽万民，周甲纂以提厘，苹壬林而锡福。知其政，知其德，迄今钦统之隆，作之君，作之师，稽古荷心传之赐。忆五旬之介祉，曾荐维馨，阅十载以升香，用昭有格，伏祈歆格，虔奉精烟。怀往烈，肃奉精烟。朕以藐躬，初承大统，自今日宵衣旰食，兢业方殷，念古来帝绪王猷，典型不远。既切景行之慕，宜修秩祀之文，敬遣祠官，虔申礼奠，眷藏弓之有地邈矣。风徽问宰，木以何年，佳哉葱郁，神其佑享，福我寰区。

清道光元年（1821）钦遣湖广荆州副都统七克唐阿告仁宗睿皇帝配飨圜丘礼成致祭祭文：心源递衍，球图灿御世之谟；祀典常昭，俎豆肃侑神之礼。惟致治莫先稽古，斯率初宜重升香。朕缵绍丕基，尊崇先烈，廿五载神功圣德，幸符峻极于瑶坛，四千年帝绪王猷，遥企遗徽于玉检。兹以道光元年四月初六日，恭奉仁宗受天兴运敷化绥猷崇文经武孝恭勤俭端敏英哲睿皇帝主配享圜丘礼成，特遣专官，敬申昭告。累叶梯松揪之荫，往迹殷怀，两楹黍稷之馨，懋仪载举。式摅诚悃，庶格精烟。

清道光九年（1829）钦遣湖南镇竿镇总兵陈阶平告平定喀什噶尔大功致祭祭文：惟帝王治奉三无，功彰九伐。诘戎兵而肄武，骏烈绥截；弧矢以宣威，鸿猷震叠。兹以凶猷翦灭，疆土孟安，昭耆定于极边，共觇一道，同风之威缅声，灵于列代，益著万方，向化之庥。敬荐馨香，伏惟昭鉴。清康熙四十八年（1709）钦遣通政司左通政载播告复储致祭祭文：朕惟自古帝王，正位临民，代有令德，是以享祀千秋，用昭钜典。朕仰荷天休，俯临海字，建立元良，历余载。不意忽见暴戾狂易之疾，深维祖宗宏业及万邦民生所系至重，不得已而有退废之举。嗣后渐次体验，当此大事时牲生好恶之徒，各庇邪党，借端构衅，朕觉其日后必成乱阶，随不时究察，穷极始未，因而确知病源，皆由镇魇，亟为除治，幸赖上大鉴佑，平复如初。朕此因事耗心神，致成剧疾，皇太子晨夕左右，忧形于色，药饵必亲，寝膳必视，惟诚惟谨，历久不渝，令德益昭，丕基克荷。用是复正储位，永固国本。特

遣专官，敬申殷荐，尚其韵格。

清道光十六年（1837）钦遣湖南绥靖镇总兵官李约文告皇太后万寿致祭祭文：惟帝王膺图御宇，握镜临宸，泽被黄舆，勋垂青史。羹蔼不远，仰皇煌帝谛之模；俎豆常新，昭崇德报功之典。兹以慈宫万寿，懋举上仪，敬晋徽称，神人庆洽。天经地义，绍百王致治之馨香，日升月恒，申亿载无疆之颂祝。彝章式叙，祀事攸隆，致蠲洁以明虔，庶神灵之歆格。

清道光二十六年（1846）钦遣永州镇总兵英俊告慈宫万寿晋徽号致祭祭文：惟帝承乾握纪，御篆登枢，玑镜呈仪，瑶华垂范。羹藹如见，竭高山景仰之诚，黍稷咸登，昭明德馨香之报。兹以慈宫万寿，懋举上仪，敬晋徽称，神人庆洽。万年大道，永垂郅治之鸿猷；百福来同，用协吉蠲之燕飨，综灵囊而肇祀，陈绣簋以致虔。鉴此诚祈，庶其歆格。

清道光三十年（1850）钦遣湖广荆州左左翼副都统官文告即位致祭祭文：功昭宇宙，千秋之明德惟馨；祀展陵园，旷代之隆仪备举。缅怀前烈，致奉精煙。朕以藐躬，继登大宝，念天命民碧之可畏，夙夜不遑；思皇煌帝谛之同符，典型未远。肃将享礼，特遣专官。灵爽常存，弥切景行之慕；馨香斯荐，用伸昭告之诚。惟冀来歆，福兹亿兆！

清咸丰二年（1852）钦遣湖广荆州翼副都统官文告宣宗成皇帝配飨圜丘札成致祭祭文：渊源递衍，前型昭方策之贻；统绪相承，明德肃芯芬之祀。缅英灵之如在，稽彝典以宜遵。吠寅绍不基，遵崇先烈。神功圣德，深翼戴者万方；帝绪王猷，绍心传于百世。兹以咸丰二年四月初二日，恭奉宣宗效天符运立中体正至文圣武智勇仁慈俭勤考敏成皇帝主配享圜丘礼成，特遣专官，虔申昭告。瞻松楸之庇荫，往迹殷怀；荐黍稷之馨香，明烟懋举。尚其歆格，鉴此精诚。

清咸丰十年（1860）钦遣湖南市政使司布政使文格告三旬万寿辰祭祭文：膺图抚运，创垂之统绪常昭；锡福诚民，嬗易而后先合揆。维帝王肇开鼎祚，递握乾符，典章窥制作之精，声教永渐摩之泽。缅先民之矩蓬，方策如新，奉系祀之馨香，羹藹可接。兹以朕三旬介祉，九寓胪欢，敷惠闾于遐区，企仪型于往哲。薪传遥溯，益钦百世之隆规，芗合告虔，庶迓万年之禔福。载陈芬苾，尚冀歆依。

清同治元年（1863）钦邀湖南署布政使世临恽告即位致祭祭文：宝箓斟元，奉三无以出治；璇现协瑞，讳千圣以同符。惟帝王保泰垂模，乘乾握纪。在昔显庸创制，早启后人祖述之思；于今伟烈丰功，犹隆明德馨香之报。朕幼冲继序，茕疚承基，惕艰大之遗投，奉典谟为法守。一二日事，几兢业方廑，集蓼于当躬，四千年治法钦承，尚冀传薪于先哲。爰稽彝典，肃奉精烟道契羹藹，弥切宪章之念，仪陈鼎俎，用申昭告之诚。惟冀来歆，福兹亿兆。

清光绪元年（1875）钦州荆州左翼副都统穆克德布告即位致祭祭文：光昭宇

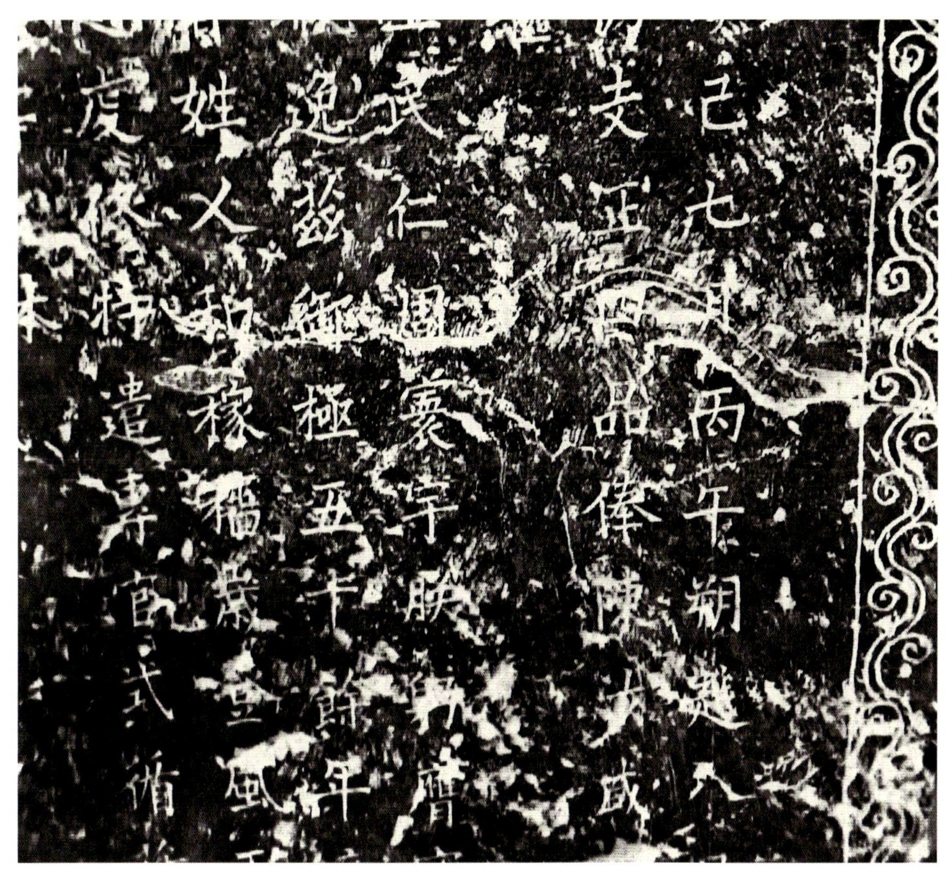

宙，千秋之明德维馨；祀展陵园，旷代之隆仪备举。缅怀前烈，敬奉精烟。朕以藐躬，继登大宝。念天命民碧之可畏，夙慈惠遐。思皇煌帝谛之同符，典型未远。肃籍享礼，特遣专官，灵爽常存，弥切景行之慕；馨香斯荐，用申昭告之诚。惟冀来歆，福兹亿兆。

明代祭文

明洪武四年（1371）遣国史院编修雷燧告即位致祭祭文：朕生后世，为庶民于草野之间。当有元失驭，天下纷坛，乃乘群雄大乱之秋，集众用武，荷皇天后上眷祐，遂平暴乱，以有天下，主宰庶民，今四年矣。君生上古，继天立极，作蒸民主，神功圣德，垂泽于今。朕典百神之祀，考君陵墓在此，然相去历年久远。朕观经典所载，虽切慕于心，奈秉性之独愚，时有今古，民俗亦异。仰惟神圣，万世所法，特遣官奠祀修陵，圣灵不昧，尚祈鉴纳。

明永乐初年钦遣翰林院编修杨溥告靖难致祭祭文：仰惟神圣，继天立极，功被生民，万世永赖。予嗣承大统，祗严祀事，用祈佑我国家，永底升平。

明宣德初年钦遣翰林院修撰曾鹤龄告即位致祭祭文：仰惟自古圣神，继天立

极，德被蒸民，垂范无穷，万世永赖。予祗承天序，式修明祀，用祈佐我邦家。

明正统初年钦遣行人司行人雷复告即位致祭祭文：仰惟前古圣神，继天立极，润泽生民，功在万世。予恭承大统，祗严祀事，用祈鉴佑，永祚我国家。

明景泰初年钦遣尚宝司少卿朱礼告即位致祭祭文：仰惟前古圣神，继天立极，功被生民，万世永赖。予嗣承大统，抵严礼祀，用祈佑我国家，永底升平。

明天顺初年钦遣尚宝司卿凌信告复辟致祭祭文：粤惟自古帝王，圣神挺生，继天出治，爰立人极，功德之隆，延于永世。兹予复正大位，祗严祀事，恭祈灵贶，佑我邦家，永臻熙皋。

明成化初年钦遣中书舍人解祯亮告即位致祭祭文：仰惟自古圣神挺生，继天立极，宣若人文，功化之隆，惠利万世，兹予缵承天序，式修明湮，用祈鉴佑，祚我邦家。

明弘治初年钦遣翰林院编修于材告即位致祭祭文：仰惟前古圣神，继天出治，德迈千古，功被蒸民。予缵承天序，爰正祀典，恭祈昭格，永奠我邦家。按：此祭文据《(同治)酃县志》。又《(道光)炎陵志》载文字有异，亦移录如下，供参考：于惟圣神挺生邃古，继天立极，开物成务，功化之隆，惠利万世。兹予祗承天序，式修明祀，用祈鉴佑，永助我国家。

明正德初年钦遣太仆寺少卿何孟春告即位致祭祭文：仰惟前古，圣神挺生，宪天立极，功化之隆，万世永赖。予承大统，式严明祀，祈鉴精忱，永祚我邦家。

明天启七年桂端王告即藩位致祭祭文：于惟神灵，挺主邃古，开物成务，立极继天。功参二仪，泽垂万世。予祗承藩位，明祀式修，仰惟鉴歆，永绥运祚！

明嘉靖初年钦遣翰林院编修尹襄告即位致祭祭文：仰惟帝王圣神，挺生前古，继天立极，宣著人文，功化之隆，惠利万世。兹予缵承天序，式修明祀，用祈鉴佑，永祚我邦家。按：此祭文据《(同治)酃县志》，汉《(道光)炎陵志》载文字有异，亦移录如下，供参考：昔者奉天明命，相继为君，代天理物，抚育黔黎，彝伦攸叙，井井绳绳，至今承之。生民多福，思不忘报，兹特遣使奉香币，祗令有司，诣陵致祭。惟帝英灵，来歆来格。

明隆庆初年钦遣太常寺少卿王凝告即位致祭祭文：仰惟帝王圣神，挺生前古，继天立极，宣著人文，功化之隆，惠利万世。兹予祗承天序，式修明祀，用祈鉴佑，以祚我国家。

明万历初年钦遣吏科给事中张楚城告即位致祭祭文：惟圣神挺生，继天立极，德被黎元，垂佑之隆，万世永赖。兹予承天休命，履震继离，式修明祀，用祈歆格，永祐邦家。

炎帝神农氏墓碑

该碑青石质，长191厘米，宽58厘米，泐于清代道光七年，为时任酃县知县沈道宽所书。其碑原立炎陵山井水坳上，碑文“炎帝神农氏之墓道”八字，榜书隶体阳刻。下款楷体阴刻，因碑面毁坏严重，仅余存“县沈道”三字。据查，原下款“道光七年知县沈道宽立”。1984年，其碑在长期下落不明情况下被发现于当地村落，事后经修复，碑文“道”字省略，厝置于炎帝神农氏墓茔前，字迹饰金漆，充当墓碑。2019年6月13日拓片。

瑶族龙渣坳告示碑

该碑青石质，长100厘米，宽66厘米，厚8厘米。原置于炎陵县中村瑶族乡龙渣村凉亭，解放前夕凉亭年久失修倒塌，其碑被当地村民回收，2009年被重新发现，保存基本完好。碑额“告示”二字楷体阳刻，并饰圆圈。正文楷体阴刻，含标题共26行，满行33字，共769字，泐于清光绪十三年（1887）。碑文列禁事八条，包括对赌博、斗殴、砍伐林木、盗劫等不良行为的处罚，类似当今乡规民约。兹碑揭示了晚清时期酃县上七都瑶官在规范瑶民行为、督促瑶民守法所采取的措施，是研究炎陵县瑶乡区域民风民俗的重要材料。

碑　文

告示

钦加清军府衔，特授湖南衡州府酃县正堂加五级记录五次陈，为胪条示禁事案。

据上七都瑶官赵春酌拟条款，呈请赐示严禁，以儆愚顽而厚风俗，并请泐石，以垂久远等情到县，据此除批示外，合行出示严禁。为此，示仰该都绅民人等知悉，自示之后，务须遵照后开各条，恪守法纪，父戒兄勉，共为善良。如有顽梗性成，仍前□玩，一经本县访闻，或被瑶官、团绅指告，定即饬拘重究，决不姑宽，凛之遵之，毋违，特示。

计开条款：

一、盗风原由窝藏，除盗必先除窝。务须团清其团，族清其族。如果赃盗窃案两获，许失主投明瑶官团绅牌甲，公同将盗送惩，并将窝户重究，均毋得狗纵，自取咎戾。

一、赌博多出于伙占，不独来往客商受害，即人命窃盗，皆由此起衅，亟应来禁。自示之后，倘有开场聚赌，引诱良家子弟者，除防闻拿办外，许该瑶官□□，定即拘案照办。

一、烟馆乃藏盗之薮，例应禁止。然既已开设，务须留心查察，不得勾引外来面生歹人。倘有窝藏窃盗，销赃吃烟，以及通夜灯火不息，许该瑶官团甲□□□□

一、乞丐如系老弱残疾，并非壮盛并

华，间凭（人家）□□□□，毋许常来常（往），三五成群，强讨多索，或遇红白喜事，应听酌给酒饭，违者禀究。

一、山内松杉、桐茶、竹木、春冬笋芽及田园内稻米、薯芋、豆蔬、杂粮、物名有主，毋论生枯，不许恃强乱砍乱摘。违者被业主捕获，经瑶官团绅牌甲看明，许即以□□究，纵属妇女，亦罪坐家长。

一、农耕全赖牛力，毋许私宰。纵有跌毙、瘟毙、虎伤者，务经瑶官团绅牌甲看明，始准开剥变价，以资买换。

一、团内口角是非，务经瑶官绅甲秉公（处）散，如非正绅，不准□场，恐发讼端。至若人命，亦经瑶官团绅牌甲看明殓埋，毋得藉命索诈。

一、乡党宜敦和睦，毋得遇事生波，倘有游手好闲，不务正业者，或酗酒打架，或油火刁索，即属痞棼，许瑶官团绅牌甲公同捆送惩治。

右仰通知　永垂不朽

龙飞光绪十三年八月日示　立于龙渣坳

邑有圣陵石刻

兹为摩崖石刻，位于炎陵县炎帝陵峤头岭景点，麻石质，长 450 厘米，宽 260 厘米，泐于公元 1751 年。文为“邑有圣陵”，四字榜书阴刻横列。上款“乾隆十六年辛未季春”，下款“衡州府知府黄岳牧恭题”，均为楷体阴刻。

湘山古塔门楣石刻

湘山古塔位于炎陵县城西湘山之巅。其门楣石刻由两块大理石板材拼接而成。长约102厘米，宽约60厘米。泐于公元1857年，即咸丰元年维修后第七年。碑文“湘山宝塔”四字榜书阳刻双勾，上款阴刻小楷“丁巳年孟冬月□□□□”，下款“咸丰元年孟秋月□汉□重建”。其塔为寺塔合一建筑，始于宋代，初名“永怀塔”。1984年，湘山古塔被列为市级文物保护单位，2002年升为省级文物保护单位。

钟馗斩鬼碑

该碑青石质，长122厘米，宽55厘米，厚12厘米，成于1900年，撰文者系当年县令徐思潮，泐置石匠叶堂。碑阴阳两面均泐制钟馗画像和碑文。碑阳为钟馗文像，头戴乌纱，身着官袍，腰佩玉带，手按宝剑，一派威严。其上方有阴刻行草体的钟馗文像赞文，碑额正中泐有酃县满汉文大印。碑阴为钟馗武像，身着盔甲骑人兽，左手牵缰右执剑，神态威武。有阴刻篆书钟馗武像赞。该碑《株洲文物名胜志》和《株洲市志》有载，现藏炎陵县博物馆。

碑　文

【碑阳】

相传酃邑有吴道子[1]所画钟馗[2]石刻，颇着灵异，摹拓既久，真迹就湮。嗣是假手丹青，随意设色，破帽则作为完好，蓝袍则易为绛红，点缀愈工，真形愈失。光绪己亥，予权理酃县铃务，携有家藏原拓旧本，复依古式，于庚子[3]端午谨敬摹勒上石，俾广流传，亦以存吴道子手笔。于几希图成，系以赞曰：

终南进士，唐代文星，忠魂毅魄，翊卫宫廷。

有吴道子，妙擅丹青，得心应手，画像祈呈。

峨峨碑碣，赫赫图形，群丑辟易，神气风霆。

宜封鬼侯，宜辖黎魂，千秋万古，永护兹酃。

钱塘　徐思潮（阳文印章）（阴文印章）

【碑阴】

执夔魑，掺索苇，问何人，前进士。

画者谁，吴道子，传赦本，到今世。

程其功，荼与垒，政清平，有菩萨。

终南进士像赞。

注 释

[1] 吴道子（约 680—759），唐代著名画家，又名道玄。汉族，阳翟（今河南禹州）人。少孤贫，年轻时即有画名。曾任兖州瑕丘（今山东滋阳）县尉，不久即辞职。后流落洛阳，从事壁画创作。开元年间以善画被召入宫廷，历任供奉、内教博士、宁王友。曾随张旭、贺知章学习书法，通过观赏公孙大娘舞剑，体会用笔之道。擅佛道、神鬼、人物、山水、鸟兽、草木、楼阁等，相传钟馗像为其所创作。

[2] 钟馗，古代传说中神话人物。生前曾应举未中，死后决心消灭天下妖孽，专捉吃小鬼。

[3] 庚子，清光绪二十六年即公元 1900 年。

民国二十九年重修炎帝陵碑

该碑青石质，高173厘米，宽90厘米，厚13厘米，稍有破损。现置放于陵殿右碑房。因原碑封闭，故以撰文者图像和碑文替之，以纪念抗战时期祭祖爱国爱湘的历史。

薛岳

碑文

茶陵以炎帝而得名，汉属长沙，故晋皇甫谧《帝王世纪》谓："炎陵在长沙。"宋·罗泌《路史》谓："炎陵在长沙茶乡之尾。"茶乡者，茶陵尾，则酃县也。盖宋宁宗嘉定四年，始析茶陵之康乐、霞阳、常平三乡置酃县，而康乐乡白鹿原固赫然有炎帝陵也。五代前，历代祀陵。宋太祖乾德五年乃建庙，清知县俞昌会《重修陵庙记》述之盖详。民国二十有六年。岛夷内犯，自南至北，阙剪疆土。明年犯湘。又明年春，岳奉命总督诸军，兼主湘政，其秋，寇大至，击之大捷。又明年，寇南犯粤，西犯荆，不敢复犯湘。时缮葺炎帝陵庙讫，且立庙碑矣。或谓天子冢，秦曰山、汉曰陵、而炎帝陵旧

碑但称墓，宜别立一石以正名焉。岳曰：“唯。”然犹有进者：寇犯我国，利速战速决，而我国以持久困之，虽内外水陆运输被截断封锁，凡可制我死命者，无所不用其极。而我国愈战愈强，卒使寇无如我何；若《易·大壮》所云：“羝羊触藩，不能退，不能遂也。”以我地大物博足自给，而足自食所系尤要也。其所以足食，则农业立国使然。而农业立国，又实我炎帝创始也。不宁惟是，湘为大西南门户，尤富米，西南数省取给焉，是湘又西南仓廪也。岳荷炎帝余泽，捍卫湘土，饮水不思源，何异数典忘祖乎？此尤岳必立陵碑之微意也。至若陶冶斤斧作自帝而百工始，日中为市创自帝而商贾始，百草疗病尝自帝而医药始，抑又已载籍无误，岳言者矣，石既具，遂记之如此。

第九战区司令长官兼湖南省政府主席薛岳谨记

中华民国二十九年十月十日立石

工程师尚其煦书

着满腔崇敬细心拓片录入，先祖们为当年铺路架桥、救婴抚孤等义举慷慨解囊，理该永垂久远，我等后人应予满足。何况名姓中藏着民俗风情、宗教变迁、商铺宗祠等丰富的地邑信息，甚至能补经正史。对于某些能体现时代变迁、重大事件和地邑特征的现代石刻，『古』不够而『意』深长，余不忍删去，也汇入书中，算是包容兼蓄吧。惟惜自己才疏学浅，毕竟是业余者在干一件文化人的事，对碑文的标点、录入以及理解释读还存在诸多谬误，恳请方家指正。

野外拓片以及碑文著录，自然离不开朋友的协助。先后有彭水明、周国怡、吴文武、易伟仁等先生和湖湘文化志愿者协会鼎力相助。协会首任会长彭水明先生，视拓片为己任，走访调研，追寻到散落民间的多块古碑，并协同拓片。书法家吴文武先生，精读各类碑帖，对碑文录入中的疑难字、异体字、残缺字精确解读。方志会先生沉于碑文解读，辨识疑难断句，为碑文校核竭尽全力，令人感动。没有他们，我拓片的雅兴也只能在陋室里小打小闹自生自灭。为了体现拓片的魅力，本书还收录了少量砖拓、砚拓；因条件局限，对于株洲地域某些摩崖石刻以及封存的碑刻无法拓片，为品碑韵，则用照片替之。另外，碑文的录入勘正，基本使用简体字，对于异体字，也尽量用现代标准字代替，便于读者对古碑文的理解。特此说明。

需要强调的是，我调研整理拓片，始终得到了株洲市政协文史委蔡业海先生、株洲日报社副刊部马立明先生的热情肯定，并积极向有关部门推介。另外，还得到了炎陵县政协文史委陈明兴先生、原株洲县文物局局长吴利人等诸位领导的热心鼓励支持和株洲文博专家曹敬庄、席道合、陈晓华、饶泽民等先生的帮助和指导。趁《古碑遗韵·株洲古碑略考》付梓之时，谨表谢忱。

鲁新民

二〇一九年七月于株洲问珉斋

跋

热衷于古碑拓印，并收藏拓片，完全是歪打正着。一九八二年前后，我开始业余古钱币收藏。曾在钱币杂志上看到一篇古钱币怎样拓片的文章，便萌发了试试的想法。此后，陆陆续续将所藏古钱币分类拓片，偶尔也瞄上民间发现的古碑，拓片赏析。二〇一三年十二月三十日，习近平总书记曾在中央政治局会上指出：要让收藏在禁宫里的文物，陈列在广阔大地上的遗产，书写在古籍里的文字都活起来。此时我刚退休，于是便将古碑拓片作为一项文化义工活动坚持下来。

进入古碑拓片领域，才感觉天有多高，地有多广。尽管白云苍狗岁月匆匆，然风雨飘摇中残存在庙宇、桥坝、古宅、原野和山林中的摩崖石刻、墓志铭、碑碣、经幢、石柱铭刻、造像题记、石刻画像、题字等还依然可觅；加之古玩爱好者群体中也时有古碑拓片现露，这些，无不展示着先祖曾经生活的这块株洲大地，深深的浸透着传统文化的根基。要让古碑的魅力融入现代美好生活，其正能量的观念得到有序利用，世代传承，实现穿越时空，与先祖对话，让社会主义精神文明价值观追溯到历史的脉搏，将古碑石刻拓片并解读它，无疑是擦洗去岁月的尘埃，让古碑石刻这方文化遗产发出应有的魅力并获得尊严。

我自封地域民俗文化研究兼拓片爱好者，受其局限，目光定格于工作生活的湘东株洲。近七年来，该区域的碑刻拓片，竟也获洋洋数百，品味之中受益匪浅。吾目睹并拓片的古碑大都是墓志铭、功德碑、界碑、牌匾及官方文书和地方条规碑等，其碑文多由地邑乡贤、官员、太学生等撰书。其叙事章节国学底蕴深厚，文采飘逸，字体端庄雄劲，不愧为感悟历史的教科书。这些散落民间的古碑石刻，该是国家博物馆的补充。对于功德碑中众多的名姓、堂号和寺院，有关文献总是略笔带过。我不厌其烦，怀

图书在版编目（CIP）数据

古碑遗韵：株洲古碑略考 / 政协株洲市委员会文教卫体和文史委员会编；鲁新民辑注 . -- 北京：中国文史出版社，2019.8

ISBN 978-7-5205-1884-0

Ⅰ . ①古… Ⅱ . ①政… ②鲁… Ⅲ . ①碑刻－研究－株洲 Ⅳ . ① K877.424

中国版本图书馆 CIP 数据核字（2019）第 285334 号

责任编辑：梁 洁　　装帧设计：飞 羊

出版发行：中国文史出版社
社　　址：北京市海淀区西八里庄路 69 号　邮编：100142
电　　话：010-81136606　81136602　81136603（发行部）
传　　真：010-81136677　81136655
印　　装：北京地大彩印有限公司
经　　销：全国新华书店
开　　本：889mm × 1194mm　1/16
印　　张：24.5
字　　数：100 千字
版　　次：2020 年 5 月北京第 1 版
印　　次：2020 年 5 月第 1 次印刷
定　　价：268.00 元